U0910104

Design and Construction Control of Expressway Embankment on Soft Foundation

高速公路软土地基路堤设计与施工控制

郑健龙　张军辉　编著

内容提要

本书共分为7章,从钻探、现场原位测试、室内试验等方面对高速公路软土地基工程的地质勘察进行论述;给出了常用的路堤稳定演算和沉降计算方法;对浅层地基处理、排水处理、复合地基处理等常用地基处理方法进行分析,论述了螺纹套管桩复合地基这一新的地基处理方法的施工机具、施工流程、质量检测方法及应用效果;建立了完善的软土地基上路堤变形观测与控制体系;开发了基于MATLAB的沉降预测方法可视化软件,建立了预压方案动态设计方法和预抛高计算方法,论述了预压土和预抛高的施工方法;阐述了施工质量难以控制的红砂岩、高液限土和吹填砂路基的施工质量检测方法与标准。附录给出了路基变形观测与控制的常用表格。

本书既有理论分析,又有工程实例,可供从事公路设计、施工及科研的技术人员参考使用。

图书在版编目(CIP)数据

高速公路软土地基路堤设计与施工控制 / 郑健龙,张军辉编著. --北京 : 人民交通出版社, 2013.3

ISBN 978-7-114-10404-6

Ⅰ. ①高… Ⅱ. ①郑… ②张… Ⅲ. ①高速公路—软土地基—路堤—设计 ②高速公路—软土地基—路堤—工程施工 Ⅳ. ①U416.1

中国版本图书馆CIP数据核字(2013)第039955号

书　　名:高速公路软土地基路堤设计与施工控制
著 作 者:郑健龙　张军辉
责任编辑:王文华(wwh@ccpress.com.cn)
出版发行:人民交通出版社
地　　址:(100011)北京市朝阳区安定门外外馆斜街3号
网　　址:http://www.ccpress.com.cn
销售电话:(010)59757973
总 经 销:人民交通出版社发行部
经　　销:各地新华书店
印　　刷:北京市密东印刷有限公司
开　　本:720×960　1/16
印　　张:11.25
字　　数:220千
版　　次:2013年3月　第1版
印　　次:2013年3月　第1次印刷
书　　号:ISBN 978-7-114-10404-6
定　　价:36.00元

前言

PREFACE

随着国民经济的快速发展，我国高速公路的建设十分迅猛。截至2012年底，高速公路里程已达9万多公里，且越来越多的高速公路修建在软土地基上。由于软土天然含水率高、孔隙比大、压缩性大等固有的复杂特性，其上修建的高速公路常常面临稳定周期长和工后沉降大等难题，这就要求必须对不满足要求的软土地基进行处理，并开展路堤的稳定和沉降观测及施工控制的研究。

目前，我国已就软土地基的勘察、稳定验算和沉降计算、地基处理、变形观测、沉降预测和路堤施工控制等方面开展了很多研究，取得了较为丰硕的成果，指导了一大批软土地基上高速公路的建设。但已有学术成果仍存在不少问题，如很难找到一种基于路堤填筑期沉降数据的预压土优化设计方法、与现行规范脱节、设计理念和方法陈旧等。基于此，笔者根据多年来的研究，结合现行规范、规程和标准，并吸收其他优秀成果，对高速公路软土地基路堤设计与施工控制等技术进行归纳和总结，力求对我国软土地基上高速公路修建有所贡献。

全书由长沙理工大学郑健龙教授和张军辉副教授主笔，长沙理工大学方薇博士、中南大学刘维正博士、长沙理工大学李友云教授分别参与了第1章、第2章、第3章和第6章的部分编写工作。研究生尹志勇、何俊、麦灿强、周宇参与了本书部分校核工作。书中引用了参考文献中的不少观点和事例，在此向各位专家学者表示感谢，他们的优秀成果为本书的编著奠定了坚实基础。最后，感谢人民交通出版社编辑为本书的出版付出的辛勤劳动。

限于作者水平，书中疏漏和不足在所难免，恳请读者及同行批评指正。

邮寄地址：湖南省长沙市万家丽南路二段960号长沙理工大学交通运输工程学院，邮编：410004，E-mail：zjhseu@163.com。

作者

2013年1月

目录

Contents

第1章 总 论

1.1 我国高速公路的建设与发展

高速公路通常是指“能适应年平均昼夜小客车交通量为25 000辆以上、专供汽车分道高速行驶,并全部控制出入的公路”。一般来说,高速公路拥有多于4条车道、两向分隔行驶、交汇处采用立体交叉。国际道路联合会在统计年报中,将直达干线也划为高速公路。高速公路的建设情况可以反映一个国家或地区的交通发达程度,乃至经济发展的整体水平,其具有行车速度和运输效率高、通行能力大、经济效益显著等优点。

意大利和德国是世界上最早修建高速公路的国家。如今,世界上高速公路最多、路网最发达的国家是美国,其现有高速公路总里程约占世界总量的一半。世界上最长的高速公路为20世纪末建成的环欧高速公路,全长达1万km,这条公路始于波兰的拉格夫,越过捷克和斯洛伐克、奥地利、匈牙利、南斯拉夫、罗马尼亚、意大利、希腊等国家,终点在土耳其和伊朗交界处的戈尔布拉克。

与发达国家相比,我国高速公路建设起步较晚,但起点高、发展快。大陆地区的第一条高速公路为沪嘉高速公路,1984年底动工,1988年10月通车。仅仅20多年后,中国高速公路通车里程仅次于美国,稳居世界第二。我国各年份全国高速公路总里程见表1.1。

1992年,交通部制定了“五纵七横”国道主干线规划,计划建设一个省际高速公路体系,它包括12条关键性的交通走廊(5条南北走向:同江—三亚,北京—福州,北京—珠海,二连浩特—河口,重庆—湛江;7条东西走向:绥芬河—满洲里,丹东—拉萨,青岛—银川,连云港—霍尔果斯,上海—成都,上海—瑞丽,衡阳—昆明),长达3.5万km,全部由二级公路以上的高等级公路组成,其中高速公路2.5万km。在这一规划中,北京和直辖市及各省(自治区)省会城市都将连接起来,也就是说,超过200个城市以及逾6亿的人口将覆盖其中。

2004年12月,交通部又出台了新的国家高速公路网规划,计划通过20~30年的建设,使通车里程达到8.5万km,与美国2004年的规模相当。新路网(见图1.1)

黑河
同江
鹤岗
满洲里
大庆
哈尔滨
绥芬河
珲春
乌兰浩特
长春
锡林浩特
二连浩特
沈阳
日本海
呼和浩特
霍尔果斯
北京
包头
天津
大连
渤海
乌海
石家庄
荣成
银川
太原
济南
青岛
日照
西宁
兰州
连云港
黄海
洛阳
郑州
西安
南京
太平洋
合肥
上海
拉萨
成都
武汉
杭州
东海
宁波
重庆
张家界
南昌
长沙
福州
钓鱼岛
赤尾屿
台北
丽江
贵阳
厦门
澎湖列岛
昆明
广州
深圳
汕头
河口
友谊关
南宁
东兴
澳门
香港
东沙群岛
茂名
北部湾
海口
孟加拉湾
南海
南海诸岛
西沙群岛
中沙群岛
南沙群岛
曾母暗沙
0 500 1 000km
0 500

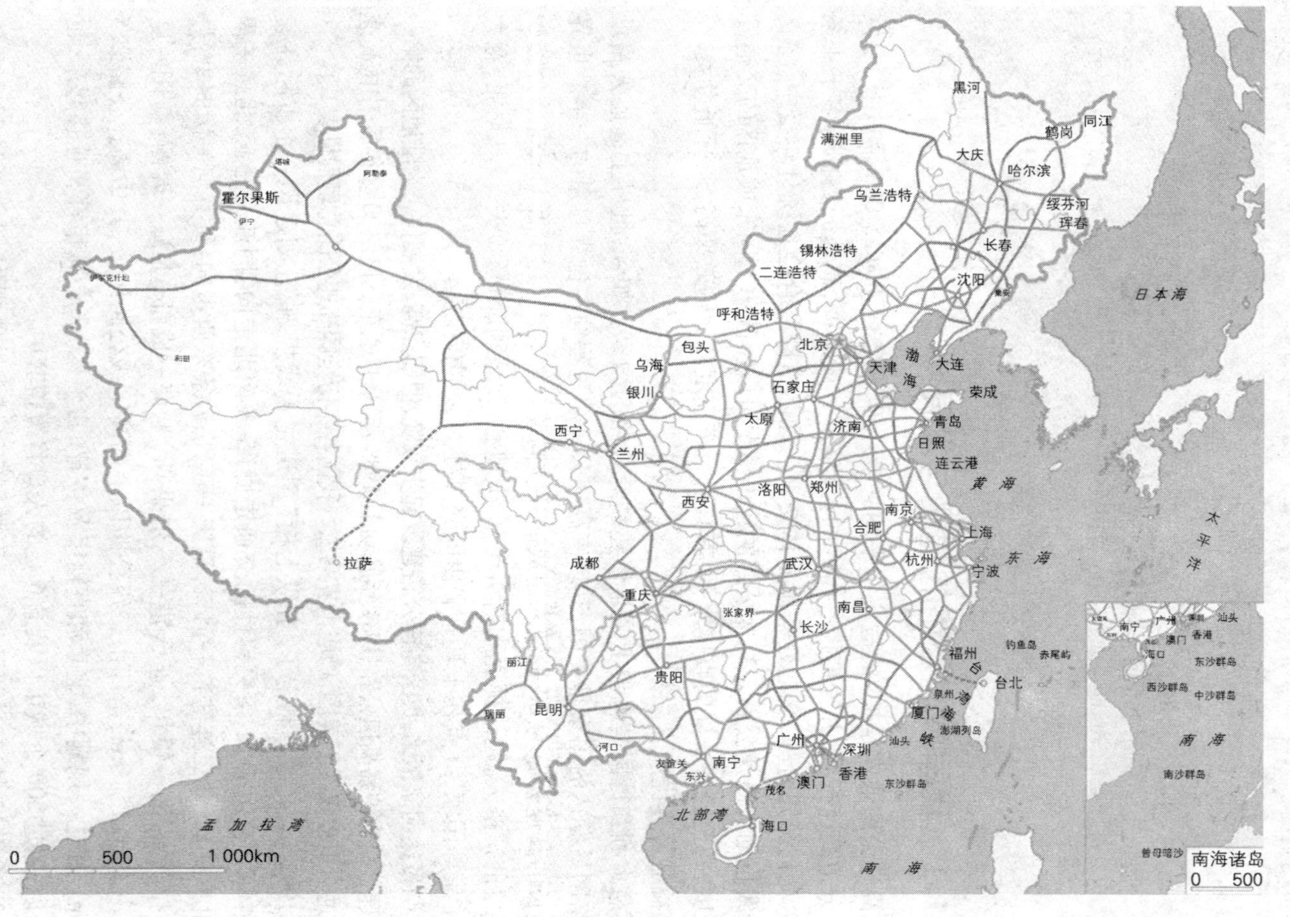

图1.1 国家高速公路网

由7条首都放射线(北京—上海,北京—台北,北京—港澳,北京—昆明,北京—拉萨,北京—乌鲁木齐,北京—哈尔滨)、9条南北纵向线(鹤岗—大连,沈阳—海口,长春—深圳,济南—广州,大庆—广州,二连浩特—广州,包头—茂名,兰州—海口,重庆—昆明)和18条东西横向线(绥芬河—满洲里,珲春—乌兰浩特,丹东—锡林浩特,荣成—乌海,青岛—银川,青岛—兰州,连云港—霍尔果斯,南京—沈阳,上海—西安,上海—成都,上海—重庆,杭州—瑞丽,上海—昆明,福州—银川,泉州—南宁,厦门—成都,汕头—昆明,广州—昆明)组成,简称为“7918网”。按照这一规划,全国城镇人口在20万人以上的城市都将被连接起来,覆盖约10亿人口,形成综合运输大通道和较为完善的集疏运系统,实现东部地区平均30min上高速公路,中部地区平均1h上高速公路,西部地区平均2h上高速公路的快速出行。随着国家对交通等基础设施的大规模投入,“7918网”规划已于2011年底提前完成。2012年底,我国高速公路总里程已达9万多公里。

各年份高速公路里程 表1.1

年份(年)	高速公路里程(km)	年份(年)	高速公路里程(km)
1994	1 603	2005	>41 000
1998	8 733	2006	>45 400
1999	11 650	2007	>53 600
2000	>16 000	2008	>60 300
2001	>19 000	2009	>65 000
2002	>25 200	2010	>74 000
2003	>29 800	2011	约85 000
2004	>34 200	2012	约96 000

1.2 软土地基上的高速公路建设

1.2.1 软土的工程性质

《公路软土地基路堤设计与施工技术规范》[1]、《公路工程名词术语》[2]、《铁路工程设计手册》[3]、《岩土工程勘察规范》[4]、《工程地质手册》[5]、《建筑地基基础设计规范》[6]《水运工程混凝土施工规范》[7]都对软土给出了较为具体的定义,各种定义大致是相近的。归纳起来,对于软土主要特征的描述为:天然含水率高、孔隙比大、压缩性高、强度低、渗透性差等。常见的软土天然含水率接近或大于液限,孔隙比大于1,不排水抗剪强度小于35kPa。各类软土物理力学指标大致可归纳如表1.2所示。

各类软土的物理力学性质　　表 1.2

<table>
<tr><th rowspan="2">类型</th><th rowspan="2">天然重度
$\gamma(kN/m^3)$</th><th rowspan="2">含水率
$\omega(\%)$</th><th rowspan="2">孔隙比</th><th rowspan="2">压缩系数
$\alpha(MPa^{-1})$</th><th rowspan="2">渗透系数
$k(cm/s)$</th><th colspan="2">快剪强度</th><th rowspan="2">标准贯入值
$N_{63.5}$</th></tr>
<tr><th>$c_u(kPa)$</th><th>$\varphi_u(°)$</th></tr>
<tr><td>软黏性土</td><td>16 ~ 19</td><td>$>\omega_L$</td><td>>1</td><td>>0.5</td><td>$>10^{-6}$</td><td><20</td><td><10</td><td rowspan="5"><2</td></tr>
<tr><td>淤泥质土</td><td>16 ~ 19</td><td>$>\omega_L$</td><td>1.0 ~ 1.5</td><td>>0.5</td><td>$>10^{-6}$</td><td><20</td><td><10</td></tr>
<tr><td>淤泥</td><td>16 ~ 19</td><td>$>\omega_L$</td><td>>1.5</td><td>>0.5</td><td>$>10^{-6}$</td><td><20</td><td><10</td></tr>
<tr><td>泥炭质土</td><td>10 ~ 16</td><td>100 ~ 300</td><td>>3</td><td>>0.5</td><td>$<10^{-3}$</td><td><10</td><td><5</td></tr>
<tr><td>泥炭</td><td>10 ~ 12</td><td>>300</td><td>>10</td><td>>2.0</td><td>$<10^{-2}$</td><td><10</td><td><5</td></tr>
</table>

1.2.2　软土的类型及分布

通常,软土是静水或缓慢水流中以细颗粒为主的近代沉积物及少量腐殖质所组成的土。根据成因的不同,软土可以分为滨海相软土、溺谷相软土、潟湖相软土、三角洲相软土、河漫滩相软土、牛轭湖相软土、谷地相软土、湖相软土和沼泽相软土。由于环境的影响,不同地区的软土具有不同的特征。表 1.3 列举了我国几种典型软土的特征。

我国软土分布及其特征　　表 1.3

<table>
<tr><th colspan="2">生成类型</th><th>特征</th><th>一般物理力学性质</th><th>分布概况</th></tr>
<tr><td rowspan="4">海洋沿岸沉积</td><td>潟湖相沉积</td><td>颗粒极细,孔隙比大,强度低,带泥炭薄层,分布范围广,厚度 2 ~ 25m,最大可达 60m</td><td rowspan="4">表层硬壳:0 ~ 3m;
天然重度:14.71 ~ 17.65kN/m³;
孔隙比:1.0 ~ 2.3;
含水率:40% ~ 100%;
快剪黏聚力:0.2 ~ 2Pa;
内摩擦角:1° ~ 7°;
压缩系数:0.001 2 ~ 0.003 5kPa⁻¹</td><td rowspan="4">东海、黄海、渤海等沿海岸地区</td></tr>
<tr><td>溺谷相</td><td>孔隙比大,结构疏松,含水率高,分布范围窄</td></tr>
<tr><td>滨海相沉积</td><td>常有砂砾掺杂,组成较乱,不均,极疏松,透水性好,易固结,压缩面积大,厚度大于 60m,有时可达 200m</td></tr>
<tr><td>三角洲沉积</td><td>分选性差,结构不稳定,带有交错粉砂薄层的层理,水平渗透性较好</td></tr>
</table>

续上表

生成类型		特征	一般物理力学性质	分布概况
内陆	湖湘沉积	粉土颗粒,含水率高,层理均匀,厚度一般小于20m	表层硬壳:0~5m; 天然重度:14.71~18.63kN/m³; 孔隙比:0.9~1.8; 含水率:35%~70%; 快剪黏聚力:0.5~2.5Pa; 内摩擦角:0°~11°; 压缩系数:0.000 8~0.003kPa⁻¹	洞庭湖、鄱阳湖、太湖、洪泽湖周边,古云梦泽边缘地带
湖盆地沉积	河漫滩相沉积	沉积凌乱,岩性复杂,富有中细层细沙交错层,呈透镜状分布	天然重度:14.71~18.63kN/m³; 孔隙比:0.8~1.8; 含水率:30%~60%; 快剪黏聚力:0.5~3.0Pa; 内摩擦角:0°~11°; 压缩系数:0.000 8~0.003kPa⁻¹	长江中下游、珠江下游、淮海平原、闽江下游
	丘陵谷地相沉积	呈片状分布,厚度变化大,底部有较大的横坡,颗粒由山前到谷中逐渐变细,厚度一般7~10m		

1.2.3 常见的软基处理方法

由于软土的固有复杂特性,其上修筑高速公路常出现过大的沉降变形,造成不同程度的路基路面变形、损坏,影响行车舒适度和安全性,缩短道路使用寿命。通常,软土路基问题及其危害概括起来主要有如下两个方面:

①强度及稳定问题。当软土地基的抗剪强度不足以承受路堤及路面外荷载时,软土地基会产生局部或整体剪切破坏,造成路堤塌方、失稳及桥台破坏。

②沉降变形问题。当软土地基在自重及外部荷载作用下产生过大的沉降变形时,影响道路的正常使用。特别是产生过大的不均匀沉降时,造成路面开裂破坏,结构物与路堤衔接处差异沉降,引起桥头跳车,涵身、通道凹陷、沉降缝拉宽而渗水;路面横坡变缓、积水,从而引起路面损坏等。

对于天然地基无法满足强度和变形要求的路段,必须进行适当处理。如何切实做好软土地基的处理及变形控制,减少工后沉降和沉降差,是保证高速公路建设质量的关键[8]。

软基处理方法对加固效果和施工工期有着重大影响,而且直接关系到工程费用的高低。软土地基处理有许多种不同的方法,如按处理效果可分为临时处理和永久处理;按处理深度可分为浅层处理和深层处理;按处理的方式又可分为化学处理和物理处理等。由于地基条件不同以及工程对地基的要求不同，而且施工机械、材料来源也因地区和部门不同而有较大的差别，因此，应针对每一具体工程进行细致分析，从地基条件，处理要求，工程费用，材料、机械设备来源以及工程进度等各方面进行综合考虑，以选出技术上可靠、经济上合理，且能满足施工进度要求的最佳处理方案，也可采用两种或两种以上的组合处理方案，同时还应考虑环境保护、节约能源等方面因素，各种软基处理方法有着各自的特点及适用条件。

(1)常规处理方法

表1.4汇总了常用的软基处理方法及其特点。

各种地基处治方法特点及推荐情况 表1.4

处理方式		描述
浅层处理	硬壳层补强法	①此法适用于硬壳层有效厚度超过临界厚度时。 ②采用硬壳层补强法能充分调动原有地基硬壳层承载潜力，其处治方法快速实用，且简单，施工质量易于控制；处治费用较低，经济效益好
	垫层法	①在软土地基地面上，铺设一层特殊材料，再在其上填筑路堤，称为垫层法。 ②如地表无硬壳层或为透水性硬壳层，垫层材料宜选用砂石等透水性材料，统称为排水垫层；当软土层为黏性软土或硬壳层，封水条件较好时，不宜采用透水性垫层，应使用加固型垫层。 ③采用垫层法处治软土地基应采用就地取材的原则，垫层法施工快速、投资少、效益高
	置换法	①是指将路床顶面以下一定范围的软弱土层利用人工、机械或其他方法清除，分层置换强度较高的砂、碎石、山坡石、改良土以及其他性能稳定和无侵蚀性的材料，并振实(压实)到要求的密实度，形成强度较高的地基。 ②置换填土与原土相比，具有承载力大、刚度大、变形小的优点；用砂石换填还可以提高地基的排水固结速度，消除膨胀土地基的胀缩性及湿陷性土层的湿陷性，且换填质地较好的土料和石料，并采取相应的压实或振实工艺进行压实达到密实度的要求，其施工质量易于控制。 ③该方法需从路段周围借调或购买符合要求的黏土或石料，因此造成换填方案造价偏高；此外，对挖除的淤泥还需二次处理弃土，对环境会造成一定污染，需要额外的处理费用，其换填部分主要集中在软土地基上层，深度较大时其经济效益较差，其处理深度一般为2.0～3.0m

续上表

<table>
<tr><th colspan="2">处理方式</th><th>描 述</th></tr>
<tr><td rowspan="4">排水固结法</td><td>堆载预压法</td><td>①该方法是在上部荷载作用之前,对天然地基施加荷载预压,同时采取一些措施加速土中水的排出,促使土体孔隙减小,逐渐固结,从而达到提高软土地基承载能力、减小工后沉降的目的。
②堆载预压法适用于饱和软土、吹填土、松散粉土以及新近沉积土施工的地基处理,对存在连续薄砂层(或透镜体)的地基处理效果特别好,由于堆载预压方法的施工工艺简单、造价低,工后沉降量很小,能满足工后沉降要求,目前仍是高速公路软土地基处理的主要方法。
③施工周期长,往往在工期上需要较长时间进行预压,且在高速公路采用堆载预压方法处理软基时,堆载材料一部分是路堤本身填料,另一部分作为超载的是固体或液体(水)重物。具体实施时,堆载要按规定的方法和速度逐步堆放到路堤地基上。如采用超载预压,预压完成后需将超载即路床高程以上的堆载材料卸出路堤。超载、卸载是一项很繁琐的工作,受控因素较多,此外还应考虑卸载材料的运输、堆放,环境影响等问题</td></tr>
<tr><td>塑料排水板</td><td>①利用插板机械在含水率大、孔隙比大、压缩性高、深厚的软土地基中插设具有良好透水性的塑料排水板,从而在软土地基中形成竖向的排水通道。
②优点:质量易控制;适应地基变形能力强;重量轻(每200m重25kg),搬运方便;插设机械形式较多,凡能施工袋装砂井的机械,均可用于插塑料排水板;断面尺寸小,插入时对地基扰动小,连续性好;施工速度快,劳动强度小,不需灌砂工序,运输方便,施工场地整洁;排水效果好。
③此法要求必须进行堆载预压,因此工期相对较长,处理深度一般在15~20m之间,最大可达25m,对加速排水效果较好,处理费用低</td></tr>
<tr><td>袋装砂井</td><td>①直径仅8cm左右。由于设置砂井,周围的土有时会受到大的扰动,使透水性与地基的强度下降,所以施工时应尽量减小对周围土的扰动。
②该方法适用于透水性低的软弱黏性土,但对于泥炭土等有机质沉积物不适用。
③砂井适用于软土层厚度大于5m的情况,最大有效处理深度为18m</td></tr>
<tr><td>土工合成材料加筋</td><td>①在软弱土层(如人工填土的路堤)中放入能承受拉力的加筋材料如土工合成材料、竹筋、钢条、钢带、尼龙绳等组合形成人工复合土体,利用土体颗粒与拉筋之间的摩擦力使它们形成一个整体,产生整体化强度,起到抗拉、抗剪、抗压或抗弯的作用,从而提高地基承载力、减少沉降和增加地基的稳定性。土工合成材料一般用来加固软土表层土体,常与深层加固体联合使用。
②优点:质量小,整体连续性好(目前在长度上可制成数百米到上千米,可作为较大面积的整体);施工方便,抗拉强度较高,耐腐蚀性和抗微生物侵蚀性好。不织型的当量孔隙直径小,渗滤性好、质地柔软,能与土很好结合。
③缺点:抗紫外线能力低,如受到阳光直接照射容易衰化,但如不直接暴露,抗老化及耐候性能仍较高</td></tr>
</table>

续上表

处理方式		描　述
深层复合地基法处理软基	砂(碎石)桩	①挤实砂(碎石)桩是以冲击或振动的方法强力将砂、石等材料挤入软土地基中,形成较大的密实柱体。挤密砂(碎石)桩在软弱黏性土地基中主要起置换作用和排水作用。 ②优点:增加地基整体抗剪能力,提高承载力,防止地基产生滑动破坏;由于荷载产生桩间的应力集中,减小了固结沉降;由于密实碎石桩的排水作用,提前完成剩余沉降;由于复合地基作用,可以减小差异沉降;设备简单,施工方便。 ③该方法适用于具有一定强度的砂土或黏土地基,在淤泥层中由于其土体的强度过于低弱,以致土的约束力难以平衡填料挤入孔壁的力,难以形成桩体,易造成成桩质量差。此外,该工法需要大量级配良好的碎石或砂料,所以造价并不便宜,其最大有效处理深度20m
	生石灰桩	①石灰桩法是用打砂桩的方法,在黏性土地基中用生石灰做成柱体,通过生石灰的消解吸水,继而生成水化物和毛细管的吸水作用,降低黏性土中的含水率,从而提高地基强度,减小沉降量。 ②用它改善地基,有不需要上置荷载,而且短时间内能发挥作用的优点。不过,如果穿过滞水砂层,或者与地表水接触,其效果显著降低。其次,因为生石灰吸水会产生高热,所以在使用、储存时必须注意卫生及安全。设计方法中,因生石灰桩的膨胀压力、膨胀率、吸水效果及桩的强度等,改善地基强度的机理都还不明确,必须积累石灰桩加固软土地基的实测资料,确定合理的设计方法。 ③软土的pH值过低,即若桩周土为酸性土,将减弱桩身强度的提高,相反pH值愈高,愈为有利;加固效果与软土的渗透性能有关,一般来说渗透系数较大,加固效果也较好;渗透系数过小,将影响消化反应的速度,影响水硬性,因而加固效果也较差;石灰桩用于加固含高岭土为主的软土最有利,钙化反应强烈,最大有效处理深度达20m
	CFG桩	①CFG桩是针对碎石桩承载特性的一些不足,加以改进而发展起来的,是一种半柔性半刚性桩,即称半刚性桩。 ②CFG桩具有沉降变形小、承载力提高幅度大、适用范围较广、社会和经济效益明显等特点。可用于加固填土、饱和及非饱和黏性土、松散的砂土、粉土等。处理深度可达20m
	搅拌法	①通过搅拌机械将胶结材料与地基的软土搅拌成桩柱体,具有施工工期短、无公害、施工过程无噪声、不排污、对相邻建筑物影响小等优点。 ②粉喷桩处理法(干法)适用于高含水率的软土,低含水率的软土以浆喷(湿法)为佳;但含水率高低并无明确的分界线,应按照工程实际情况和现场试验(有条件时)确定,一般含水率适用范围30%~70%。此外,对于高液限土不宜用深层搅拌法,尤其不能用水泥粉喷搅拌法。 ③由于石灰生产量不多,且多是散装料,运输、计量、粉碎均很困难,所以目前绝大部分用水泥
	管桩	①适用于处理黏性土、粉土、淤泥质土、砂土及已完成自重固结的素填土等地基。 ②造价高,有效处理桩长长,处理深度大,质量容易控制,承载力高

(2)地基处理新技术

①2D 工法

粉喷桩自瑞典工程师 Kjeld Paus 1967 年发明以来,在铁路、公路、市政工程、港口码头等各类软土地基加固工程中得到了广泛应用。然而由于粉喷桩价格较高,处理深度有限(一般小于 15m),且在施工过程中常出现施工完后粉喷桩突然下沉等现象,因此限制了该技术的应用。

针对粉喷桩存在的上述问题,东南大学刘松玉教授提出了一种新型地基处理工法——排水粉喷桩复合地基法[dry jet mixed (DJM) and prefabricated vertical drains (PVD) combined method,简称为 2D 工法]。该法利用粉喷桩与竖向排水体两种工法各自的特点,先在天然地基中打设排水板,然后再进行粉喷桩施工。利用塑料排水板作为排水导气通道,使粉喷桩施工过程中产生的超静孔隙水压力能通过塑料排水板快速排出,同时利用喷粉压力的气压劈裂作用,在桩周土中形成大量裂隙,为水泥粉向桩周土的渗入和桩周土体超静孔隙水压力的迅速消散提供通道,从而使得桩周土体的强度得以快速提高。另一方面,常规粉喷桩施工中深部桩身质量较差是一个常见的问题,而对于 2D 工法来说,由于塑料排水板的排水、通气作用,粉喷桩施工时喷粉更为顺畅,搅拌更加均匀,保证了粉喷桩桩身质量,特别是深部的成桩质量。2D 工法布置情况如图 1.2 所示。

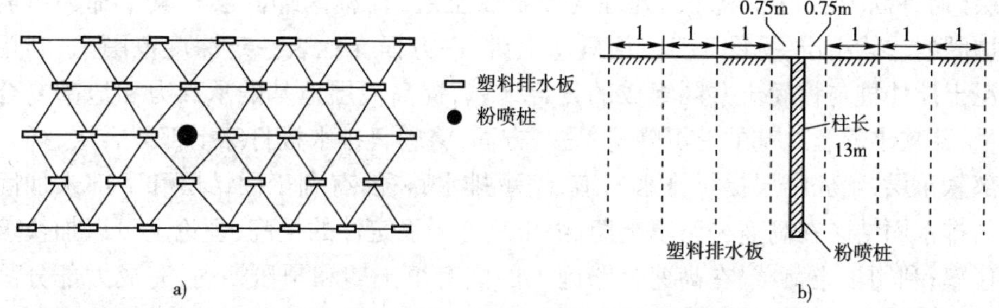

图 1.2 2D 工法布置示意图(尺寸单位:m)

②长板—短桩工法

在高速公路建设工程中,对于深厚软土地基的处理,如果单独采用排水固结法或水泥土搅拌桩处理,一般难以取得令人满意的效果。为此,有学者提出了采用水泥土搅拌桩与塑料排水板(或砂井)排水固结联合处理的方法(因桩较短,而塑料排水板较长,故简称长板—短桩工法),认为此法可以解决深厚软基问题,与水泥土搅拌桩复合地基和塑料排水板排水固结法相比,既有效利用了高速公路建设固有的预压期,较好地解决了地基沉降问题,又充分发挥了两种方法的长处,不失为一种行之有效的方法。

该工法在形式上是地基处理的搅拌桩法和砂井排水固结法的综合,在平面上,搅拌桩和塑料排水板(或砂井)都有间距和布置形式的问题。具体到该工法,长板与短桩可以等间距布置,也可以不等间距布置;在剖面上,短桩仅加固浅层软土地基,长板则穿过短桩复合层插入深部软土层,可以穿透软土层(当软土层不太厚时),也可以不穿透软土层(当较厚时)。图 1.3 所示是长板与短桩按等间距梅花形布置,长板未能穿透软土层情形时的模式。

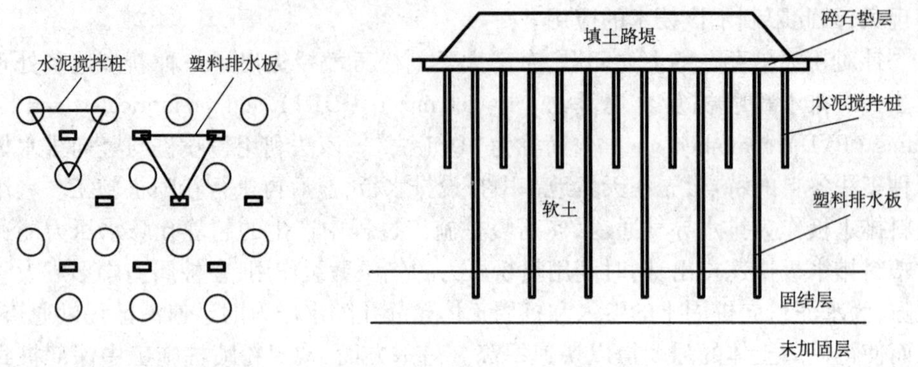

图 1.3　长板—短桩处治布置图

在采用长板—短桩工法处理深厚软基时,根据长板和短桩的作用机理与特点,在地基剖面上应可划分为:a. 水泥土搅拌桩复合地基层(简称复合层);b. 排水固结层(简称固结层);c. 未加固处理的原状软土层(简称未加固层),其下部为不需要加固的非软土层,见图 1.3。从概念上讲,一方面在地表一定深度范围内,利用水泥土搅拌桩与桩间土共同组成的复合地基,提高浅层地基的承载力和地基复合模量,并减小软土地基的总沉降量;另一方面,将塑料排水板打穿上部复合层,插入深部软土层,给固结层提供排水通道,缩短排水路径,有利于固结层和下部未加固层的排水固结。在高速公路填土期,由于复合层稳定性的提高,理论上可以加快填土速率;利用填土荷载,在高速公路施工的固有填土期和预压期内,完成大部分固结层和未加固层的固结沉降,以满足工后沉降要求;随着软土地基的排水固结,地基土强度逐步提高,地基稳定性得到保证。

表 1.5 列举了若干工程实例中采用的软土地基处理方法[9-23]。

软土地基处治工程实例　　表 1.5

工 程 案 例	处 治 措 施
沪宁高速公路镇江段拓宽	粉喷桩
深圳市机(场)—荷(坳)高速公路	强夯法
沈大高速公路改扩建工程	强夯法
京津塘高速公路塘沽港区连接线	抛填挤淤,然后加土预压
广东西部沿海高速公路(珠海—阳江)台山二标	真空联合堆载预压

续上表

工程案例	处治措施
广东省西部沿海高速公路珠海试验段	水泥搅拌桩复合地基或管桩复合地基
申嘉湖(杭)高速公路	预应力混凝土薄壁管桩
遵毕高速公路第19合同段	长短桩复合地基
丹海高速公路(东港至海城段)	CFG桩加固
沧黄高速公路	土工格栅
新乡至郑州高速公路	压密注浆
杭嘉湖地区某高速公路	土工织物结合塑料排水板
唐津高速公路天津界至陈庄段	粉煤灰
佛山石北滘至乐从公路主干线工程	袋装砂井

1.3 软土地基上路堤设计与施工控制关键技术

路堤设计和施工是公路修建的基础和前提,并贯穿于整个路堤修筑过程,在很大程度上决定着高速公路的品质。由于软土地基特殊的工程特性,其上的路堤设计与施工控制主要包括软土地基工程地质勘察、路堤的稳定验算和沉降计算、软土地基处理方法、软土地基变形观测与控制、软土地基沉降预测方法与应用技术、软土地基上路堤施工控制技术等关键技术。

第2章 软土地基工程地质勘察

2.1 勘察依据和目的

软土具有含水率高、渗透性弱、压缩性大、抗剪强度低、灵敏度高等特点，在荷载作用下，变形大而不均匀，稳定时间长，施工过程中土体易产生侧向挤出破坏。高速公路为连续分布的条形建筑物，可能跨越多个地质单元。对于某一个软土地质单元，勘察时不仅要查明地基土层的物理、力学、化学性质，还要查明沿线软土地基的总体情况，如地层结构、分布范围、沉积环境、沉积年代、水文地质条件、分布规律及均匀性等。因此，在勘察时不仅要注意沿轴线方向工作量的投入，还应适当在横向投入一定的工作，尤其对于小区域分布的软土单元，其工作意义更为重大。

软土地基工程地质勘察工作应满足工程地质选线、路线布设、方案比选、处治设计等技术工作的需要，采取合理的钻探工艺，先进的取样技术与设备，充分运用原位测试手段。做到勘探范围与深度合理，测试和取样部位准确，避免土样结构与含水率的改变；软土层位界限、试验数据、原位测试指标真实、可靠，为地质描述与地质评价提供完整、系统的技术资料，为设计与施工提供必需的地质参数，以满足设计和施工的需要。具体通过收集资料、工程地质调绘、勘探、试验与现场测试以及场地评价等手段和方法，编制勘察报告达到上述目的。各阶段的内容与要求应遵守《公路工程地质勘察规范》(JTG C20—2011)的规定。

(1)收集资料

软土地区工程地质调绘前应认真收集资料，包括沿线近代地形、地貌资料，古地形地貌图或历史河流变迁图，区域地质、遥感图像及解译资料；沿线既有建筑、道路等建(构)筑物的勘察、设计、施工、观测资料与科研项目及试验工程成果资料；地震烈度、震害等资料，核定地震动峰值加速度为0.1g及以上范围的分区界限。

(2)工程地质调绘

软土地区工程地质调绘包括：调查地形、地貌及第四纪沉积层的特征，划分地貌单元并进行工程地质分区，分析各地貌单元的形成过程及地层、场地稳定性的关系;调查软土的分布范围和分布规律,尤其是沿线微地貌与软土分布的关系,以及古牛轭湖、埋藏谷、暗埋的塘、浜、沟、渠分布范围及形态;调查软土及地基各层的岩性、分层厚度、成因、类型、时代、硬壳、固结状态、物理、力学、水理及其地层结构,相变特征;对厚层和相对均质的软土,应查明抗剪强度随深度的变化规律;对谷地、河谷边缘、河沟交汇地段、山间盆地及斜坡边缘的软土,应重点查明软土层厚度变化,下卧硬层顶面形态、横坡大小等;判定有无砂类土夹层或透镜体存在及其形态、范围,并判定对工程稳定性和变形的影响;调查地下水类型、埋藏深度、活动情况、补给与排泄条件;对既有堤防、涵洞、桥梁、道路、房屋、地下硐室等建(构)筑物的修建时间、地基处理措施、施工方法、处理效果等的调查;对沼泽地段的地质调绘,尚应调查植物分布及生长情况,地表水的汇流和水位的季节变化、疏干条件及河流水文变化情况,地下水露头及其季节变化,地下水与地表水的关系等。

(3)工程地质勘探与测试

应采用钻探、物探和原位测试相结合的综合勘探方法。对厚层或难以取样的软土地层,可采取十字板剪切试验、静力触探、孔内旁压与螺旋板载荷试验等原位测试方法。

勘探点的布置应满足相应勘察阶段工程地质评价、方案比选、工程设计的需要;控制性钻孔应布置在有代表性的部位,每一地貌单元或地质单元、重大工程与工点都应有控制性钻孔。

勘探深度应穿透软土至下卧硬层、主要持力层或下伏基岩内一定深度,当软土层很厚时,为满足沉降计算,勘探、测试孔深度不应小于地基压缩层的计算深度。

钻孔直径应满足取样、原位测试或其他室内试验工作的需要;软土取样宜采用均匀连续压入法及重锤少击法;钻取原状土样应采用薄壁取土器,取土器的入土深度不得大于取土器的有效长度,取样时严禁向钻孔内注水。当采取的原状样不符合要求时,应及时调整取样工艺或调整取土器进行补取。软土试样的室内试验项目应根据不同勘察阶段、不同的土样类型与处理措施按表2.1选择确定。

(4)软土地区场地评价

软土地区的工程地质勘察,应进行全线或工点(段)场地评价,其内容包括场地地质条件评价、场地地基稳定性评价和场地环境影响评价。

软土工程地质勘察根据勘察设计程序分为可行性研究勘察(可研阶段勘察)、初步工程地质勘察(初勘)与详细工程地质勘察(详勘)三个阶段。勘察方法主要有工程地质调查与测绘、工程地质勘探、原位及室内试验等,在详勘阶段勘察方法主要以钻探、原位测试和室内试验为主。

表 2.1

软土室内试验与原位测试项目选择表

试验类别		室内试验																								原位测试			
测试性质		物理性质试验								力学性质试验													化学性质			十字板试验			
						液塑限试验				压缩试验							剪切试验												
																	直剪		三轴剪切										
测试项目		天然含水率	天然重度	土粒相对重度	天然孔隙比	液限	塑限	塑性指数	颗粒分析	压缩模量	压缩指数	再压缩指数	次固结系数	前期固结压力	垂直固结系数	水平固结系数	快剪	固结快剪	不固结不排水	固结不排水	固结排水	无侧限抗压强度	酸碱度	易溶盐试验	有机质含量	不排水剪切强度	灵敏度	静力触探	标贯试验
符号		w_0	γ	G_s	e_0	w_L	w_P	I_P		E_s	C_c	C_s	C_a	P_c	C_v	C_h						q_u	pH			S_u	S_t		
排水固结	硬层	+	+		+						+	+	+	+	+	+	+		=			+						+	=
	软土层	+	+	+	+		+	+	+		+	+	+	+	+	+	+	+	=	=	=	=			+	+	+	+	
水泥土桩	硬层	+	+		+					+							+		=			+						+	=
	软土层	+	+	+	+		+	+	+	+				+	+	+	+	+	=	=		=	+	+	+	+	+	+	
刚性桩	硬层	+	+		+					+							+					+						+	=
	软土层	+	+	+	+		+	+		+				+	+	+	+	+	=	=		=				+	+	+	

注:1. 复合地基与排水固结联合应用时应同时测试双方需要测试的项目。+表示应测试的项目,=表示可选项目。

2. 结构物下复合地基、混凝土桩复合地基尚应建议各层土的极限侧阻力标准值和极限端阻力标准值。

钻探是工程地质勘察的主要手段,它能直接观察鉴别岩性和划分地层,并可沿孔深进行原位测试和取原状土样,是获得地质资料的主要渠道。原位测试是勘察的辅助手段,原位测试资料可用于对钻孔资料的补充,判断和分析层位及界限的变化;对于局部的重点地段,原位测试资料可补充原状土样间断部位的资料空白。原位测试资料和钻探、土工试验资料可以相互印证,提高勘察资料的精确程度。下面分别针对钻探、原位测试和室内试验三种勘察方法进行介绍。

2.2　钻探

钻探是指用特定的设备、器具(即钻机)来破碎或取出地壳岩石或土层,从而在地壳中形成一个直径较小、深度较大的钻孔(直径相对较大者又称为钻井)的过程。工程地质钻探是软土勘察工作的基本手段之一,基本任务是完成采样等现场勘察工作,初步查明软土区域工程地质条件。工程地质钻探的目的是为解决与待建工程有关的软土稳定、变形、渗透问题等,并提供基础地质资料。

2.2.1　钻探的基本程序

钻探首先要进行破碎岩土的钻进工作,现今绝大部分情况下采用机械钻进,以冲击力、剪切力或研磨形式使钻孔内(周边)岩土体破碎成为粉末、小岩土块或岩土芯。在孔底将岩土全部破碎成粉末或小块的钻进方法称为“全面钻进”。而钻进过程中只破坏孔底环状部分岩土,中间岩土芯保留的钻进方法称为“取芯钻进”。

其次要采取岩土芯或清除破碎岩土。常用三种方法:一是使用机械(如用采样器、钻勺等)取出岩土芯或破碎块粉;二是将岩土碎块粉末与水混合成岩粉浆或泥浆后,用抽筒抽出钻孔,如冲击钻;三是用流体(泥浆、清水、乳化液或空气)作为循环介质,将破碎的岩屑、碎块输送到地表。

钻孔形成之后,其周围原有应力平衡状态遭到破坏,继而可能引起孔壁软弱岩土体坍塌。因此,成孔后必须对已有孔壁进行加固。加固的方法有:运用循环液的静水压力来平衡地层的侧向压力,以维持孔壁稳定,这种方法在现在的反循环钻进将中得到充分利用;用惰性材料或化学材料对孔壁进行加固处理,常用的惰性材料有水泥、黏土,化学材料有混入循环液中的植物胶等泥浆处理剂、堵漏剂,如氰凝、丙凝等;用金属或非金属的套管下入钻孔中以支撑孔壁,这种方法虽然可靠,但往往因不稳定地层的垮塌而掩埋损失或不能循环利用,成本较高。

2.2.2　钻探方法、适用范围及技术规格

工程地质钻探根据岩土破碎方法的不同,分为冲击钻进、回旋钻进、震动钻进、冲洗钻进四种钻进方法。冲击钻进利用钻具重力和下落过程中产生的冲击力使钻头冲击孔底岩土并使其产生破坏,从而达到在岩土层中钻进的目的。根据使用的

工具不同还可以分为钻杆冲击钻进和钢绳冲击钻进。对于硬质岩土层(岩石层或碎土层)一般采用孔底全面冲击钻进;对于其他土层一般采用圆筒形钻头的刃口借助于钻具冲击力切削土层钻进。回旋钻进采用底部焊有硬质合金的圆环状钻头进行钻进,钻进时一般要施加一定的压力,使钻头在旋转中切入岩土层以达到钻进的目的。它包括岩芯钻探、无岩芯钻探和螺旋钻探。震动钻进采用机械力产生的振动力,通过连接杆和钻具传到钻头,由于振动力的作用使钻头能更快地破碎岩土层,因而钻进较快。该方法适合于颗粒组成相对细小的土层中使用。冲洗钻进利用高压水流冲击底层土层,使之结构破坏、土颗粒悬浮,并最终随水流循环流出孔外。由于是靠水流直接冲洗,因此无法对土体结构及其相关特性进行观察鉴别。

四种钻探方法各有特点,分别适应于不同的勘察要求和岩土层性质,详情见表2.2。

钻探方法的适用范围 表2.2

钻进方法		钻进地层					勘察要求	
		黏性土	粉土	砂土	碎石土	岩石	直观鉴别采取不扰动土样	直观鉴别采取扰动土样
回转	螺旋钻探	++	+	+			++	++
	无岩芯钻探	++	++	++	+	++		
	岩芯钻探	++	++	++	+	++	++	++
冲击	冲击钻探	—	+	++	++	—	—	—
	锤击钻探	++	++	++	+	—	++	++
震动钻探		++	++	++	+	—	+	++
冲洗钻探		+	++	++	—	—	—	—

注:1. ++适用;+部分适用;—不适用;

2. 浅部土层可采用下列方法钻探:小口径麻花钻钻进;小口径勺形钻钻进;洛阳铲钻进。

钻探的钻孔口径应根据钻探目的和钻进工艺确定,应当满足取样、原位测试的要求。对于采取原状土样的钻孔,口径不得小于91mm;对仅需鉴别地层岩性的钻孔,口径不宜小于36mm。在确定了钻孔口径后,可根据表2.3确定钻具的规格。

《公路工程地质勘察规范》(JTG C20—2011)规定,软土取样应使用专用薄壁取土器,取样器长度不宜小于50cm,采用压入法或重锤少击取样,并应严格控制钻探回次进尺,严禁扰动或改变试验样品的土体结构及含水状态。对于勘探深度的要求:当软土厚度较薄时,勘探深度应穿过软土层至下卧硬层内3~5m;软土厚度较大时,勘探深度应不小于地基压缩层的计算深度或达到地基附加应力与地基土自重力比为0.10~0.15时所对应的深度。

钻孔口径及相应的钻具规格　　表2.3

钻孔口径(mm)	钻具规格(mm)										相当于DCDMA标准级别
	岩芯外管		岩芯内管		套管		钻杆		绳索钻杆		
	D	*d*	*D*	*d*	*D*	*d*	*D*	*d*	*D*	*d*	
36	35	29	26.5	26.5	45	38	33	23			E
46	45	38	35	35	58	49	43	31	43.5	34	A
59	58	51	47.5	47.5	73	63	54	42	55.5	46	B
75	73	65.5	62	62	89	81	67	55	71	61	N
91	89	81	77	70	108	99.5	67	55	—	—	—
110	108	99.5	—	—	127	118	—	—	—	—	—
130	127	118	—	—	146	137	—	—	—	—	—
150	146	137	—	—	168	156	—	—	—	—	S

注:DCDMA标准为美国金刚石钻机制造者协会标准。

2.2.3 取样评估

工程地质钻探的重要任务是采取试样,从而对岩土体直观地观察、鉴别或进行各种物理力学实验。对于不同的目的,取样的要求也不尽相同,若仅对岩性进行鉴别,则岩心的完整性与否就不重要了。同样对土体进行定名、分类,则土样是否受到扰动也没有什么影响。多数情况下,岩土体取样的用途是多方面的,因此在采取土样时,应尽量减少对土体的扰动,即采取相应的原状土样,如果试样的天然结构已经遭受破坏,则成为"扰动土样"。在实际勘探过程中,要取得完全不受扰动的土样是不可能的。土样脱离母体后,原来所受到的围压突然解除,土样的应力状态与原来相比发生了变化,在一定程度上影响了土体的天然结构,钻探及采样过程中钻具的钻压过程势必会对周围土体(包括土体原来所在区域)产生一定扰动作用;取土器都有一定的壁厚、长度和面积,其在压入的过程也会对土体产生扰动,但相对较小。

根据取样方法和实验目的的不同,现行的岩土勘察规范将土样分为四个质量等级,具体见表2.4。

土试样质量等级划分　　表2.4

土样级别	扰动程度	试验内容
Ⅰ	不扰动	土类定名、含水率、密度、强度试验、固结试验
Ⅱ	轻微扰动	土类定名、含水率、密度
Ⅲ	显著扰动	土类定名、含水率
Ⅳ	完全扰动	土类定名

注:1.不扰动是指原位应力虽已改变,但土的结构、密度、含水率变化很少,可以满足各项室内试验要求。
2.如确无条件采取Ⅰ级土样,在工程技术条件允许的情况下,可用Ⅱ级土样代替,但应先对土样受到的扰动程度做出鉴定,判断用于实验的适用性,并结合地区经验使用试验成果。

表 2.4 虽然给出了根据扰动程度进行土样质量等级划分的依据,但是土样扰动程度的确定也具有一定难度,需要综合多方面的因素进行。一般而言,可依据以下几个方面:

①现场试样外观检查,观察土样是否完整,取样管或衬管是否挤弯、卷折等。

②测定回收率,回收率 $=L/H$,H 是指取样时取土器贯入孔下土层的深度;L 是指土样长度,可取试样毛长,即可从试样顶端算至取土器刃口,下部如有脱落可不扣除。回收率等于 0.98 左右是最理想的,大于 1.0 或少于 0.95 是土样受扰动的标志。

③X 射线检查,可发现土样裂纹、孔洞及粗粒包裹体等土样可能受到扰动的标志。

④室内试验评价。由于土的力学性质参数对试样的扰动十分敏感,土样受扰动的程度可以通过力学性质试验反映出来:一是根据应力—应变关系评价。随着土样扰动程度增加,破坏应变增加,峰值应力降低,应力—应变关系曲线趋于平缓。不同地区对不扰动土样作不排水压缩试验得出破坏应变值 ε_f,如果测得的破坏应变大于上述特征值,则该土样可认为是扰动的。二是根据压缩曲线特征判定。先定义扰动指数 $I_D=\dfrac{\Delta e_0}{\Delta e_m}$,式中,$\Delta e_0$ 为原位孔隙比与土样在先期固结压力处孔隙比的差值;Δe_m 为原位孔隙比与重塑土在上述压力处孔隙比的差值。如先期固结压力未能确定,可改用体积应变作为评价指标:$\varepsilon_V=\dfrac{\Delta V}{V}=\dfrac{\Delta e}{1+e_0}$,式中,$e_0$ 为土样初始孔隙比;Δe 为加荷至自重压力时的空隙比变化量。我国沿海地区采用上述方法评价的标准见表 2.5。

评价土试样扰动程度的参考标准　　表 2.5

扰动程度 / 评价程度	几乎未扰动	少量扰动	中等扰动	很大扰动	严重扰动	资料来源
ε_f	1% ~3%	3% ~5%	5% ~6%	6% ~10%	>10%	上海
ε_f	1% ~3%	3% ~5%	5% ~8%	>10%	>15%	连云港
ε_V	<1%	1% ~2%	2% ~4%	4% ~10%	>10%	上海
I_D	<0.15	0.15 ~0.30	0.30 ~0.50	0.50 ~0.75	>0.75	上海

对于不同的地区,各种土质类型没有统一的判断标准,应在反复试验、积累数据的基础上建立适合于本区域的扰动评价标准。表 2.5 中的指标只是取样后对其扰动状态的事后判断,为了能取到合乎要求的土样,重点应当放在取样前及过程中的严格控制。

取样时,探井、探槽中应采用人工刻槽法采取Ⅰ级土样。钻孔中采取Ⅰ、Ⅱ级土样、砂样应符合现行行业标准《钻探、井探、槽探操作规程》(YS 5208—2000)的要求,并应采用符合该规程规定的取土器。取出的土样应妥善密封,严防曝晒或冰冻;在装卸运输中不得振动或撞击;保存时间不宜超过3周。

2.3　现场原位测试

2.3.1　静力触探试验

静力触探自1917年瑞典正式使用以来,迄今已有将近百年历史。其基本原理就是用准静力(相对动力触探而言,没有或很少冲击荷载)将一个内部装有传感器的探头以匀速压入土中,由于地层中各种土的软硬不同,探头所受的阻力就不一样,传感器将这种大小不同的贯入阻力通过电信号输入到记录仪表中记录下来,并绘制出随深度的变化曲线。

根据贯入阻力与土的工程地质性质之间的定性关系和统计相关关系,通过触探曲线分析,即可达到对复杂土体进行地层划分,获得地基容许承载力和弹性模量、变形模量等指标,选择桩尖持力层和预估单桩承载力、判定场地土层的液化势等岩土工程勘察的目的,适用于软土、一般黏性土、粉土、砂土和含少量碎石的土。

(1)试验设备

静力触探设备主要由贯入系统、探头和量测系统组成。贯入系统包括触探主机和触探杆及反力装置。探头是影响试验成果准确性的关键部件,有严格的规格与质量要求。目前在工程实践中主要使用的探头有只能测比贯入阻力的综合型单桥探头(图2.1)、可测锥尖阻力与侧壁摩阻力的双桥探头(图2.2)及可测比贯入阻力、锥尖阻力与侧壁摩阻力、孔隙水压力的孔压探头(图2.3)3种。量测系统包括各种量测记录仪表与电缆线等。

(2)试验方法

①平整试验场地,设置反力装置。

②把根据测试要求和地层软硬情况选用的探头与电缆线、量测仪器连接,并调试至正常工作状态。

③贯入前应试压探头,检查顶柱、锥头、摩擦筒等部件工作是否正常。当测孔隙水压力时,应使孔压传感器透水面饱和。正常后将连接探头的探杆插入导向器内,调整垂直并紧固导向装置,保证探头垂直贯入土中。启动动力设备并调整到正常工作状态。

④采用自动记录仪时,应安装深度转换装置,并检查卷纸机构运转是否正常;采用电阻应变仪或数字测力仪时,应设置深度标尺。

⑤将探头按(1.2±0.3)m/min(国际标准1.2m/min)匀速贯入土中0.5～

1.0m(冬季应超过冻深线),然后稍许提升,使探头传感器处于不受力状态。待探头温度与地温平衡后,将仪器调零或记录初读数,即可进行正常贯入。在深度6m内,一般每贯入1~2m,应提升探头检查温漂并调零;6m以下每贯入5~10m应提升探头检查回零情况,当出现异常时,应检查原因,及时处理。

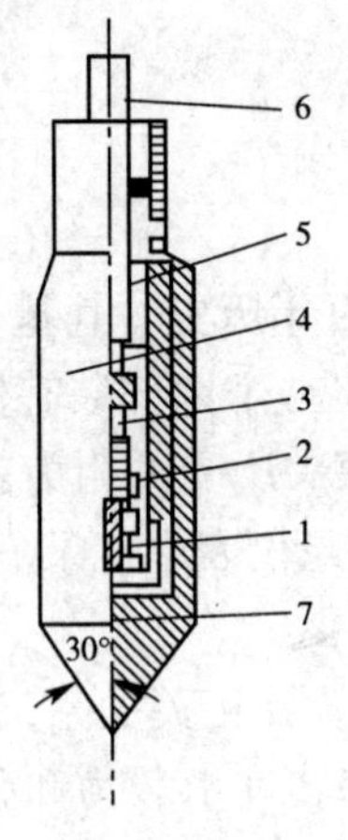

图2.1 单桥探头

1-顶柱;2-电阻片;3-变形柱;4-探头筒;5-密封圈;6-电缆;7-锥头

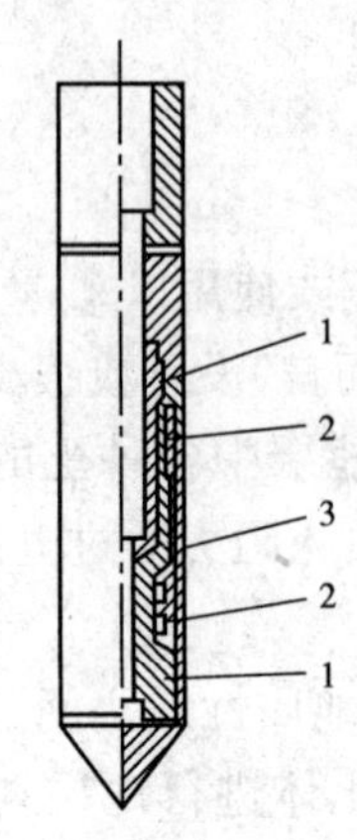

图2.2 双桥探头

1-变形柱;2-电阻片;3-摩擦筒

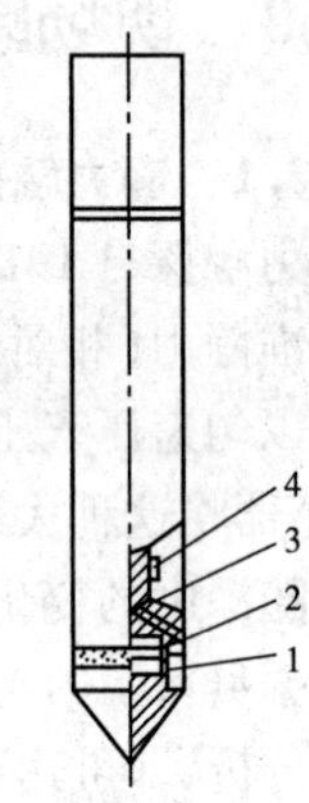

图2.3 孔压静力探头

1-过滤片;2-孔压传感器;3-变形柱;4-电阻片

⑥贯入过程中,当采用自动记录时,应根据贯入阻力大小合理选用供桥电压,并随时核对,校正深度,记录误差;使用静态电阻应变仪或数字测力计时,一般每隔0.1~0.2m记录读数1次。

⑦当用孔压探头测定孔隙水压力消散时,孔压探头在贯入前应在室内保证探头应变腔已为排除气泡的液体所饱和,并在现场采取措施保持探头的饱和状态,直至探头进入地下水位以下的土层为止;在孔压静探试验过程中,应注意不得上提探头,不得松动探杆;当在预定的深度进行孔压消散试验时,应量测停止贯入后不同时间的孔压值,其计时间隔由密而疏合理控制。

⑧当贯入到预定深度或出现下列情况之一时,应停止贯入:

a. 触探主机达到额定贯入力,探头阻力达到最大容许力。

b. 反力装置失效。

c. 发现探杆弯曲已达到不能容许的程度。

⑨到达预定试验深度后,测记零读数,提升探杆和探头,拆除设备。

(3)资料整理

①对原始数据进行检查与校正。当有零点漂移时,一般按回零段内以线性内插法进行校正。当记录深度与实际深度有误差时,应按线性内插法进行调整。

②按下式计算比贯入阻力p_s、锥头阻力q_c、侧壁摩阻力f_s、摩阻比R_f及孔隙水

压力 u：

$$p_s = k_p \varepsilon_p$$

$$q_c = k_q \varepsilon_q$$

$$f_s = k_f \varepsilon_f$$

$$u = k_u \varepsilon_u$$

$$R_f = f_s / q_c$$

式中：k_p、k_q、k_f、k_u——与 p_s、q_c、f_s、u 对应的标定系数；

ε_p、ε_q、ε_f、ε_u——单桥探头、双桥探头、摩擦筒及孔压探头传感器的应变量或输出电压。

③对单桥和双桥探头应沿测试深度(z)绘制 p_s-z 曲线、q_c-z 曲线、f_s-z 曲线、R_f-z 曲线，如图2.4所示。

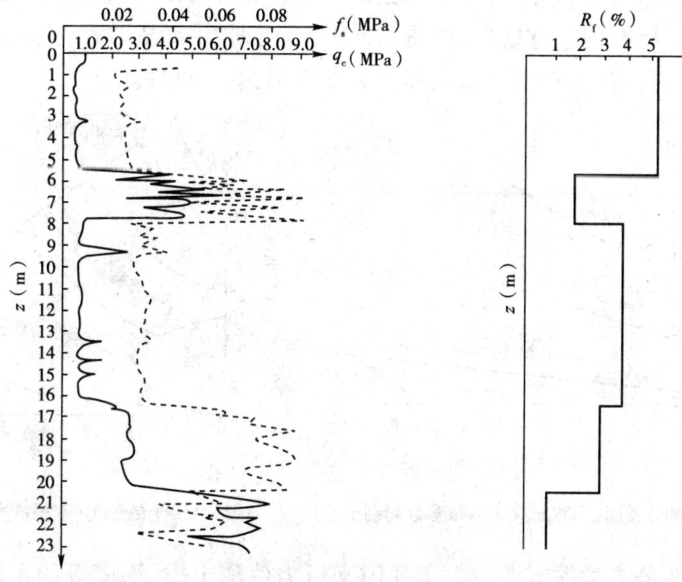

图2.4　静力测探曲线图

（引自《铁路工程地质原位测试》,2001年）

④对孔压探头除应绘制 p_s-z 曲线、q_c-z 曲线、f_s-z 曲线、R_f-z 曲线，尚应绘制 u_i-z曲线、q_t-z 曲线、f_t-z 曲线、B_q-z 曲线和孔压消散曲线 u_t-lg$t$ 曲线，其中 q_t、f_t 分别为经孔压修正后的真锥头阻力和真侧壁摩阻力。

⑤对孔压探头，按下式估算静探水平向固结系数 C_{ph}：

$$C_{ph} = \frac{R^2}{t_{50}} T_{50}$$

式中：T_{50}——与圆锥几何形状、透水板位置有关的相应于孔隙压力消散度50%的时间因数（对锥角60°、截面面积为10cm²、透水板位锥底处的孔压探头，相应的 $T_{50}=5.6$）；

R——探头圆锥底半径（cm）；

t_{50}——实测孔隙压力消散度达 50% 经历的时间（s）。

如果静力触探设备配有自动记录曲线装置或由计算机处理测试数据，则以上成果整理即可自动完成。

（4）成果应用

①划分土类

单桥综合型静力触探方法主要根据比贯入阻力 p_s 值的大小进行划分。由于单桥探头功能有限，故其划分土类的精度不高。

双桥探头静力触探方法可测得土层的锥头阻力 q_c 和侧壁摩阻力 f_s，还可计算出摩阻比 R_f，故用此方法划分土类，精度较高。常用的划分方法有：根据 q_c、R_f 建立土类划分边界方程进行划分，如图 2.5 所示；根据 q_c 和 R_f 进行划分，以 Poberston 和 Campanella 推荐的方法为代表，如图 2.6 所示，效果良好。

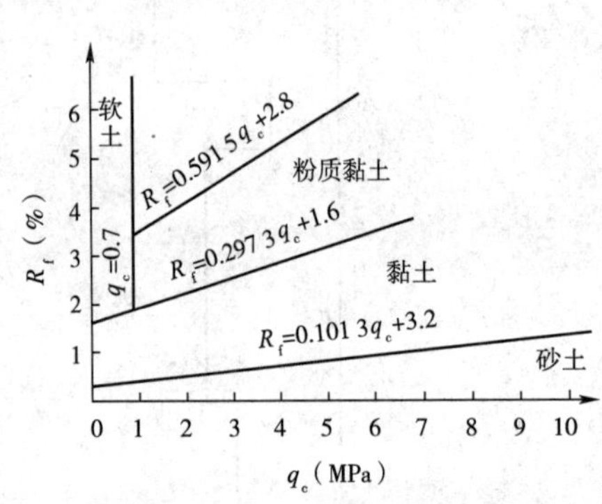

图 2.5　土的分类图（用双桥探头触探参数判别土类）

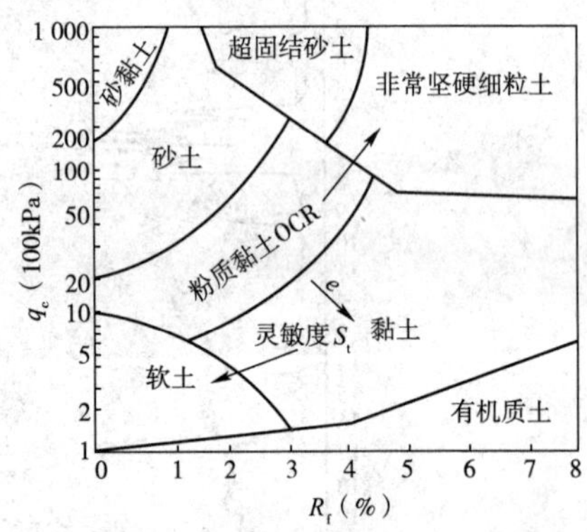

图 2.6　土的分类（双桥静力触探法）

孔压探头静力触探方法。由于孔隙水压力值随土类、深度等的不同而变化很大，所以为便于比较和应用，一般采用静探孔压系数（B_q）进行土类划分。使用该方法划分土类比用双桥静力触探方法精度要高，尤其是在区分砂层和黏土层方面精度较高。

B_q 的计算如下：

$$B_q=\frac{u_i-u_0}{q_t-\sigma_{v0}}$$

式中：B_q——试验系数（或称孔隙水压力参数比）；

u_0——试验深度的静水压力（kPa）；

q_t——真锥头阻力（kPa）；

σ_{v0}——试验深度处总上覆压力(kPa),$\sigma_{v0}=\sum_{i=1}^{n}\gamma_i h_i$;

h_i——第 i 层土的厚度或测试点与上层面的深度差(m);

γ_i——第 i 层土的平均天然重度(kN/m^3)。

用 B_q 划分土类时,国内先计算 B_q,再按图2.7和图2.8进行划分。为了把土类划分得更精确,可用孔压消散历时 t_{50} 作为辅助判别,能将大多数硬黏土从砂黏土中分出来。而国外根据 q_t 和 B_q 进行划分,如图2.9所示。

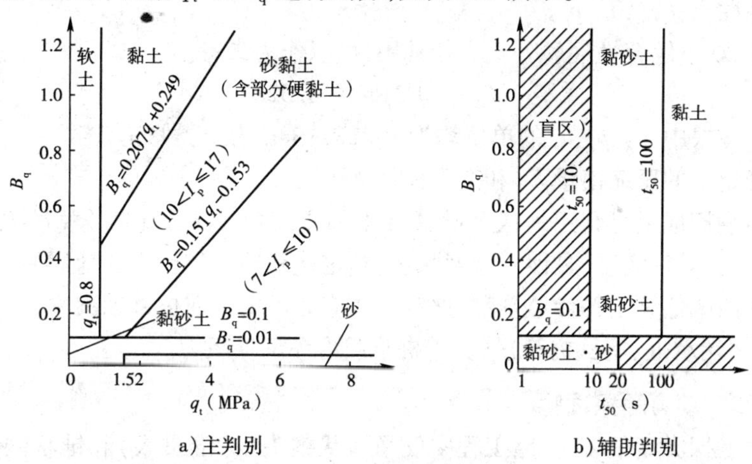

图2.7　用孔压探头触探参数划分土类(过滤片在锥面处)(引自《铁路工程地质原位测试》,2001年)

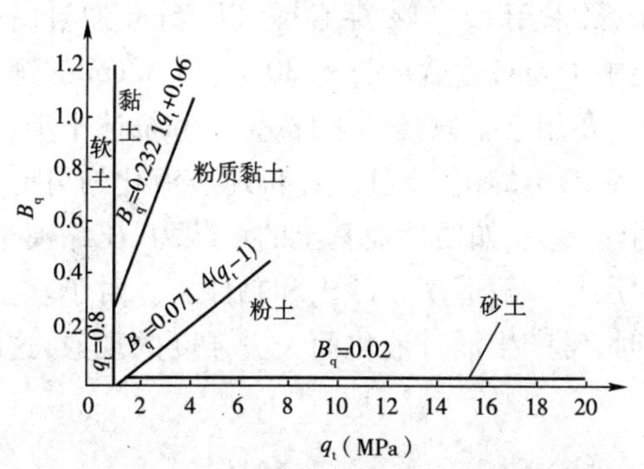

图2.8　用孔压探头触探参数划分土类(过滤片在锥底圆柱面处)(引自《铁路工程地质原位测试》,2001年)

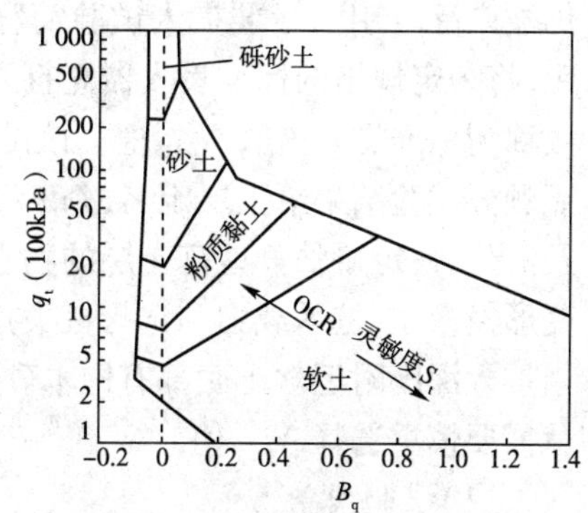

图2.9　土的分类(据 Poberstonl 和 Campanella)

②划分土层剖面

划分土层剖面与划分土类密切相关,应根据静力触探曲线特征,并参照邻近钻孔分层资料进行土层剖面划分。

③确定地基土承载力特征值

国内外均采用在实践基础上提出的经验公式。这些经验公式是建立在静力触

探测得的 q_c、p_s 与载荷试验的比例荷载值相关分析基础上的，故不同地区或部门对不同土层选用不同的经验公式，应以地方规范为准。

在我国针对不同的土类，下列经验公式使用较广泛。

粉细砂：当 $50 \leqslant p_s \leqslant 160$ 时，$f_{ak} = 0.019p_s + 0.6559$。

中粗砂：当 $p_s \leqslant 120$ 时，$f_{ak} = 0.038p_s + 0.7555$，或 $f_{ak} = 0.22q_c + 0.728$。

一般黏性土：$3 \leqslant p_s \leqslant 60$ 时，$f_{ak} = 0.104p_s + 0.269$，或 $f_{ak} = 0.128q_c + 0.205$。

老黏性土：$f_{ak} = 0.1p_s$。

此外，如下综合性经验公式也较常用，可以作为参考。

$$f_{ak} = 0.1\beta p_s + 0.32\alpha$$

以上各式中，f_{ak}、p_s、q_c 的单位均为 100kPa；β、α 为土类修正系数。

④确定土的压缩模量 E_S 和变形模量 E_0

静力触探成果可利用地区经验估算土的压缩模量 E_S 和变形模量 E_0、土的强度参数、砂土的密实度、黏性土稠度状态，判定饱和砂土和粉土的地震液化势，根据孔压消散曲线估算土的渗透系数、评定土的应力历史。在桩基勘察中，还可根据桩型（如摩擦端承桩、端承桩等）估算单桩承载力和沉桩阻力。

2.3.2 动力触探试验

动力触探类型很多，公路工程中仅用筒状锥头（标准贯入）和锥状锥头。用标准贯入试验（SPT）测定土的力学性质是最早的原位测试方法，始于 1927 年，至今仍被广泛应用。标准贯入试验简称标贯，采用 63.5kg 穿心锤，以 76cm 的自由落距，将一定规格的标准贯入器先打入土中 15cm，然后再打入 30cm，后 30cm 的锤击数称为标准贯入击数 $N_{63.5}$ 值。该试验主要用于采取扰动土样，鉴别和描述土类，按照颗分试验结果给土层定名；判断砂土和粉土的密实程度、评价地震液化的可能性及液化势；定量估算地基土层的物理力学参数，如估计地基土的承载力、压缩模量、变形模量、单桩承载力和选择桩尖持力层。一般适用于砂土和黏性土。对于软土，当贯入深度附近软土底部有饱水砂层时，常产生涌升液化而失去强度的现象，这时就需要慎重选择 $N_{63.5}$ 值。

（1）试验设备

标准贯入试验主要是由标准贯入器（探头）、探杆、穿心锤等组成。标准贯入器由刃口的贯入器靴、贯入器身（对开圆筒式）和贯入器头三部分组成，如图 2.10 所示。标准贯入器的几何参数见表 2.6。

（2）试验方法

①先用钻具钻至试验土层高程以上约 15cm 处，清除残土，清孔后换用标准贯入器，并量深度尺寸。

②贯入前应拧紧钻杆接头，将贯入器放入孔中，保持贯入器、钻杆、导向杆连接

后的垂直度。

③将贯入器以每分钟15～30击的速度打入土中15cm后，开始记录每打入10cm、积累30cm的锤击数N，并记录贯入深度及试验情况，若遇到密实土层，锤击数超过50击时，不应强行打入，记录50击贯入深度。

④旋转钻杆，提出贯入器，取出贯入器中的土样进行鉴别、描述记录，将需要保存的土样包装、编号，试验备用。

⑤若需要进行下一次深度的贯入试验，则继续钻进至所需深度。重复上述步骤。一般可每隔1.0m进行一次试验，在不能保持孔壁的钻孔中进行试验时，可用泥浆或套管护壁。

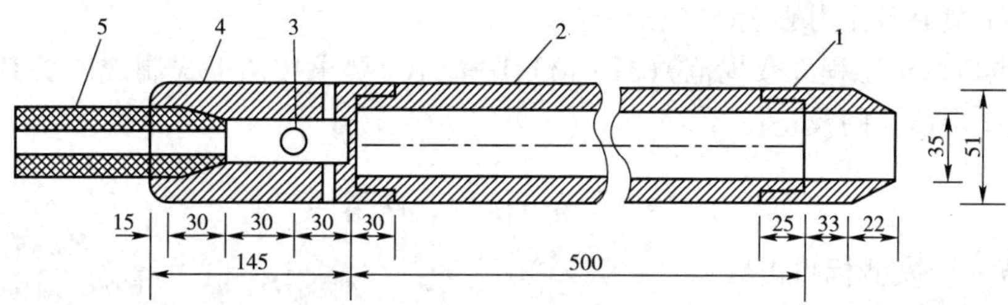

图2.10　标准贯入器(尺寸单位：mm)

1-贯入器靴；2-由两个半圆形管组成的贯入器身；3-出水孔；4-贯入器头；5-触探杆

相关技术参数　　表2.6

对开式贯入器			落锤			钻杆	试验深度(mm)	其　他
全长(mm)	外径(mm)	内径(mm)	质量(kg)	高度(cm)	方式	直径(mm)		每75cm(或150cm)将贯入器打入15cm后，记录入土30cm的击数，如遇大于50击的硬土层可记50击时的入土深度或记入土10cm所需击数
700	51	35	63.5	76	自动脱钩	$\phi 42$	<30	

(3)影响因素及校正

标准贯入试验的影响因素主要有触杆长度、地下水位和土的自重压力。标贯击数影响因素的校正应根据所采用的经验公式及所执行的规范要求确定。

①触探杆长度校正

当杆长大于3.0m，贯入击数$N_{63.5}$应进行杆长校正：

$$N_{63.5} = \alpha N^{t}$$

式中：$N_{63.5}$——校正后的锤击数；

α——钻杆长度校正系数，参照表2.7；

N^{t}——实测锤击数。

钻杆长度校正系数 表2.7

钻杆长度(m)	≤3	6	9	12	15	18	21	24	27	30	36	42	51
校正系数 α	1.00	0.92	0.86	0.81	0.77	0.73	0.70	0.67	0.65	0.62	0.58	0.55	0.52

②地下水影响校正

冶金部提出粉细砂校正公式如下,当 $N^{t}<15$ 时,按 $N_{63.5}=N^{t}+0.15N'$ 进行校正。交通运输部《港口岩土工程勘察规范》(JTS 133-1—2010)规定,当用 $N_{63.5}$ 确定土的相对密度、内摩擦角时,对地下水以下的中粗砂层的 $N_{63.5}$ 值按 $N_{63.5}=N^{t}+5$ 校正。

③上覆有效压力影响的校正

《港口岩土工程勘察规范》(JTS 133-1—2010)要求按照下式制成的关系图进行上覆土层压力的校正:

$$N_{63.5}=\frac{39.0N^{t}}{0.23\sigma_{v0}+16.0}$$

式中:N^{t}——实测标贯击数;

σ_{v0}——上覆有效压力(kPa)。

(4)资料整理

标贯试验指标 $N_{63.5}$ 应用30cm 的锤击数,若记录的是每一阵击的贯入量及相应的阵击锤击数时,应换成30cm 的锤击数:

$$N_{63.5}=30.0n/\Delta s$$

式中:$N_{63.5}$——30cm 标贯锤击数;

n——任意贯入量的锤击数;

Δs——对应锤击数 n 击的贯入量(cm)。

标贯试验资料整理时,应按有关规定要求进行必要的校正和计算,然后绘制成标贯($N-h$)试验曲线,亦可标注在钻孔柱状图中。

(5)成果应用

标准贯入试验是工程地质原位测试中最常用的手段,各行业部门均建立了大量的经验公式,主要用于评价地基承载力,估计土的变形模量、压缩模量及抗剪强度,确定土的密实度、稠度,估计单桩承载力及选择桩尖持力层,判断砂土液化,计算液化指数。

①估算土的变形参数及抗剪强度

a. 估算土的变形参数值,一种是与平板荷载试验对比得出的变形模量 E_0,另一种是与室内压缩实验对比得出的压缩模量 E_s。根据标贯击数 $N_{63.5}$ 值确定黏性土、粉土的变形模量 E_0(MPa)、压缩模量 E_s(MPa),见表2.8 经验公式。

标贯击数与压缩模量、变形模量经验关系式　　表2.8

<table>
<tr><th>土类</th><th colspan="3">变形模量或压缩模量(MPa)</th><th colspan="4">适用条件</th><th>资料来源</th></tr>
<tr><td>黏性土</td><td colspan="3">$E_0 = 2.2\ N_{63.5}$</td><td colspan="4"></td><td>航天综勘院</td></tr>
<tr><td>黏性土</td><td colspan="3">$E_0 = 1.4\ N_{63.5} + 2.6$</td><td colspan="4"></td><td>武汉规划院</td></tr>
<tr><td rowspan="4">砂土</td><td colspan="3">$E_s = 4.0 + C(N_{63.5} - 6)$</td><td colspan="4">当 $N_{63.5} > 15$</td><td rowspan="4">国外</td></tr>
<tr><td colspan="3">$E_s = C(N_{63.5} + 6)$</td><td colspan="4">当 $N_{63.5} > 15$</td></tr>
<tr><td>分类</td><td>含砂粉土</td><td>细砂</td><td>中砂</td><td>粗砂</td><td>含砾砂土</td><td>含砂砾土</td></tr>
<tr><td>系数 C</td><td>0.3</td><td>0.35</td><td>0.45</td><td>0.7</td><td>1.0</td><td>1.2</td></tr>
</table>

b.估算抗剪强度指标

黏性土标准贯入试验锤击数与抗剪强度指标(c、φ)的关系可采用表2.9中数据。砂土标准贯入试验锤击数与抗剪强度指标(φ)的关系可参考表2.10。

黏性土抗剪强度指标与标准贯入击数经验关系　　表2.9

$N_{63.5}$	3	5	7	9	11	13	15	17	19	21	25	29	31
c(kPa)	17	35	49	59	62	72	78	82	87	92	96	103	110
φ(°)	17.7	19.8	21.2	22.2	23.0	23.8	24.3	24.8	25.3	25.7	26.4	27.0	27.3

砂土内摩擦角与标准贯入试验锤击数经验关系　　表2.10

中密以上砂土 $N_{63.5} > 8$					松散砂土 $N_{63.5} = 4 \sim 8$		
类别	孔隙比 e	相对密度 D_r	标贯击数 $N_{63.5}$	内摩擦角 φ(°)	类别	标贯击数 $N_{63.5}$	内摩擦角 φ(°)
砾砂、粗砂	0.5	0.87	28	41	细砂、极细砂	8	28
	0.6	0.69	16	38		7	26
	0.7	0.51	9	36		6	24
中砂	0.5			38		5	22
	0.6	0.76	31	36		4	20
	0.7	0.52	20	33			
细砂、极细砂	0.5			34	砂土、亚砂土	8	24
	0.6	0.96	30	32		7	22
	0.7	0.85	20	28		6	20
粉土、亚砂土	0.5			30		5	18
	0.6			28		4	16
	0.7			24			

②确定砂土的密实度及黏性土的稠度

a.用标准贯入击数 $N_{63.5}$ 确定砂土的密实度,见表2.11。

标准贯入击数 $N_{63.5}$ 判定砂土密实程度　　表 2.11

密实程度	国内	松散		稍密	中密	密实	
	国际	极松	松	稍密	中密	密实	极密
标准贯入击数 $N_{63.5}$		0~4	4~10	10~15	15~30	30~50	>50
相对密度 D_r		0~0.2		0.2~0.33	0.33~0.67	0.67~1.00	

b. 确定黏性土稠度(液性指数)见表 2.12。

标准贯入击数 $N_{63.5}$ 确定黏性土液性指数 I_L　　表 2.12

标准贯入击数 $N_{63.5}$	<2	2~4	4~7	7~18	18~35	>35
液性指数 I_L	>1	1.0~0.75	0.75~0.5	0.50~0.25	0.25~0	0
状态	流塑	软塑	可塑	硬可塑	硬塑	坚硬

③确定地基承载力

根据标准贯入试验击数确定黏性土和砂土承载力,其标准值可从表 2.13 和表 2.14查得。

黏性土承载力标准与标准贯入击数经验关系　　表 2.13

$N_{63.5}$	3	5	7	9	11	13	15	17	19	21	23
f_k(kPa)	105	145	190	220	295	325	370	430	515	600	680

砂土承载力标准值与标准贯入击数经验关系　　表 2.14

$N_{63.5}$		10	15	30	50
承载力 f_k(kPa)	中、粗砂	180	250	340	500
	粉、细砂	140	180	250	340

④黏性土无侧限抗压强度 q_u 与 $N_{63.5}$ 的关系

a. 交通运输部《港口岩土工程勘察规范》(JTS 133-1—2010)中,对长江中下游沿岸的规定:

重黏土　　$q_u = 0.15N_{63.5}$　　(MPa)

一般黏性土　　$q_u = 0.14N_{63.5}$　　(MPa)

b. 美国太沙基的关系式:

$q_u = 0.125N_{63.5}$　　(MPa)

c. 南京水利科学研究所在江淮一带的试验结论:

黏土　　$q_u = 0.14N_{63.5} + 0.03$　　(MPa)

亚黏土　　$q_u = 0.135N_{63.5}$　　(MPa)

⑤选择桩尖持力层及预估单桩承载力

利用标准贯入击数 $N_{63.5}$ 选择桩尖持力层,应结合钻孔资料或当地的经验,一般对打入式预制桩,常选择标准贯入击数 30~50 击作为桩尖持力层。

单桩承载力包括桩端阻力和桩侧阻力两个部分。在标准贯入击数相同的情况下,桩身穿过的地层不同,其桩侧阻力也不同,不同类型的桩,其桩端阻力和桩侧阻力也不同。因此,采用标准贯入击数来确定单桩承载力,应按不同地层来建立标贯击数 $N_{63.5}$ 与桩的端阻力和桩侧阻力之间的关系。

2.3.3 CPTU 原位测试

孔压静力触探(CPTU)是20世纪80年代在国际上兴起的新型原位测试技术,与传统的单、双桥静探相比,具有理论系统、功能齐全、参数准确、精度高、稳定性好等优点。

(1)测试系统组成

孔压静力触探(Vertek – Hogentogler)多功能数字式车载 CPTU 系统,配备了最新多功能数字式孔压探头(50kN、100kN、150kN),由钻探车、静力触探系统两部分组成,见图2.11。具有常规 CPT、孔压、倾斜、地震波和电阻率功能模块,配备了 E4FCS 实时数据采集计算机系统、CONEPLOT 及 CLEANUP 数据处理软件。贯入设备采用重型载货汽车,利用螺旋地锚提供反力,具有自动调平装置,能够满足大多数的地形条件。在软土中,如果垂直度可以保证,最大贯入深度可达40m 以上。在相对有利的场地条件下,采用 CPTU 设备大约每天贯入量可以超过180延米。

a)车载CPTU测试全貌

b)CPTU采集系统

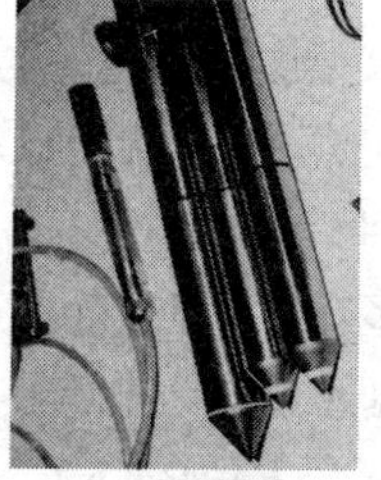
c)CPTU探头

图2.11 多功能数字式车载 CPTU 系统

(2)多功能数字式探头

多功能数字式探头采用先进的紧凑简洁、坚固耐久的设计模式,实现了孔下探头中的模—数转换,单探头中传感器实现了功能化,现场测试具有高效性。多功能 CPTU 探头的数字化、多功能与多参数的优点彻底消除了测试时电缆阻力、噪声影响,可进行温度、倾斜等影响因素校正,较好地保证了现场测试的精度。

探头规格符合国际标准:锥角60°,锥底截面面积为10cm^2,贯入锥直径为35.7mm,侧壁摩擦筒表面积150cm^2,贯入探头总长约为55cm,孔压透水元件厚度5mm,位于锥肩位置(u_2 位置),探头的有效面积比 a =0.8。多功能 CPTU 探头内部安装两个应变计、倾斜计(inclinometer)、孔压应变计(pore pressure transducer)和地震波接收器,可同时量测锥头阻力 q_T、侧壁摩阻力 f_s、孔隙水压力 u_1 和 u_2、剪切波速 v_s 及倾斜角,见图 2.12。

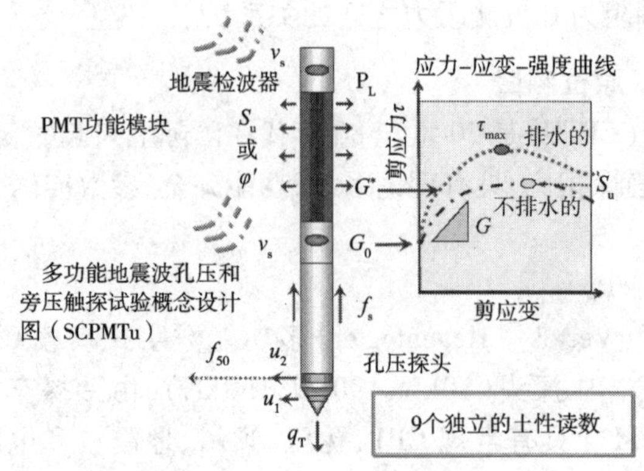

图 2.12　多功能数字式 CPTU 探头功能示意图

(3)测试原理

孔隙水压力静力触探(CPTU)通过在常规静力触探(CPT)探头上安装孔压传感器元件,除可测锥头阻力 q_c、侧壁摩阻力 f_s 外,还可测试地下水位以下各土层的孔隙水压力 u 及超孔隙水压力消散过程。根据测得的超孔隙水压力消散曲线,可以推求土层的渗透系数 k 及固结系数 C_h 等重要的土的工程性质参数,对土层进行有效应力分析及计算,亦可对其渗透固结及沉降变形进行分析计算。

(4)测试指标

多功能 CPTU 可以根据需要进行实时超孔压消散试验,利用超孔压的灵敏性准确划分土层、进行土类判别,又可对原位土状态、强度、变形、渗透固结及动力特性进行全方位的分析,这是一般钻探及国产单双桥 CPT 所不能完成的。在勘察设计等应用方面与 CPT 的对比见表 2.15。

2.3.4　十字板剪切试验

十字板剪切试验适用于快速测定饱和软黏土的不排水抗剪强度和灵敏度。其原理是将插入软土中的十字板头,以一定的速率旋转,测出土的抵抗力矩,从而换算土的抗剪强度的原位测试方法。自 1954 年由南京水科院对这项技术开发应用以来,在我国沿海地区得到了广泛应用。目前国内使用的十字板有机械式和电测式两种。机械式十字板每做一次剪切试验要清孔,费工费时,工效低;电测式十字板克服了机械式十字板的缺点,工效高,测试精度较高。这里仅讨论电测式十字板剪切试验。十字板剪切试验主要用于测定原位应力条件下软黏土的不排水剪切强度和估算软黏土的灵敏度。试验深度一般不超过 30m。

多功能 CPTU 与国产单双桥 CPT 应用之比较　　表 2.15

<table>
<tr><td>应用类别</td><td colspan="3">内　容</td><td>多功能 CPTU</td><td>单、双桥 CPT</td></tr>
<tr><td rowspan="2">分层划分
土质分类</td><td colspan="3">分层</td><td>精细划分；
有效识别薄夹层</td><td>粗略划分；
难以识别薄夹层</td></tr>
<tr><td colspan="3">土质分类</td><td>准确分类</td><td>粗略分类</td></tr>
<tr><td rowspan="22">岩土工程
性质指标</td><td rowspan="13">黏性土</td><td rowspan="4">状态</td><td>γ（重度）</td><td>√</td><td>√</td></tr>
<tr><td>K_o（静止土压力系数）</td><td>√</td><td>×</td></tr>
<tr><td>OCR</td><td>√</td><td>×</td></tr>
<tr><td>S_t（灵敏度）</td><td>√</td><td>×</td></tr>
<tr><td rowspan="2">强度</td><td>S_u（不排水强度）</td><td>√</td><td>√</td></tr>
<tr><td>φ'（有效内摩擦角）</td><td>√</td><td>×</td></tr>
<tr><td rowspan="3">变形</td><td>E_s（压缩模量）</td><td>√</td><td>√</td></tr>
<tr><td>E_0（变形模量）</td><td>√</td><td>√</td></tr>
<tr><td>G_0（剪切模量）</td><td>√</td><td>×</td></tr>
<tr><td rowspan="2">渗透性</td><td>k_h（水平渗透系数）</td><td>√</td><td>×</td></tr>
<tr><td>C_h（水平固结系数）</td><td>√</td><td>×</td></tr>
<tr><td rowspan="6">砂土</td><td rowspan="2">状态</td><td>D_r（相对密度）</td><td>√</td><td>√</td></tr>
<tr><td>K_o（静止土压力系数）</td><td>√</td><td>×</td></tr>
<tr><td>强度</td><td>φ'（有效内摩擦角）</td><td>√</td><td>√</td></tr>
<tr><td rowspan="3">变形</td><td>E_s（压缩模量）</td><td>√</td><td>√</td></tr>
<tr><td>E_0（变形模量）</td><td>√</td><td>√</td></tr>
<tr><td>G_0（剪切模量）</td><td>√</td><td>×</td></tr>
<tr><td colspan="2">与 SPT 关系</td><td></td><td>√</td><td>√</td></tr>
<tr><td rowspan="5">岩土工程设计</td><td colspan="2">桩基础</td><td>承载力</td><td>√</td><td>√</td></tr>
<tr><td colspan="2" rowspan="2">浅基础</td><td>承载力</td><td>√</td><td>√</td></tr>
<tr><td>沉降量</td><td>√</td><td>√</td></tr>
<tr><td colspan="2">地基处理</td><td>击实控制</td><td>√</td><td>√</td></tr>
<tr><td colspan="2">抗液化分析</td><td>液化评判</td><td>√</td><td>√</td></tr>
<tr><td>环境岩土工程</td><td colspan="3">土壤污染、海水入侵、地下水污染情况的调查，尾矿潜在液化势的判断等</td><td>√</td><td>×</td></tr>
<tr><td>其他方面的应用</td><td colspan="3">强夯效果检验、黄土湿陷性评价、土质滑动面测定、地基事故分析等</td><td>√</td><td>√</td></tr>
</table>

(1)试验设备

电测式十字板剪切试验设备主要包括以下部分:压入主机(图2.13)、十字板头(图2.14,规格见表2.16)、扭力量测仪表[静态电阻应变仪(精度为5μ)或数字测力仪(精度为5N)]、扭力传感器(图2.15)、扭力装置(由蜗轮蜗杆、变速齿轮、钻杆夹具和手柄组成)和其他(钻杆、水平尺、管钳等)。

尺寸参数　　表2.16

板宽 D (mm)	板高 H (mm)	板厚 e (mm)	刃角 (°)	轴杆		面积比 A (%)
				直径 d(mm)	长度 L(mm)	
50	100	2	60	13	50	14
75	150	3	60	16	50	15

(2)试验方法

①仪器设备的标定和校准,包括扭力传感器、扭力量测仪器的标定及校准。

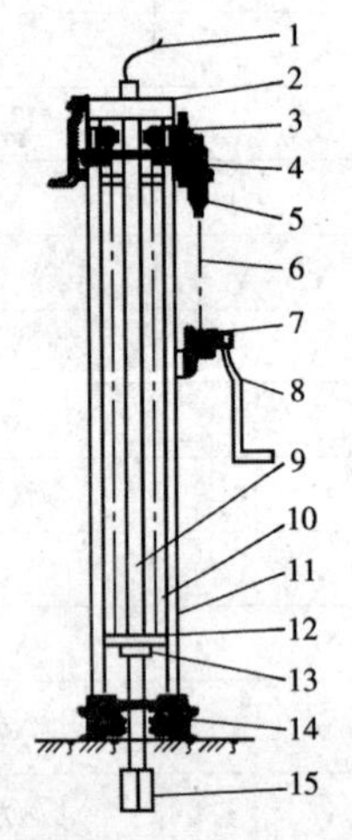

图2.13　电测式十字板剪切仪
1-电缆;2-施加扭力装置;3-大齿轮;4-小齿轮;5-大链轮;6-链条;7-小链轮;8-摇把;9-钻杆;10-链条;11-支架立杆;12-山形板;13-垫压块;14-钢槽;15-十字板头

②在试验点两旁将地锚旋入土中,安装和固定压入主机,安装施加扭力装置。

③将十字板头接在扭力传感器上并拧紧。把穿好电缆的钻杆插入扭力装置的钻杆夹具孔内,将传感器的电缆插头与穿过钻杆的电缆插座连接,并进行防水处理。接通量测仪表,然后拧紧钻杆。

④将十字板头压入土中预定的试验深度后,调整机架使钻杆位于机架面板导孔中心,并调试到正常试验状态。

⑤拧紧扭力装置上的钻杆夹具,并将量测仪表调零或读取初读数。

⑥顺时针方向转动扭力装置上的手摇柄,当量测仪表读数开始增大时,即开动秒表,以0.1°/s的速率旋转钻杆。每转1°测记数1次。应在2min内测得峰值。当读数出现峰值或稳定值后,再继续旋转测记1min。峰值或稳定值作为原状土剪切破坏时的读数。

⑦松开钻杆夹具,快速将钻杆顺时针方向旋转6圈,使十字板头周围的土充分扰动后,再立即拧紧钻杆夹具,按步骤⑥测记重塑土剪切破坏时的读数。

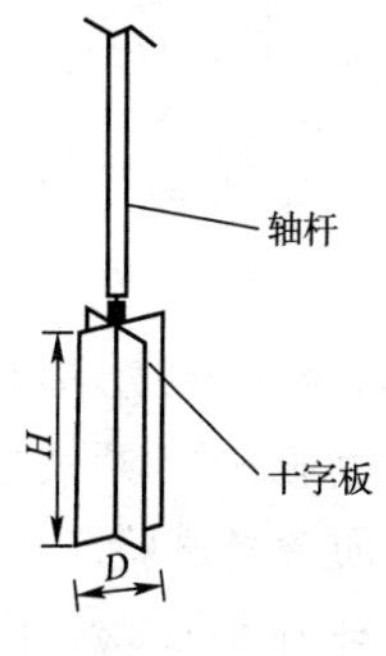

图2.14　十字板头

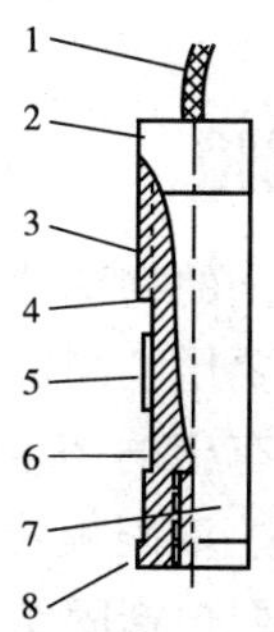

图2.15　电测式十字板扭力传感器

1-电缆;2-钻杆接头;3-固定护套螺丝;4-引线孔;5-电阻应变片;6-受扭力矩;7-护套;8-接十字板头丝扣

(3)资料整理和成果应用

①按下式计算土的抗剪强度 S_u、S_u^*：

$$S_u = 10K'\zeta R_y$$

$$S_u^* = 10K'\zeta R_0 C'_u = 10K'\xi R_e$$

$$K' = \frac{1}{\pi D^2 H\left(1 + \frac{D}{3H}\right)}$$

式中：S_u——原状土抗剪强度(kPa)；

S_u^*——重塑土抗剪强度(kPa)；

D——十字板头直径(cm)；

H——十字板头高度(cm)；

ζ——十字板头传感器率定系数(N·cm/μ_ε)；

R_y——原状土剪切破坏时应变的读数(μ_ε)；

R_e——重塑土剪切破坏时应变的读数(μ_ε)；

K'——与十字板头尺寸有关的常数(cm^{-3})；

10——单位换算系数。

②按下式计算土的灵敏度：

$$S_t = \frac{S_u}{S_u^*}$$

式中：S_t——土的灵敏度。

③绘制抗剪强度 S_u 随深度变化曲线。

④根据土层条件及地区经验，对不排水抗剪强度乘以修正系数 μ 进行修正，修正系数 μ 应按土层性质及当地经验确定。

2.4 室内试验

室内试验包括软土的物理性质试验和力学性质试验。

物理性质试验主要用于测定其天然含水率、密度、相对密度、液塑限和有机质含量等。常用的试验有土的密度试验、相对密度试验（比重瓶法）、界限含水率试验（液塑限联合测定法、液限蝶式仪法、塑限滚搓法）、有机质含量试验。

力学性质试验主要包括固结试验、直接剪切试验和三轴压缩试验。固结实验主要用于测定土的单位沉降量、压缩系数、压缩模量、压缩指数、回弹指数、固结系数，以及原状土的先期固结压力。直接剪切和三轴压缩试验主要用于测定土的抗剪强度指标。

具体的试验仪器、试验方法、数据处理及分析等详见《公路土工试验规程》（JTG E40—2007），本书不再赘述。

第3章　路堤的稳定验算与沉降计算

3.1　软土地基稳定性分析

3.1.1　稳定性分析方法

软土地基上修筑的路堤，由于各种自然因素或人为因素的作用，使地基中土体应力状态发生变化，在土体自重及外荷载作用下，边坡丧失其原有稳定性，土体将沿其中某一滑动面发生滑动，这种现象称为边坡滑塌。软土路堤边坡滑塌是最常见的工程问题之一，人们已经做了很多的研究。

引起路堤边坡滑塌的根本原因在于土体内部某个面上的剪应力达到了抗剪强度，稳定平衡遭到破坏。评价软土地基稳定性的方法经过多年的演化，大致可分为图解类比法、可靠性分析理论法、数值计算方法和神经网络等优化算法、极限平衡分析法等。

图解类比法包括图解法和工程地质类比法。图解法是考虑边坡的各种因素如岩性、地下水、边坡角等的变化，依据相应的公式制成图表，通过简单图解计算或查表来评判边坡稳定性。自 1937 年 Taylor 首次提出稳定分析图表以来，Bishop 和 Morgenstern（1960 年），Spencer（1967 年）陆续设计出各种图表。另一种是工程地质类比法，是利用已有滑坡的稳定性状况及其影响因素等方面的经验，并把这些经验应用到类似的所要研究滑坡的稳定性分析中，其需要对已有的滑坡和目前的研究对象进行广泛的调查分析，全面研究工程地质因素等的相似性和差异性，分析影响滑坡变形破坏发展阶段的相似性和差异性，兼顾工程的等级和类别等要求，来类比分析和评价研究对象的稳定状况、发展趋势、加固处理设计等，例如工程中常用的自然放坡法、库岸稳定分析等。综合来看，图解类比法是根据工程经验和岩土理论总结而来，使用起来简单方便，但其假设和简化较多，只能用来分析较简单的边坡稳定问题。

可靠度分析最早是应用于宇航、电子工业界，之后推广到机械工程。可靠性分析方法是从 20 世纪 70 年代开始应用于边坡工程领域，它基于对边坡岩体性质、荷载、工程地质条件的不确定性认识,借鉴结构工程可靠性分析理论,用可靠指标或破坏概率来描述边坡工程质量的理论。不确定性主要有两种:随机性和模糊性。随机性是由于取样方式及测试误差等因素引起的,而模糊性是由于事物的差异在中介过渡中所呈现出的亦此亦彼性造成的,如边坡稳定系数判别,安全系数在0.999~1.001之间并无本质区别,认为 $K=0.999$ 不稳定,而 $K=1.001$ 稳定,这显然是不太合适的。因此同时考虑边坡稳定分析的随机性和模糊性,进行随机可靠度分析,利用岩体力学参数等的不确定性,用可靠度指标来度量边坡的安全度,将成为边坡工程研究的发展趋势。

随着计算机技术的发展,很多数值计算方法都被广泛地应用到边坡稳定分析中,主要有有限单元法、边界单元法和离散单元法。其中有限单元法是通过离散化,建立近似函数把有界区域内的无限问题简化为有限问题,并通过求解联立方程对工程问题进行应力位移分析的数值模拟方法。边界单元法是采用在区域内部满足控制条件但不满足边界条件的近似函数逼近原问题解的数值方法,它与有限单元法相比,具有方程个数少、所需数据量小等特点。由于土坡的地质构造复杂,利用有限单元法和边界单元法求解遇到困难,取而代之的是离散单元法。离散单元法由 Cundall 于1971年提出,其充分考虑了节理岩体的非连续性,以分离的块体为出发点,将岩体假定为刚体的移动或转动,并允许块体有较大的位移,甚至脱离母体而自由下落,特别适用于节理化岩体或有碎裂结构的岩质边坡。

边坡稳定性评价的神经网络方法是利用人工神经网络强大的自学习、非线性和自适应调整等智能特点,通过对已知样本的学习,掌握输入与输出间复杂的非线性映射,并进行存储记忆,从而为其他样本预测提供服务。神经网络估算边坡的稳定系数需要大量的极限平衡分析实例,用实例计算条件作为网络的输入,以预测稳定系数结果作为结果输出,进行网络训练,用学习好的网络对边坡稳定系数进行预测。其他优化算法,如模糊综合评价、灰色系统预测、突变模型等预测方法,多采用学科交叉,运用经验加计算的集成,定量和定性相结合,多用于滑坡预报等方面,对于稳定分析实际应用少。

极限平衡理论是在工程实践中应用最多最广的一种方法,它是通过计算边坡稳定系数判断稳定与否。极限平衡法的基本假设是边坡变形时其破坏面(可以是平面、圆弧面、多级折面、不规则面)满足摩尔库仑破坏准则。早期的边坡稳定性分析假定滑面为平面或圆弧面,并认为滑动土体整体滑动,随后为提高计算精度和处理复杂滑动面的边坡稳定问题,将滑动体划分为若干个条块,假定条块为刚塑性体,建立静力平衡方程和力矩平衡方程,然后求解析解或迭代求数值解。由于按极限平衡法建立的力学模型是超静定的,所以必须引入一些假定。因采用的假定不同,所形成的最具有代表性的计算方法包括:瑞典条分法(Fellenius)、简化毕肖普法(Bishop)、简布法(Janbu)、斯宾塞法(Spencer)、摩根斯坦—普拉斯法(Morgenstern & Prince)、萨码法(Sarma)等极限平衡法。它们各自的边界条件和假设不同,主要反映在滑动面是否为圆弧,是否垂直条分,是否考虑侧滑面的作用力及力的作用点等。上述方法均着眼于宏观力学概念,基于莫尔库仑准则,将土条视为刚体,按照极限平衡的原则进行分析,但土条间的内力和底部反力均没有考虑土体本身的应力应变关系,不考虑边坡位移变化,而这些与实际情况不符。但从工程使用角度上看,这些简化带来的误差较小,正确使用可以满足工程需要,且物理意义明确,计算结果可靠,已被广泛采纳,仍是边坡稳定分析的主要方法,也是目前各规范推荐使用的边坡稳定分析方法。

(1)瑞典圆弧滑动条分法

瑞典圆弧滑动条分法是费伦纽斯(W. Fellenius)提出的对土坡稳定性进行分析的一种基本方法。它不但可以用来检算简单土坡,也可用于各种复杂情况的土坡(如不均匀的土坡、分层土坡、有渗流的土坡及坡顶有荷载的土坡等),在工程中应用广泛。

如果瑞典圆弧滑动条分法划分的土条条数为 n,此时整个滑动土体要求的未知量有:

安全系数 F_s	1个
土条底面法向反力 N_i	n 个
法向条间力 E_i	$n-1$ 个
切向条间力 F_i	$n-1$ 个
底面法向应力作用点位置	n 个
法向条间力作用点位置	$n-1$ 个
合计	$5n-2$

由于每一土条有两个静力平衡方程和一个关于力矩的静力平衡方程,方程总数是 $3n$ 个,还剩下 $2n-2$ 个未知量。因此,一般的土坡稳定分析是个超静定问题,必须对土条分界面上的作用力作出假定。这样的假定有三种类型:一是假定条间力的大小为零和底面法向应力作用于中点,如瑞典法和简化毕肖普法;二是假定条间力的方向如斯宾塞法、摩根斯坦—普莱斯法;三是假定条间力的作用位置,如简布法和 Sarma 法。

瑞典圆弧滑动条分法的基本假定有:

①土为均质和各向同性;

②滑动面通过坡脚;

③滑动面为一圆弧;

④不考虑土体的内应力分布及各分条之间的相互作用；

⑤土条不受侧向力作用；

⑥底面法向应力作用于条块弧线中点处。通过这些假定就减少了$(4n-3)$个未知量，只剩下$(n+1)$个未知量，即土条底面法向力 N_i 和安全系数 F_s。

瑞典圆弧滑动条分法力学分析图示见图 3.1，达到力学极限平衡时，土坡沿圆弧 AB 转动。

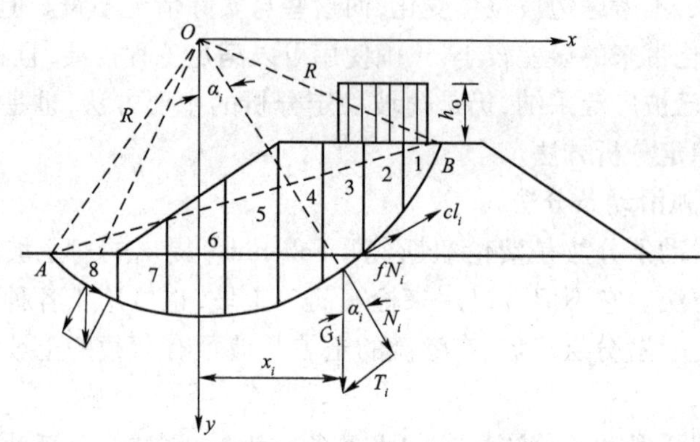

图 3.1　瑞典圆弧滑动条分法图示

瑞典圆弧滑动条分法分析计算的基本步骤为：

①通过坡脚任意选定可能发生的圆弧滑动面 CD，其半径为 R，建立以圆心为坐标原点的反向坐标系，沿线路纵向取单位长度。将滑动土体分成若干个一定宽度的垂直土条，其宽一般为 2～4m。

②计算每个土条的土体重 G_i（包括小段土重和其上部换算为土柱的荷载在内）。G_i 可分解为垂直小段滑动面的法向分力 $N_i=G_i\cos\alpha_i$ 和平行于该面的切向分力 $T_i=G_i\sin\alpha_i$。其中：α_i 为该弧中心点的半径线与通过圆心的竖线之间的夹角，$\alpha_i=\arcsin\dfrac{x_i}{R}$。

③计算滑动面上各力对 O 点的滑动力矩和抗滑力矩，如下式：

滑动力矩：

$$M_s = R\cdot\sum_{i=1}^{n}T_i \tag{3.1}$$

抗滑力矩：

$$M_r = R\left(\sum_{i=1}^{n}N_i f+\sum_{i=1}^{n}cl_i\right) \tag{3.2}$$

其中，$\sum\limits_{i=1}^{n}T_i$ 的正负与 α_i 的正负有关，当分段在 Oy 轴左侧时为负，右侧时为正，n 为分段数。

④求稳定系数 F_s 值为：

$$F_s = \frac{M_r}{M_s} = \frac{R(\sum_{i=1}^{n} N_i f + \sum_{i=1}^{n} c l_i)}{R \cdot \sum_{i=1}^{n} T_i} = \frac{f \sum_{i=1}^{n} G_i \cos\alpha_i + cl}{\sum_{i=1}^{n} G_i \sin\alpha_i} \tag{3.3}$$

式中：l——滑动圆弧的总长度（m）；

f——摩阻系数，$f = \tan\varphi$；

c——黏聚力（kPa）。

由此可看出瑞典圆弧滑动条分法就是忽略条块间力影响的一种简化方法，它只满足滑动土体整体的力矩平衡条件而不满足条块的静力平衡条件，且瑞典法通常使用的是总应力强度指标，是一种总应力分析方法。此法应用的时间很长，积累了丰富的工程经验，一般得到的安全系数偏低，为10%～20%，且这种误差将随着滑弧圆心角和孔隙水压力的增大而增大，严重时可使算出的安全系数较其他严格方法小一半。但瑞典条分法误差偏于安全，故目前仍然是工程上常用的方法。

（2）毕肖普法

瑞典圆弧滑动条分法忽略了条间力的作用，严格地说，它对每一土条的平衡条件是不满足的，对土条本身的力矩平衡也不满足，只是满足了整个滑动土体的力矩平衡条件。为解决这个问题，毕肖普（A. W. Bishop）于1955年提出了一个考虑条间力的作用求算稳定系数的方法。毕肖普法力学分析如图3.2所示。

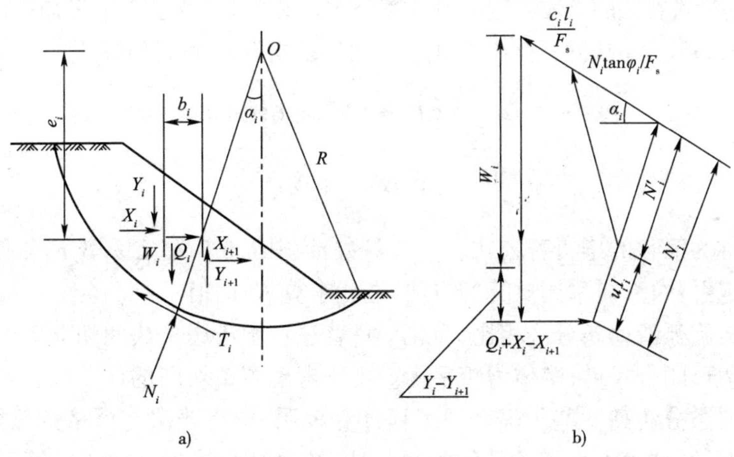

图3.2　毕肖普法示意图

根据满足稳定系数 F_s 时的极限平衡状态：

$$T_i = \frac{(N_i - u_i l_i)\tan\varphi_i + c_i l_i}{F_s} \tag{3.4}$$

式中：c_i、φ_i——用有效应力法测得的黏聚力和有效内摩擦角；

u_i——该处相应的孔隙水压。

又由该土条中竖向力的平衡可得：

$$W_i + Y_i - Y_{i+1} - T_i\sin\alpha_i - N_i\cos\alpha_i = 0 \tag{3.5}$$

将式(3.4)代入式(3.5)中，则有：

$$N_i = \frac{1}{m_i}\left[W_i + (Y_i - Y_{i+1}) - \frac{c_i l_i \sin\alpha_i}{F_s} + \frac{u_i l_i \tan\varphi_i \sin\alpha_i}{F_s}\right] \tag{3.6}$$

式中

$$m_i = \cos\alpha_i + \frac{\tan\varphi_i \cdot \sin\alpha_i}{F_s} \tag{3.7}$$

当滑动土体处于整体平衡时，各土条所受的力对滑面圆心的力矩代数和应等于0，此时条间力 X_i、X_{i+1}、Y_i、Y_{i+1} 作为内力，其力矩将正负相消。滑动面上的正压力 N_i 通过圆心，也不产生力矩。故由土条的力矩平衡方程得：

$$\sum W_i \cdot R\sin\alpha_i - \sum T_i R + \sum Q_i e_i = 0 \tag{3.8}$$

将式(3.4)、式(3.6)代入式(3.8)中得：

$$F_s = \frac{\sum \frac{1}{m_i}[c_i l_i + (W_i - u_i b_i + Y_i - Y_{i+1})\tan\varphi_i]}{\sum W_i \sin\alpha_i + \sum Q_i \frac{e_i}{R}} \tag{3.9}$$

这就是毕肖普法的土坡稳定一般计算公式。式中 $Y_i - Y_{i+1}$ 是个未知量，故进一步假定其为0，即认为条块间不存在切向力，略去后影响不大，将式(3.9)进一步简化得：

$$F_s = \frac{\sum \frac{1}{m_i}[c_i b_i + (W_i - u_i b_i)\tan\varphi_i]}{\sum W_i \sin\alpha_i + \sum Q_i \frac{e_i}{R}} \tag{3.10}$$

此即称为简化的毕肖普公式。式中参数 m_i 中也含有稳定系数 F_s，因此不能直接求出稳定系数，而需采用试算的方法，迭代求算 F_s 的值。

与瑞典圆弧滑动条分法相比，简化毕肖普法在不考虑条块间切向力的前提下，满足力多边形闭合条件，整体力矩平衡。由于考虑了条块间的作用力，得到的安全系数较瑞典条分法高一些。很多的工程计算表明，毕肖普法与严格的极限平衡分析法，即满足全部静力平衡条件的方法相比，结果甚为接近。由于计算不很复杂，精度较高，所以是目前工程中很常用的一种方法。

毕肖普法通常用于有效应力分析，因此对滑动面上孔隙压力 u_i 的分布要有一个合理的估算方法，在实际工程中难以应用。在《公路路基设计规范》(JTG D30—2004)中推荐由交通部重庆公路科研所提出的"准毕肖普法"(图3.3)，该法考虑到地基和路堤采用不同的强度参数指标，提出以总应力强度参数和地基平均固结度 U 表达的稳定系数计算式（3.11）。

$$F_s = \frac{\sum K_i}{\sum (W_i + Q_i)\sin\alpha_i} \quad (3.11)$$

式中：W_i——第 i 土条重力；

α_i——第 i 土条底滑面的倾角；

Q_i——第 i 土条垂直方向外力；

K_i——系数，依土条滑弧所在位置分别按式(3.12)和式(3.13)计算。

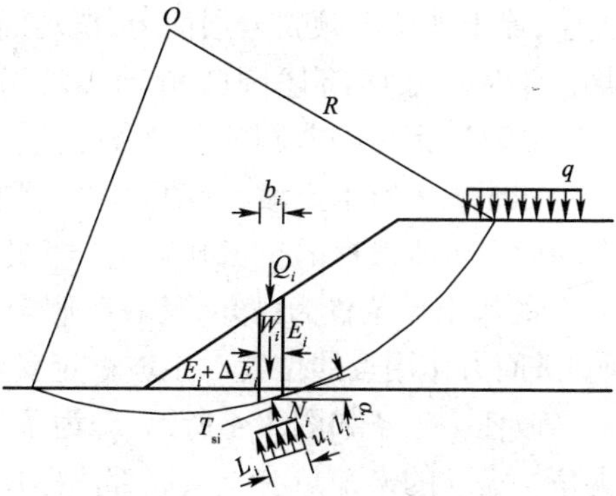

图3.3　准毕肖普法计算图示

当土条 i 滑弧位于地基中时

$$K_i = \frac{c_{di}b_i + W_{di}\tan\varphi_{di} + U(W_{ti} + Q_i)\tan\varphi_{di}}{m_{ai}} \quad (3.12)$$

式中：W_{di}——第 i 土条地基部分的重力；

W_{ti}——第 i 土条路堤部分的重力；

b_i——第 i 土条宽度；

U——地基平均固结度；

c_{di}、φ_{di}——第 i 土条滑弧所在地基土层的黏聚力和内摩擦角。

当土条 i 滑弧位于路堤中时

$$K_i = \frac{c_{ti}b_i + (W_{ti} + Q_i)\tan\varphi_{ti}}{m_{ai}} \quad (3.13)$$

$$m_{\alpha i} = \frac{\cos\alpha_i + \sin\alpha_i\tan\varphi_i}{F_s} \quad (3.14)$$

式中：c_{ti}、φ_{ti}——第 i 土条滑弧所在路堤土的黏聚力和内摩擦角；

φ_i——第 i 土条滑弧所在土层的内摩擦角，滑弧位于地基中时取地基土的内摩擦角，位于路堤中时取路堤土的内摩擦角；

其余符合意义同前。

当 $U=0$ 时，计算的是路堤快速填筑，地基未固结的情况，可用于填筑速度较快时路堤施工期间的稳定性分析。当 $U=1$ 时，计算的是路堤填筑速度慢，地基完全固结的情况，可用于填筑速度较慢时路堤施工期间的稳定性或路堤在营运期间的稳定性。当路堤填筑速度使地基固结度处于 0 ~ 1 之间时，可结合地基的沉降分析或实测结果估计地基的平均固结度代入式中进行计算。

(3)简布法

在实际工程中常常会遇到非圆弧滑动面的突破稳定分析，如土坡下面有软弱夹层，或土坡位于倾斜岩层面上，滑动面形状受到夹层或硬层影响而呈现非圆弧形状。此时若采用前述圆弧滑动面法分析就不适应。下面介绍 N. 简布(Janbu，1954，1972)提出的非圆弧普通条分法，也称为简布法。

如图 3.4 所示土坡，滑动面任意，划分土条后，假定滑动面上的切向力 T_i 等于滑动面上土所发挥的抗剪强度 τ_{fi}，即 $T_i=\tau_{fi}l_i=(N_i\tan\varphi_i+c_il_i)/F_s$；土条两侧法向力 E 的作用点位置为已知，且一般假定作用于土条地面以上 1/3 高度处。分析表明，条间力作用点的位置对土坡稳定安全系数影响不大。

取任一土条如图 3.4 所示，h_{ti} 为条间力作用点的位置，α_{ti} 为推力线与水平线的夹角。需求的未知量有土条底部法向反力 N_i(n 个)、法向条间力之差 ΔE_i(n 个)、切向条间力 X_i($n-1$ 个)及安全系数 F_s。可通过对每一土条力和力矩平衡建立 $3n$ 个方程求解。

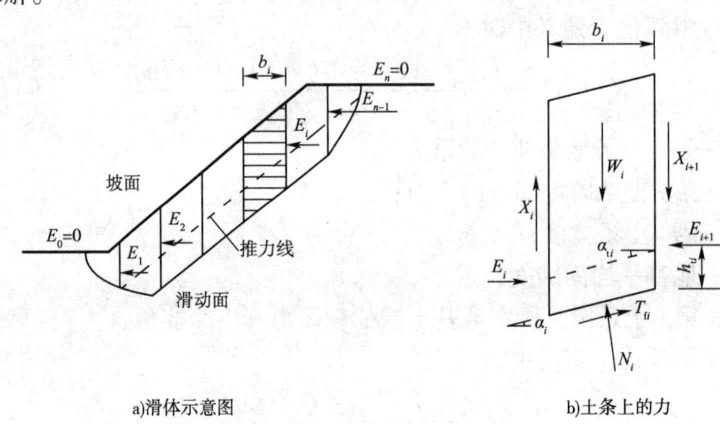

图 3.4　Janbu 法条分法的计算简图

对每一土条取竖向力的平衡，则

$$N_i\cos\alpha_i = W_i + \Delta X_i - T_{fi}\sin\alpha_i \tag{3.15}$$

或者

$$N_i = (W_i + \Delta X_i)\sec\alpha_i - T_{fi}\tan\alpha_i \tag{3.16}$$

再取水平向力的平衡，有：

$$\Delta E_i = N_i\sin\alpha_i - T_{fi}\cos\alpha_i = (W_i + \Delta X_i)\tan\alpha_i - T_{fi}\sec\alpha_i \tag{3.17}$$

由图 3.4 可以看出土条条块侧面的法向力，显然有 $E_1=\Delta E_1$，$E_2=\Delta E_1+\Delta E_2$，依次类推，有：

$$E_i = \sum_{i=1}^{n}\Delta E_i \tag{3.18}$$

对土条中点取力矩平衡，并略去高价微量，则

$$X_ib_i = -E_ib_i\tan\alpha_{ti} + h_{ti}\Delta E_i \tag{3.19}$$

或者

$$X_i = -E_i\tan\alpha_{ti} + h_{ti}\Delta E_i/b_i \tag{3.20}$$

再由整个土坡$\Sigma E_i=0$可得

$$\Sigma(W_i+\Delta X_i)\tan\alpha_i - \Sigma T_{fi}\sec\alpha_i = 0 \tag{3.21}$$

根据安全系数的定义和摩尔—库仑破坏准则

$$T_{fi} = \frac{\tau_{fi}l_i}{F_s} = \frac{c_ib_i\sec\alpha_i + N_i\tan\varphi_i}{F_s} \tag{3.22}$$

联合求解式(3.21)及式(3.22),得

$$T_{fi} = \frac{1}{F_s}[c_ib_i + (W_i+\Delta X_i)\tan\varphi_i]\frac{1}{m_{\alpha_i}} \tag{3.23}$$

式中:$m_{\alpha_i} = \cos\alpha_i\left(1+\frac{\tan\varphi_i\tan\alpha_i}{F_s}\right)$。

将式(3.23)代入式(3.21),得

$$F_s = \frac{\Sigma\frac{1}{m_{\alpha_i}}[c_ib_i + (W_i+\Delta X_i)\tan\varphi_i]}{\Sigma(W_i+\Delta X)\sin\alpha_i} \tag{3.24}$$

显见,简布法中边坡稳定安全系数的求解仍需采用迭代法,可按以下步骤进行:

①先设$\Delta X_i=0$(相当于简化的毕肖普总应力法),并假设$F_s=1$,算出m_{α_i}代入式(3.24)求得F_s,若计算F_s值与假定值相差较大,则由新的F_s值再求m_{α_i}和F_s,反复逼近至满足精度要求,求出F_s的第一次近似值。

②将$\Delta X_i=0$和F_s的第一次近似值代入由式(3.23)求出相应的T_{fi};再由式(3.17),求相应的ΔE_i。

③用式(3.18)$E_i=\sum_{i=1}^{n}\Delta E_i$分别求条块间的法向力。

④将E_i和ΔE_i代入式(3.19)求得X_i及ΔX_i。

⑤用新求的ΔX_i重复步骤①,求出F_s的第二次近似值,并以此值重复上述计算每一土条的T_{fi}、ΔE_i、ΔX_i,直到前后计算的F_s值达到某一要求的计算精度ε。

简布条分法可以满足所有的静力平衡条件,但推力线的假定必须符合条间力的合理要求(即满足土条间不产生拉力和剪切破坏)。此法目前在国内外应用较广,但也必须注意,在某些情况下,其计算结果又可能不收敛。边坡真正的安全系数还要计算很多滑动面进行比较,找出最危险的滑动面,其安全系数才是真正的安全系数。工作量相当浩繁,一般要编成程序在计算机上计算。

(4)不平衡推力法

路堤沿斜坡地基或软弱层带的滑动,一般为任意滑动面。对于任意形状滑面,采用严格条分法(如Spencer法)方能得到满意的解答,而目前国内广泛采用非严

格条分法中的不平衡推力法。重庆交通科研设计院在交通建设西部项目中,对不平衡推力法进行了研究分析,得出:当滑面光滑且条分很小时,这种方法计算出来的稳定系数大致与简化 Bishop 法相当,而当滑面不光滑、条块下滑面夹角很大时,则算得的稳定系数偏大,与严格条分法的误差很大且偏于危险,这种情况下,显然不能应用。为了修正这一误差,必须保证每条块下滑面夹角小于 10°,这样就能算出合理的结果。考虑到历史上的原因,以及计算比较简单,《公路路基设计规范》(JTG D30—2004)仍建议对任意形状滑面采用不平衡推力法,但必须做到条分合理或对某些滑面作些局部调正,以确保每条块下滑面夹角小于 10°。

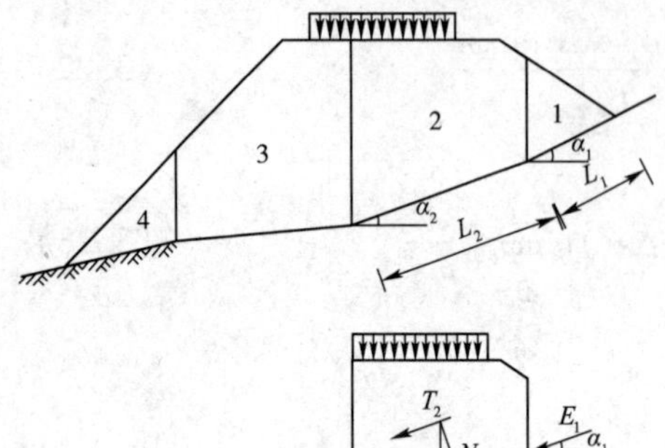

图 3.5　不平衡推力法计算图示

路堤沿斜坡地基或软弱层带滑动的稳定性可采用不平衡推力法进行分析计算(图 3.5),稳定系数 F_s 按式(3.25)方法计算。

$$E_i = W_{Qi}\sin\alpha_i - \frac{1}{F_s}(c_i l_i + W_{Qi}\cos\alpha_i\tan\varphi_i) + E_{i-1}\psi_{i-1} \tag{3.25}$$

$$\psi_{i-1} = \cos(\alpha_{i-1} - \alpha_i) - \frac{\tan\varphi_i}{F_s}\sin(\alpha_{i-1} - \alpha_i) \tag{3.26}$$

式中:W_{Qi}——第 i 个土条的重力与外加竖向荷载之和;

α_i——第 i 个土条底滑面的倾角;

c_i、φ_i——第 i 个土条底的黏聚力和内摩擦角;

l_i——第 i 个土条底滑面的长度;

α_{i-1}——第 $i-1$ 个土条底滑面的倾角;

E_{i-1}——第 $i-1$ 个土条传递给第 i 个土条的下滑力。

用式(3.25)和式(3.26)逐条计算,直到第 n 条的剩余推力为零,由此确定稳定系数 F_s。

3.1.2　软土地基路堤稳定分析的讨论

(1)行车荷载当量高度

根据《公路路基设计规范》(JTG D30—2004)要求,行车荷载对稳定验算的影响应按静止的土柱作用考虑。而从沉降计算的角度上看,沉降的发生不是瞬间完成的,因此当量土柱不能按最不利的荷载位置换算,而应考虑交通量。但是对于稳定验算,失稳是在外荷载超过地基抗剪强度的某个面上发生的,所以行车荷载需要按最不利位置换算成土柱高度。

稳定验算时，按公式(3.27)将行车荷载换算成当量土柱高度 h_0。

$$h_0 = \frac{NQ}{\gamma BL} \tag{3.27}$$

式中：N——并列车辆数；

Q——一辆车的重力(标准车辆荷载为550kN)；

L——前后轮轴最大轴距，按《公路工程技术标准》(JTG B01—2003)规定，对于标准车辆荷载为12.8m；

B——荷载横向分布宽度，$B = Nb + (N-1)m + d$；

b——后轮轮距，取1.8m；

m——相邻两辆车后轮的中心间距，取1.3m；

d——轮胎着地宽度，取0.6m；

γ——路基填料的重度(kN/m^3)。

行车荷载对高边坡路基的稳定性影响较小，高度换算后，可以近似分布于路基全宽上，以简化滑动体的重力计算。采用近似定性方法(如图解类比法)计算时，亦可以不计算荷载。

(2)分层填筑边坡稳定性分析

在软土地基上修筑路堤，随着填筑荷载的增加，竣工时达到最大，地基的剪应力也不断增加。由于软土的透水性较差，可以认为在施工过程中属于不排水，由上部荷载引起的超孔隙水压力也不消散，直到竣工前，孔隙水压力将随填筑高度的增加而增大。由于土的抗剪强度只与有效应力有关，所以竣工时土的抗剪强度也一直与施工前的不排水强度相同。竣工以后，总应力保持不变，而超孔隙水压力则由于地基土的固结而逐渐消散，直至为零。土体的固结不仅使孔隙比变小，且使有效应力与抗剪强度增加。因此，当填土结束时，土坡的稳定性可用总应力法，即不固结不排水强度来分析，而长期稳定性则用有效应力法进行计算。显然，填方土坡稳定的安全系数在施工刚结束时最小，以后又随时间而变大。而对于浸水的路堤，还需要校核稳定渗流和水位骤降对土坡稳定性的影响。以上分析如图3.6所示。

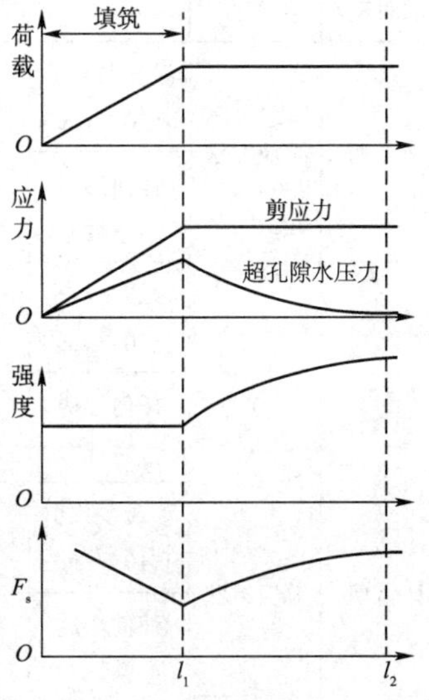

图3.6　分层填筑边坡稳定性分析图

(3)抗剪强度指标的选取

软土路堤稳定分析成果的可靠性，在很大程度上取决于对抗剪强度试验方法和强度指标的正确选择，因为不同稳定分析方法之间的差别往往要小于因试验方法引起的抗剪强度指标的差别。S. J. Johnson 曾分析过某土坡施工结束时的稳定性，发现采用不同强度试验方法求出的安全系数在 1.0 ~ 1.9 之间，这个范围远超过了仅仅由于稳定分析方法不同的差别。

根据有效应力原理，只有有效应力才能引起抗剪强度的变化，因此必须同时知道土体中的总应力和孔隙水压力，而土体的孔隙水压力却不易测得。总应力法的实质是依靠不同的试验方法得出适当的强度指标 c、φ，代替具体情况下土体中孔隙水压力对强度的影响。在实际工程中，只能通过控制试件的排水条件，使其与原位排水条件相似，从而使土体在剪切中的形状相同，所以总应力只能是近似的，吻合程度取决于所选择的试验方法在多大程度上反映土体的工作状况。

目前常用的试验手段主要有三轴与直剪两种，前者可以实现控制土中孔隙水压力消散、土的固结等要求，后者不行。因此通过分析三轴与直剪的试验控制条件，可以确定在工程应用中各自的应用范围。

路堤填土的强度参数 c、φ 值，采用直剪快剪或三轴不排水剪试验获得。试样的制备要求及稳定分析各阶段采用的试验方法详见表 3.1。当路堤填料为粗粒土或填石料时，应采用大型三轴试验仪进行试验。

路堤填土采用的强度指标 表 3.1

控制稳定的时期	强度计算方法	土类	试验方法	采用的强度指标	试样起始状态	备注
施工期	总应力法	渗透系数小于 10^{-7}cm/s	直剪快剪	c_u、φ_u	填筑含水率和填筑密度。当难以获得填筑含水率和填筑密度时，或进行初步稳定分析时，密度采用要求达到的密度，含水率采用击实曲线上要求的密度对应的较大含水率	
		任何渗透系数	三轴不排水剪			
运营期	总应力法	渗透系数小于 10^{-7}cm/s	直剪固结快剪	c_{cu}、φ_{cu}		用于新建路堤的稳定性分析
		任何渗透系数	三轴固结不排水剪			
		渗透系数小于 10^{-7}cm/s	直剪快剪	c_u、φ_u	同上，但要预先饱和	用于新建路堤边坡的浅层稳定性分析
		任何渗透系数	三轴不排水剪			
		渗透系数小于 10^{-7}cm/s	直剪快剪	c_u、φ_u	取路堤原状土	用于已建路堤的稳定性分析
		任何渗透系数	三轴不排水剪			

分析高路堤的稳定性时，地基的强度参数 c、φ 值，宜采用直剪的固结快剪或三轴剪的固结不排水剪试验获得。

分析路堤沿斜坡地基或软弱层带滑动的稳定性时，应结合场地条件，选择控制性层面的土层试验获得强度参数 c、φ 值。可采用直剪快剪或三轴剪的不固结不排水剪试验。当可能存在地下水时，应采用饱水试件进行试验。

(4)最危险滑裂面的确定

采用极限平衡分析方法计算土坡的稳定安全系数，都必须事先假定一个滑动面，但滑动面实际不止一个，而稳定系数是其中对应的最小安全系数。关于最危险滑动面的确定，只有少数几何形状及土层分布很简单的土坡才有理论解。但是对于工程中绝大多数的土坡稳定问题，只能根据经验进行试算或利用电算进行大范围的搜索。对于均质黏性土坡，在进行圆弧滑动分析时，常用的经验方法有费伦纽斯、陈惠法和张天宝等人提出的方法；对于复杂土坡在进行电算分析时常采用如遗传算法等优化算法等方法。

①经验法

a. 费伦纽斯法

费伦纽斯经验方法如图3.7所示。对于均质黏性土坡，费伦纽斯认为其最危险滑弧通常通过坡脚。当 $\varphi=0$ 时，其圆心位置可由图中 AO 与 BO 两线交点确定，图中 a、b 角度值可根据表3.2查到。当 $\varphi>0$ 时，最危险滑动面的圆心位置可能在图3.7中 EO 的延长线上，自 O 点依次取圆心 O_1、O_2、O_3……分别通过坡脚做滑弧，并求出相应的安全系数 F_{s1}、F_{s2}、F_{s3}……然后绘制曲线找到最小的 F_s 值，从而求得最危险滑动面的圆心 O_c。对于非均质土坡或坡面及荷载较复杂时，这样确定的 O_c 还不甚准确可靠，可进行第二轮滑面试算，即在 O_c 点作 OE 的垂直线，在其上再取若干点作为圆心进一步试算确定安全系数最小的圆心。

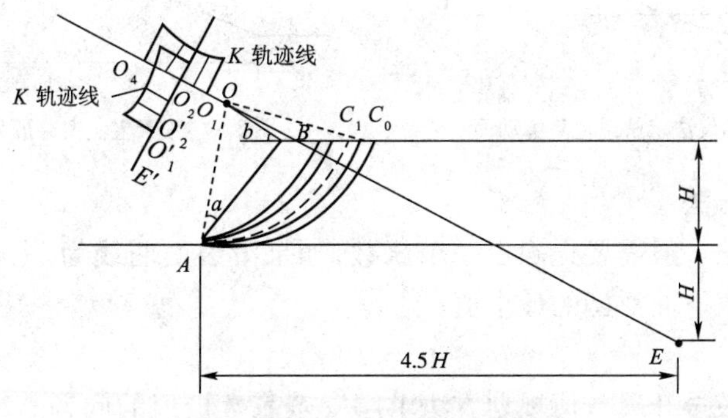

图3.7　费伦纽斯法求解最危险滑动面

确定临界圆弧圆心的 a、b 值 表 3.2

坡率	角 a	角 b	坡率	角 a	角 b
1:0.5	29°30′	40°	1:1.75	26°	35°
1:0.75	29°	39°	1:2	25°	35°
1:1	28°	37°	1:3	25°	35°
1:1.25	27°	35°30′	1:5	25°	37°
1:1.5	26°	35°			

b. 陈惠发法

陈惠发 1980 年根据大量计算经验指出：最危险滑弧的两端在距坡肩点和坡脚点各为 $0.4nH$ 处，且最危险滑弧的圆心在两端连线 ab 的垂直平分线上，如图 3.8 所示。图中 n 为坡比，H 为坡高。只需在此垂直平分线上取若干个点作为滑弧圆心，分别计算其相应的稳定系数，即可找到最小的 F_s 和最危险滑动面位置。

c. 张天宝法

张天宝根据大量电算结果分析认为，无论多么复杂的土坡，其最危险滑动面的圆心的轨迹均类似于双曲线的一侧，如图 3.9 所示。该双曲线的极点是土坡坡面的中点，渐近线为通过坡面中心的铅垂线和中法线。潘家铮更进一步认为可通过坡面中心以 $L/2$ 和 $3L/4$ 为半径作弧交铅垂线和中法线于 a、a'、b、b'，则危险滑动面圆心位置应在 $aa'bb'$ 范围内。

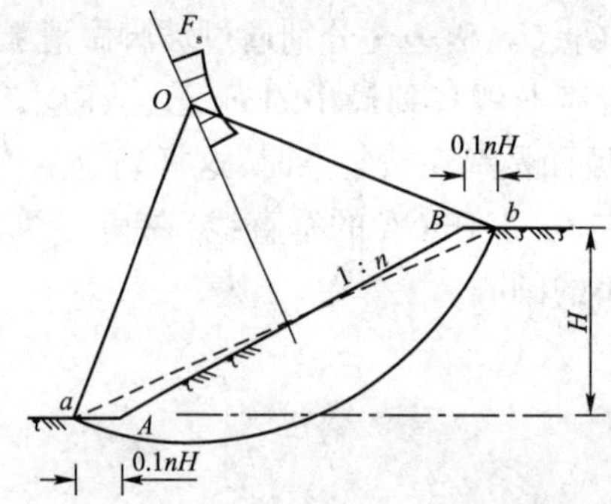

图 3.8 陈惠发法求解最危险滑动面

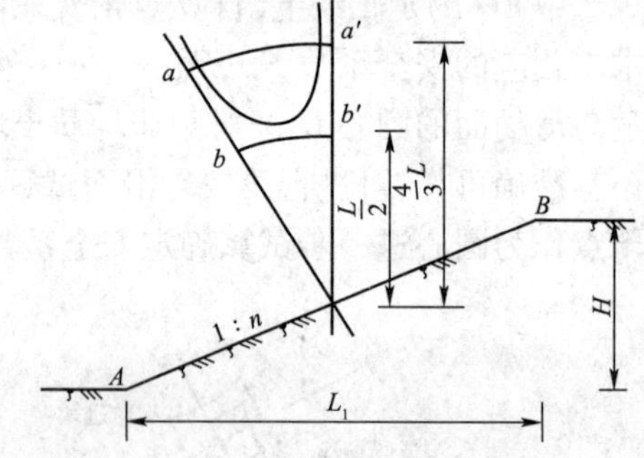

图 3.9 张天宝法搜寻最危险滑动面

②最优化方法

最优化方法一般需要先确定一个函数，如果滑裂面曲线为 $y(x)$，那么最优化即具体化为寻找下面泛函的最小值：

$$F = F(y) \tag{3.28}$$

我国学者较早开展数值规划方法求解安全系数极值的问题。20 世纪 80 年代中期，孙君实（1985 年）和 Nguyen（1985 年）分别提出了使用复形法和单形法搜索任意形状和圆弧滑裂面的最小安全系数的方法。Chen 和 Shao 采用单形法和牛顿法进行任意形状滑裂面搜索的方法。以后又陆续出现了诸多如模式搜索法、遗传算法、进化算法、蚁群算法、粒子群算法等。

随着计算机的发展，数值分析最优化方法逐步形成一门完整的学科，主要可分为模式搜索法、牛顿法和非数值分析方法。

(5)边坡容许安全系数的取值

从理论上讲，处于极限平衡状态的土坡稳定系数应等于 1。因此，若设计土坡的 F_s 大于 1，理应能满足稳定要求。但在实际工程中，有些土坡的安全系数虽然大于 1，但还是发生了滑坡，而有些土坡的安全系数小于 1，却是稳定的。产生这些情况的主要原因，是因为影响安全系数的因素很多，如抗剪强度指标的选用，计算方法等。目前对于土坡稳定容许安全系数的取值，各个行业、各部门尚无统一标准，各自考虑的角度也不一样，在选用时要注意方法、强度指标和容许安全系数必须相互配套。

我国《公路路基设计规范》(JTG D30—2004)规定见表 3.3。

路堤稳定安全系数　　表 3.3

<table>
<tr><th>分析内容</th><th>计算方法</th><th>地基情况</th><th>计算采用的地基平均固结度及强度指标</th><th>安全系数</th></tr>
<tr><td>路堤的堤身稳定性</td><td>简化 Bishop 法</td><td></td><td>按表 3.1 确定</td><td>1.35</td></tr>
<tr><td rowspan="4">路堤和地基的整体稳定性</td><td rowspan="4">简化 Bishop 法</td><td rowspan="2">地基土渗透性较差、排水条件不好</td><td>取 $U=0$，地基土采用直剪的固结快剪或三轴剪的固结不排水剪指标，路堤填土按表 3.1 确定</td><td>1.20</td></tr>
<tr><td>按实际固结度，采用直剪的固结快剪或三轴剪的固结不排水剪指标，路堤填土按表 3.1 确定</td><td>1.40</td></tr>
<tr><td rowspan="2">地基土渗透性较好、排水条件良好</td><td>取 $U=1$，采用直剪的固结快剪或三轴剪的固结不排水剪指标，路堤填土按表 3.1 确定</td><td>1.45</td></tr>
<tr><td>取 $U=1$，地基土采用快剪指标，路堤填土按表 3.1 确定</td><td>1.35</td></tr>
<tr><td>路堤沿斜坡地基或软弱层滑动的稳定性</td><td>不平衡推力法</td><td></td><td>采用直剪的快剪或三轴剪的不排水剪指标，路堤填土按表 3.1 确定</td><td>1.30</td></tr>
</table>

3.2　地基沉降计算方法

在软土地基上修筑道路，除了要满足地基稳定性外，更重要的是要选取合理的沉降估算方法和相关的计算参数,采取可靠措施减小沉降。软土路堤沉降计算主要有以下三个目的:预估路堤在施工期间和工后由于地基沉降而增加的土方量,以及路堤底宽、顶宽和边坡变化情况;推算沉降量和时间的关系,作为地基加固的依据;预估工后沉降量,合理确定预压期和基层、面层的施工时间。

3.2.1 地基沉降的组成

软土地基的沉降一般认为是由机理不同的三部分沉降组成:当荷载刚加上时,在很短的时间内产生的沉降 S_d,一般叫做瞬时沉降,这是主骨架在三个轴向产生弹性和塑性变形的结果;其次是主固结沉降 S_c,它是饱和黏性土地基在荷载作用下,孔隙水被挤出而产生渗透固结的结果;最后是次固结沉降 S_s,它是地基孔隙水基本停止挤出后,颗粒和结合水之间的剩余应力尚在调整而引起的沉降。

(1)瞬时沉降计算

瞬时沉降的计算一般采用弹性理论,按下式计算,但注意这时是在不排水条件下没有体积变形所产生的沉降,所以泊松比为0.5,并采用不排水变形模量和基底附加应力。

$$S_d = \frac{p'B}{E}F$$

式中:p'——路堤底面垂直荷载(kPa);

E——土的弹性模量(可由无侧限抗压试验得到,取分层厚度的加权平均值);

F——沉降系数,依规范取值。

(2)主固结沉降计算

①采用压缩模量

$$S_c = \sum_{i=1}^{n} \frac{\Delta p'_i}{E_{si}} \Delta h_i$$

式中:E_{si}——压缩模量;

$\Delta p'_i$——地基中各分层中点的附加应力增量;

Δh_i——分层厚度。

②用 $e-p$ 曲线计算

$$S_c = \sum_{i=1}^{n} \frac{e_{0i} - e_{1i}}{1 + e_{0i}} \Delta h_i$$

式中:n——地基分层层数;

Δh_i——第 i 层厚度(m);

e_{0i}——第 i 层土自重应力所对应的孔隙比;

e_{1i}——第 i 层土中点自重应力与附加应力之和下的孔隙比。

③用 $e-\lg p'$ 曲线计算

正常固结、欠固结土层：

$$S_c = \sum_{i=1}^{n} \frac{\Delta h_i}{1 + e_{0i}} C_{ci} \lg \frac{p'_{0i} + \Delta p_i'}{p'_{ci}}$$

式中：C_{ci}——土层的压缩指数；

p'_{0i}——第 i 层中心的自重应力(kPa)；

e_{0i}——第 i 层中心处的初始孔隙比；

p'_{ci}——前期固结压力，正常固结时 $p'_{ci} = p'_{0i}$；

$\Delta p'_i$——填土荷载附加应力(kPa)。

超固结土层：

$$S_c = S'_c + S''_c$$

对于 $\Delta p' > p'_c - p'_0$ 的土层：

$$S'_c = \sum_{i=1}^{n} \frac{\Delta h_i}{1 + e_{0i}} \left(C_{si} \lg \frac{p'_{ci}}{p'_{0i}} + C_{ci} \lg \frac{p'_{0i} + \Delta p'_i}{p'_{ci}} \right)$$

对于 $\Delta p' \leqslant p'_c - p'_0$ 的土层：

$$S''_c = \sum_{i=1}^{n} \frac{\Delta h_i}{1 + e_{0i}} C_{sl} \lg \frac{p'_{0i} + \Delta p'_i}{p'_{0i}}$$

式中：C_s——回弹指数。

(3)次固结沉降

次固结沉降采用次固结系数计算时，次固结沉降可按下式计算：

$$S_s = \sum_{i=1}^{n} \frac{C_{ai}}{1 + e_{0i}} \lg \left(\frac{t_2}{t_1} \right) h_i$$

式中：C_{ai}——次固结系数，为 $e-\lg p'$ 曲线在主固结完成后直线段的斜率，若无试验资料时，可参考规范取值；

t_1——相当于主固结完成 100% 的时间；

t_2——需要计算次固结的时间(可计算主固结完成后的 20 年)。

3.2.2　地基沉降计算

(1)分层总和法

天然地基土一般都是不均匀的，即土层物理力学性质随着深度的变化发生相应的层次变化。要计算总沉降，最好把土层分成多个薄层，分别计算每个薄层的压缩变形，最后叠加而成总沉降的计算方法就是分层总和法。

分层总和法需要解决计算压缩层土层总厚度的确定方法和单向压缩量计算公式的近似处理两个问题。

①关于压缩层厚度的确定，需要满足下面两个条件。

以附加应力 $\Delta p'$ 与自重应力 p'_0 之比来确定：

$$\frac{\Delta p'}{p'_0} \leqslant n$$

n 介于 0.1 ~0.2 之间,根据规范及具体工程实际取值。

以压缩层底部 1m 的压缩量不超过压缩层范围内总压缩量的 2.5% 来控制,即:

$$\Delta S_n = 0.025\sum_{i=1}^{n} S_i$$

式中:ΔS_n——压缩层底部向上 1m 厚度的压缩量;

$\sum_{i=1}^{n} S_i$——压缩层范围内的总压缩量。

此法考虑了压缩层的变形压缩量,理论比较严谨,且复合地基的确定压缩层厚度接近实际。在实际计算时,应注意如下几点:

a. 当软土层不均匀时,会出现软、硬层相间分布。这样在遇到压缩性较小的土层时,以上两个条件可能会满足,但若其下还存在软层时,再向下检验该条件可能又不满足;

b. 如硬层埋藏较浅,硬层顶面的应力或其上土层的压缩量不满足以上两个条件时,也只计算到硬层顶为止;

c. 通过对不同地区高等级公路软基沉降量计算,可知在考虑地下水浮力作用下,以比值 $\Delta p'/p'_0 \leqslant 0.1$ 控制的压缩层厚度,为路堤填筑高度的 10 倍左右。

②关于单向压缩量公式的近似处理

路堤荷载为梯形带状荷载,如图 3.10 所示,可看成是两个三角形带状分布荷载之差,经计算可知,路堤中心线下 z 处附加应力系数为:

$$\alpha_z = \frac{2}{1 - \dfrac{b_1}{b_2}} \cdot \frac{1}{\pi}\left(\arctan\frac{b_2}{z} - \frac{b_1}{b_2}\arctan\frac{b_1}{z}\right)$$

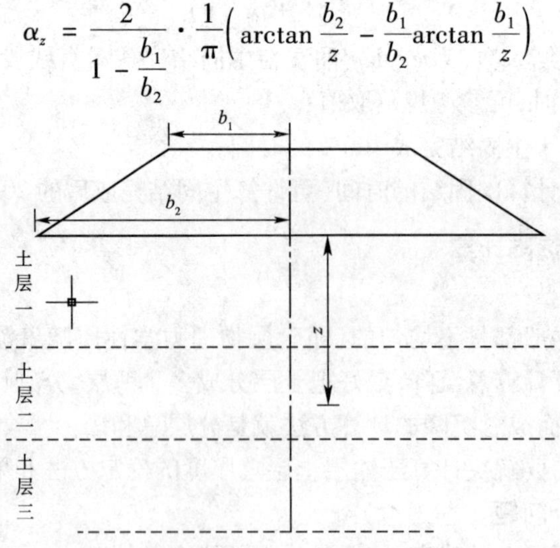

图 3.10　路堤荷载作用下附加应力计算图示

式中：α_z——路基中心 z 处的附加应力系数；

b_1——路基面一半宽度；

b_2——路基底面一半宽度；

z——路堤中心下特定位置距路基底面的深度。

软黏土的最终沉降量 = 瞬时沉降 + 主固结沉降 + 次固结沉降，但由于瞬时沉降和次固结沉降的计算方法和理论尚不成熟，国内规范推荐常用的方法是经验法，即将一维沉降计算结果乘以一个经验修正系数，主要用来考虑侧向变形的影响。

$$S = mS_c$$

式中：m——经验系数；

S_c——一维主固结沉降。

(2)沉降系数的影响因素及修正

①沉降系数的影响因素分析

沉降系数 m 为经验系数，与地基条件、荷载强度、加荷速率等因素有关，其范围值为 1.1 ~1.7，应根据现场沉降观测资料确定。

a. 荷载对沉降系数的影响

随着路堤荷载的增加，地基的固结沉降增加，同时地基内产生的剪应力相应增加，使得瞬时沉降有所增大。而且随着荷载的增加，在软弱层中的塑性变形区会增大，软土水平向的塑性挤出将使得地基总沉降量增大。

交通部第二公路勘察设计院在广深高速公路软基设计中，按不同填土高度而采用不同的沉降系数，见表 3.4。

填土高度对沉降系数的影响 表 3.4

填土高度 H(m)	≤3.5	3.5 ~4.5	4.5 ~5.5	≥5.5
沉降系数 m	1.15	1.20	1.25	1.30

b. 地基处理方法对沉降系数的影响

采用地基处理技术对软土地基处理可以改善软土的工程性质，提高承载能力，所以不同的处理方法对沉降系数有不同程度的影响，同时地基边界条件也是千差万别的，因而无法得出处理方法与沉降系数的准确关系，但可以按不同的类别，大体上可以区分出处理方法对沉降系数的影响。将软基处理方法分成两种类型：

挤密砂桩类型。砂桩与地基土共同构成复合地基，由于砂桩的应力集中作用，分担了地基土承受的荷载，限制了软土的侧向变形。砂桩在地基土中形成了良好的排水通道具有竖向排水体作用，加速地基土的固结。因此，挤密砂桩类型沉降系数值较小。

砂井类型。砂井在地基中形成了良好的排水通道，加速了固结，在填土过程中，地基土抗剪强度增长较快，可以在一定程度上降低瞬时沉降，从而沉降系数较小。

c. 填土施工速率对沉降系数的影响

填土速度较快时，地基土强度来不及增长，所以将产生较大的剪切变形，从这一意义上说，沉降系数随填土速率的增长呈增长趋势。

为了便于在实际中应用，将填土速率分成三个档次：

①慢速填土，填土速率 <0.02m/d；②中速填土，填土速率在 0.02 ~ 0.07m/d 之间；③快速填土，填土速率 >0.07m/d。

d. 地质条件对沉降系数的影响

日本《高等级公路设计规范》采用下述经验公式计算瞬时沉降：

$$S_d = \frac{1}{100}A\rho H$$

式中：A——$A = 12.4 - 0.44E_{qu}$；

ρ——填料单位密度（g/cm^3）；

H——路堤填筑高度（cm）；

E_{qu}——由无侧限抗压试验得到的弹性模量的平均值。

A 实质上就是一个反映地质条件的系数，土的变形模量越大，其瞬时沉降越小。但是，该式未考虑软土层的位置这一因素，众所周知，附加应力从上至下逐渐减小，对于同样厚度的软土层，表层软土与深层软土瞬时沉降是不同的。

综上所述，可以看出影响沉降系数的因素是多方面的，它包括路基中心高度、施工速率、地基处理类型、软土层厚度等方面。应根据现场沉降观测资料确定，也可用下面的经验公式估算：

$$m_s = 0.123\gamma^{0.7}(\theta H^{0.2} + VH) + Y$$

式中：θ——地基处理类型系数，地基用塑料排水板处理时取 0.95 ~ 1.1，用粉体搅拌桩处理时取 0.85，一般预压时取 0.90；

H——路基中心高度（m）；

γ——填料重度（kN/m^3）；

V——填土速率修正系数，填土速率在 0.02 ~ 0.07m/d 之间时，取 0.025；

Y——地质因素修正系数，满足软土层不排水抗剪强度小于 25kPa、软土层厚度大于 5m、硬壳层厚度小于 2.5m 三个条件时，$Y = 0$，其他情况下可取 $Y = 0.1$。

②考虑应力历史的沉降系数修正

土是地壳原岩在复杂地质条件下，经过漫长地质年代受各种作用经搬运、堆积、剥蚀等形成的。土的前期固结应力反映了地质历史的影响，根据超固结比的大小可将土层划分为正常固结状态、超固结状态和欠固结状态。如果不考虑土体的应力历史进行沉降计算，有可能造成很大偏差而产生严重后果。

由前已经提到了分层总和法的三种计算方法，即分别利用压缩模量 E_s、$e-p'$ 曲线、$e-\lg p'$ 曲线。其中前两种本质上是相同的，可相互推导。土样从地基中取出，做试验时应力被释放，同时土体受到扰动，因此土工试验所得到的 $e-p'$、$e-\lg p'$ 曲线实际上为回弹与再压缩曲线。

图 3.11 给出了正常固结土的压缩曲线，其中 a）图为 $e-p'$ 曲线，b）图为 $e-\lg p'$ 曲线。p'_1 在试验曲线上对应的点为 A，在原压缩（现场压缩）曲线上对应的点为 A' 点，两者之间的孔隙比之差（e'_1-e_1）是由土体的扰动引起的，土体扰动越厉害，两者的差值就越大。实际上，利用 $e-p'$ 法和压缩模量 E_s 法计算沉降时利用的是图中 AB 线的斜率 a_v，而 $e-\lg p'$ 法用的则是原始压缩曲线 $A'B$ 的斜率 C_c。从图 3.11 中可清楚看出，基于试验曲线 $e-p'$、E_s 法计算沉降的孔隙比变化量（e_1-e_2）要小于（e'_1-e_2），所以对于正常固结黏性土，基于 $e-p'$、E_s 法计算的沉降结果一般要小于 $e-\lg p'$ 法。

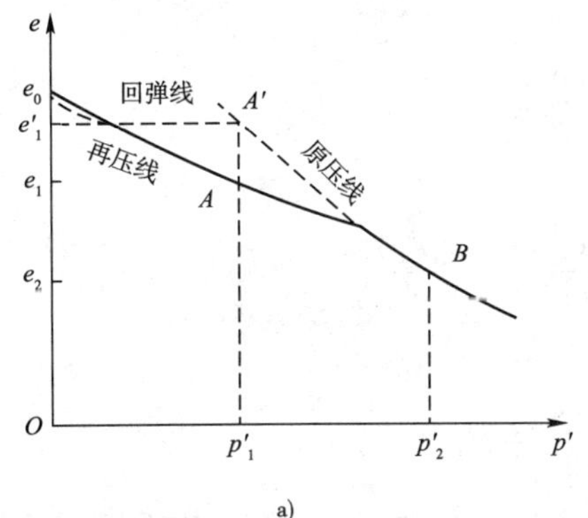

a)

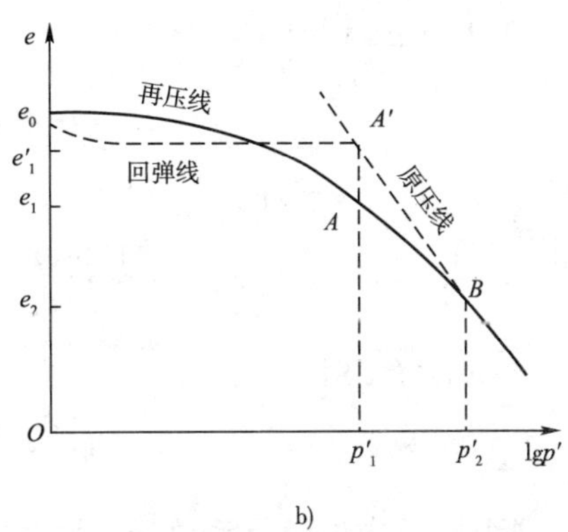

b)

图 3.11　正常固结土的压缩曲线

对于超固结土，压缩曲线可见图 3.12。分析图 3.12 中两曲线可知，附加应力 $\Delta p'$ 在试验曲线对应的孔隙比变化量要大于现场压缩曲线 $e-\lg p'$，所以采用试验曲线 $e-p'$、E_s 计算超固结土的沉降结果要比实际压缩曲线 $e-\lg p'$ 法的大。

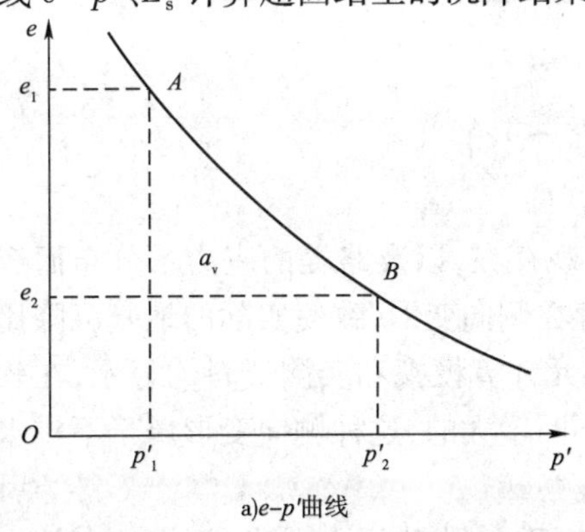

a）$e-p'$ 曲线

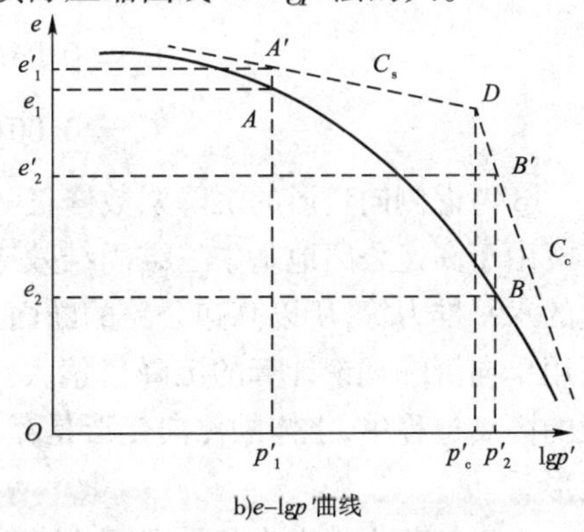

b）$e-\lg p'$ 曲线

图 3.12　超固结土压缩曲线

因此,可将沉降修正系数定义为:

$$m_1 = \frac{S_{e-\lg p'}}{S_{e-p'}}$$

式中:$S_{e-\lg p'}$——根据原始压缩曲线 $e-\lg p'$图计算所得的沉降量;

$S_{e-p'}$——根据试验曲线 $e-p'$图计算所得的沉降量。

由于土层压缩量为:

$$S = \frac{e_2 - e_1}{1 + e_1}h = \frac{\Delta e}{1 + e_1}h$$

因此,沉降系数 m_1 最终从两种方法在相同的附加应力 $\Delta p'$作用下产生不同的孔隙比变化量 Δe 来入手,对土体应力历史影响的修正系数讨论如下:

a. $p'_2 < p'_c$ 时:

$$m_1 = \frac{C_s \lg(p'_2/p'_1)}{a_v(p'_2 - p'_1)}$$

b. $p'_1 < p'_c < p'_2$ 时:

$$m_1 = \frac{C_s \lg(p'_c/p'_1) + C_c \lg(p'_2/p'_c)}{a_v(p'_2 - p'_1)}$$

c. $p'_1 \geqslant p'_c$ 时:

$$m_1 = \frac{C_c \lg(p'_2/p'_1)}{a_v(p'_2 - p'_1)}$$

因此,要求解沉降系数 m_1,关键在于要确定压缩指数 C_c、回弹指数 C_s 和前期固结压力 p'_c 这三个指标。对于前期固结压力 p'_c 可用卡萨格兰德的经验方法确定,或利用 p'_c 与液性指数 I_L 之间存在的相关关系来估算。Nakase 对 10 多种饱和黏性土试样进行大量三轴和侧限试验研究表明,压缩指数 C_c、回弹指数 C_s 与塑性指数 I_p 之间存在较好的线性关系,且随着 I_p 增大而增大:

$$C_c = 0.046 + 0.0104 I_p$$

$$C_s = 0.00193(I_p - 4.6)$$

③考虑侧向变形的沉降系数修正

由于高速公路地基中三维固结效应的客观存在,以及路堤的应力重分布而产生的水平推力等,所以高速公路的断面总是存在侧向变形,致使实际的地基沉降比利用单向沉降理论计算的沉降值偏大。有限元计算模拟和实测资料均显示,在软土的固结过程中,土体的侧向变形是存在且不断增大的,这种侧向变形属于不排水变形。

由于加荷土中产生超孔隙压力,随着渗流固结,孔隙压力减小,土中的有效应力增加,根据有效应力原理有:

$$\Delta u = B[\Delta\sigma_3 + A(\Delta\sigma_1 - \Delta\sigma_3)]$$

式中 B 表示单位周压力增量所引起的孔压增量，对于完全饱和土，孔隙全部被水充满，因而 $B=1.0$；对于部分饱和土，B 值介于 0～1 之间，B 值反映了土体饱和程度的指标。A 表示饱和土体在单位偏差应力增量（$\Delta\sigma_1 - \Delta\sigma_3$）作用下产生的孔隙水压力增量，是用来反映土体剪切过程的胀缩特性。且对于弹性体是常量，$A=1/3$，对于土体则不是常量，取决于偏差应力增量所引起的体积变化，其变化范围很大，主要与土的类型、状态、应力历史和应力状况以及加载过程中所产生的应变量等因素有关。A、B 均可由三轴试验确定。表 3.5 是司开普顿根据试验资料建议的孔压系数 A 的取值。

孔压系数 A 参考值 表 3.5

土　类	A（用于沉降计算）	土　类	A（计算土体破坏）
很松的细砂	2～3	高灵敏度软黏土	>1
灵敏性黏土	1.5～2.5	正常固结黏土	0.5～1
正常固结黏土	0.7～1.3	超固结黏土	0.25～0.5
轻度超固结黏土	0.3～0.7	严重超固结黏土	0～0.25
严重超固结黏土	-0.5～0		

当为饱和土体，$B=1$ 时，上式也可写成：

$$\Delta u = \Delta\sigma_1\left[A + \frac{\Delta\sigma_3}{\Delta\sigma_1}(1 - A)\right]$$

对于厚度为 H 的土层，固结变形的压缩量 S'_c 可近似按下式计算：

$$S'_c = \int_0^H m_v \Delta u \mathrm{d}z = \int_0^H m_v \cdot \Delta\sigma_1\left[A + \frac{\Delta\sigma_3}{\Delta\sigma_1}(1 - A)\right]\mathrm{d}z$$

式中：m_v——土体的体积压缩系数。

而固结仪中单向固结变形为：

$$S_c = \int_0^H m_v \Delta\sigma_1 \mathrm{d}z$$

假设一个比例系数代表这两个固结变形之比，即：

$$m_2 = \frac{S'_c}{S_c} = \frac{\int_0^H m_v \Delta\sigma_1\left[A + \frac{\Delta\sigma_3}{\Delta\sigma_1}(1 - A)\right]\mathrm{d}z}{\int_0^H m_v \Delta\sigma_1 \mathrm{d}z}$$

对于某一指定土层来说，m_v 和 A 都是常数，所以上式可变为：

$$m_2 = A + \frac{\int_0^H \Delta\sigma_3 \mathrm{d}z}{\int_0^H \Delta\sigma_1 \mathrm{d}z} \cdot (1 - A) = A + \lambda(1 - A)$$

式中,设 $\lambda = \int_0^H \Delta\sigma_3 \mathrm{d}z / \int_0^H \Delta\sigma_1 \mathrm{d}z$,$\lambda$ 值的大小与荷载面的形状与土层厚度有关,要根据布辛纳斯克(Boussinesq)等弹性理论求解。从计算式分析可知,只有当 A 值接近于1,或为浅层土(z/b 较小时),侧向变形的影响才较小,利用单向固结压缩的公式就比较准确。其他大多数情况下,沉降计算必须要考虑土体侧向变形的影响,上述 m_2 就是一个修正系数,其值可通过数值计算或查询相关图表得到,图3.13可供参考。

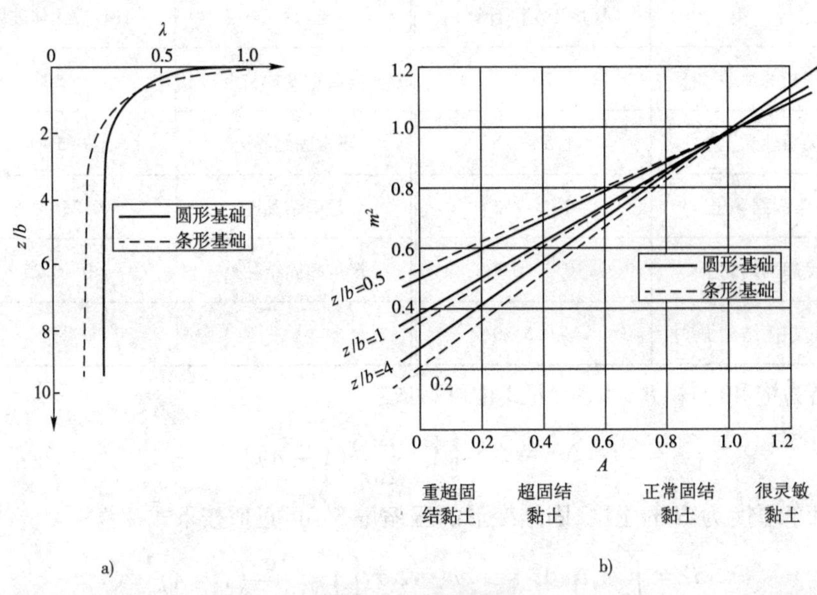

图3.13 m_2 取值参考图

3.2.3 地基固结度计算

由于工程上最关心的是路堤修筑完毕后的残余沉降,即工后沉降,因此计算完总沉降后,还需要计算在施工期间的固结度。固结理论是土力学的重要内容,是工后沉降计算的重要组成部分。通过软土地基固结度的计算可较精确地估计变形与时间的关系,推算地基强度的增长,确定适应强度增长的路堤分层填筑加载计划。

实际工程中,预压荷载总是分级施加的,例如路基填土的分级填筑,不同于上述理论推导中瞬时加载的基本假定,见图3.14。考虑分级加荷的修正方法,最常见有改进的太沙基法和改进的高木俊介法。

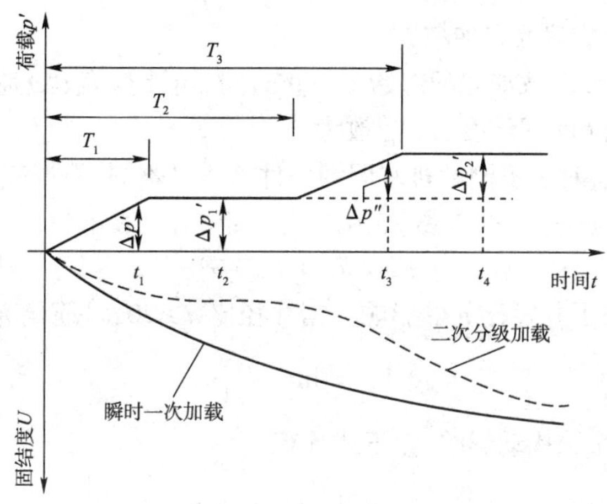

图3.14　分级等速加荷固结计算

在改进的太沙基法中，T_i 为第 i 级荷载等速加载时刻，T_{i+1} 为第 i 级荷载等速加载结束时刻，同时还提出了如下的基本假定：①分级的每级荷载增量 $\Delta p_i'$ 所引起的固结过程是单独进行的，与上一级荷载增量无关；②总的固结度等于各级荷载增量 $\Delta p_i'$ 作用下固结度的叠加；③某一级荷载增量 $\Delta p_i'$，在等速加荷周期内的某一时刻 $t(\leqslant T_{i+1})$，荷载增量为 $\Delta p_{it}'(\leqslant \Delta p_i')$ 的固结度计算的固结时间为 $t'=(t-T_i)/2$，即与 $(t+T_i)/2$ 时刻施加相应瞬时荷载 p_{it}' 的固结度计算相同；④分级加荷 $\Delta p_i'$ 施加完成后，进入等压周期内某一时刻 $t(t>T_{i+1})$ 的固结度计算，采用固结时间 t' 为等压固结时间 $(t-T_{i+1})$ 加上等速加载的固结时间 $(T_{i+1}-T_i)/2$，即 $t'=(t-T_{i+1})+\dfrac{T_{i+1}-T_i}{2}=t-\dfrac{T_i+T_{i+1}}{2}$；⑤分级加荷 $\Delta p_i'$ 作用下，计算固结度尚应对总荷载的比例进行修正。由此，可以得到多级等速线性加荷条件下，改进的太沙基法计算公式为：

$$U_t=\sum_{i=1}^{n}U_{\left(t-\frac{T_i+T_{i+1}}{2}\right)}\frac{\Delta p_i'}{\sum\Delta p_i'}$$

现行《建筑地基处理技术规范》(JGJ 79—2012)中在考虑加载速率影响时，采用了改进的高木俊介法，即根据巴伦理论，考虑变速加荷作用下，竖井地基在水平径向和垂直向排水条件，直接推导出不同加荷速率的竖井地基的平均固结度，其特点是不需要求得瞬时加荷条件下地基固结度，而是可直接求得修正后的平均固结度。设第 i 级荷载加载速率 q_i，修正后平均固结度为：

$$\overline{U'_t}=\sum_{i=1}^{n}\frac{\dot{q}_i}{\sum\Delta p'}\left[(T_m-T_{m-1})-\frac{\alpha}{\beta}e^{-\beta t}(e^{\beta T_m}-e^{\beta T_{m-1}})\right]$$

式中：U'_t——t 时刻多级等速加载修正后的地基平均固结度；

$\dot{q}_i$——第 i 级荷载的加载速率；

$\Sigma\Delta p$——各级荷载的累加值；

T_{m-1}、T_m——第 i 级荷载加载的起始和终止时间，当计算第 i 级荷载加载过程中某时间 t 的固结度时，T_m 改为 t；

α、β——参数，对于不同的排水固结条件其含义不同，根据表3.6具体选择。

表3.6中 F 为一个综合参数，它由三部分组成，可表示为：

$$F = F_n + F_s + F_r$$

式中，F_n 反映了井径比 n 的影响。当井径比 $n \geqslant 20$，可简化为：

$$F_n = \ln n - \frac{3}{4}$$

F_s 反映施工涂抹扰动影响，按下式计算：

$$F_s = \left(\frac{K_h}{K_s} - 1\right)\ln S$$

$$S = \frac{d_s}{d_w}$$

式中：K_h、K_s——原状土和涂抹区的渗透系数，由于无试验数据按经验取值；

S——土的灵敏度，对于中等灵敏度的土可取 $S=2$。

F_r 反映井阻影响，由下式计算：

$$F_r = \frac{\pi^2 H^2}{4}\frac{k_h}{q_w}$$

式中：k_h——水平向渗透系数；

H——砂井深度；

q_w——砂井纵向排水量。

计算参数 α 和 β 表3.6

参数	竖向排水	径向排水	竖向径向组合排水	井阻与涂抹
α	$\frac{8}{\pi^2}$	1	$\frac{8}{\pi^2}$	$\frac{8}{\pi^2}$
β	$\frac{\pi^2 C_v}{4H^2}$	$\frac{8C_r}{F_n d_e^2}$	$\frac{8C_r}{F_n d_e^2}+\frac{\pi^2 C_v}{4H^2}$	$\frac{8C_r}{Fd_e^2}+\frac{\pi^2 C_v}{4H^2}$

第4章　高速公路软土地基处理方法

4.1　浅层处理方法

在软土地基上修筑高速公路时，为了使软弱地基能承受路堤荷载和控制路堤沉降变形，需对天然地基进行加固，当软土层不大于3m时可采用浅层处理来进行加固。浅层处理一般是指地表以下30～150cm之间，可用砂垫层、换填、反压护道等处治。

软土地基浅层处理相对于复合地基等深层处理有两个显著特点：①处理位置在路床浅层，水文地质和自然条件差异性较深层地基更大，设计计算模式和参数选择的可靠性低；②浅层处理包含内容繁多，处理方式、材料、设备、工艺等选择余地及组合较多。所以，浅层处理的关键在于全面了解各种因素，综合比选，找到最佳组合，这也是浅层处理的难点。选择方案稍有偏差，可能得到相反的处理效果。如排水垫层可阻断地下水渗透路基，加速地表软土排水固结，但如果软土路段上部为隔水硬壳层，同样铺设了砂垫层，不仅不能排水，反而可能因其透水性损毁原地表硬壳层，反而破坏了路基稳定。再如硬壳层可承受部分路基荷载，减少沉降量，但在台背等工后沉降要求更严格的路段，往往在路基两侧开沟截断硬壳层，加速前期固结以满足工后沉降要求，而不能像正常路基段那样采取加固加厚措施。

4.1.1　砂垫层

(1)砂垫层设计

在软土地基的地面上，铺设一定厚度的砂层，再在其上填筑路堤，这种砂层就称为砂垫层。砂垫层的作用是为了加固地基和增强排水。按其性质可分为排水砂垫层和换土砂垫层。

排水砂垫层直接铺设在软土地基的地面上，使其在填土和软土之间增设一排水面，从而使地基在受到填土荷载作用下，促进地基的排水固结，提高地基的强度。这种砂垫层的厚度薄，一般为0.6～1.0m。为有利于排水，砂垫层应略宽于路堤基底宽度，一般在路堤坡脚外每侧伸出1m左右。排水砂垫层对于基底的应力分布及沉降时的大小无显著影响，但因排水固结可以加速沉降，从而增长强度缩短过程。

换土砂垫层因其厚度较厚，所以在设想中比排水砂垫层有更多的效果：一是代替直接作为基底的软弱持力层，提高地基承载力；二是加速地基的排水固结，提高地基的抗剪强度；三是均衡基底沉降，改变基底的应力分布。换土砂垫层可直接铺在地表，也可以挖去一部分地基再铺砂垫层。后一种多用于有硬壳隔水层的地基，属于换填的一种处治方法。

砂垫层加固地基施工容易，不需特殊的施工工具，具备砂料即可实施。但需适当放缓路堤的填筑速率，让地基有充分的时间排水固结，因此施工期较长。排水砂垫层适用于施工期限不甚紧迫，路堤高度在极限高度的两倍以内，软土表面渗透性能特低的隔水土层。如软土层较薄，底部又有一透水土层时，其效果更好，此时为双面排水，即上下两个方向排水。

砂垫层的设计主要解决砂垫层的厚度和路堤的填筑速率两个问题[24]：

①关于砂垫层厚度的确定：换土砂垫层目前尚无合理的计算方法；排水砂垫层是以不致因沉降而发生错断，保证排水畅通为原则，地基沉降量大时砂垫层厚一些，沉降量小时砂垫层薄一些。因此，视路堤高度、软土厚度和压缩性而定，一般为0.6~1.0m。

②路堤填筑速率的合理安排：要使加荷速率与地基荷载能力增加的速率相适应，保证地基稳定而在填筑过程中不致发生破坏，它关系到工程的成功和失败，是极为重要的问题。

(2)排水砂垫层施工方法

①当地基表层具有一定厚度的硬壳层，其承载力较好，能承受一般运输机械时，一般采用机械分堆铺法，即先堆成若干个砂堆，然后用机械或人工推平。当硬壳层承载力不足时，一般采用顺序推进摊铺法。

②当软土地基表面很弱，首先要改善地基表面的持力条件，使其能承受施工人员和轻型运输工具。

a. 地基表面铺荆笆。搭接处用铅丝绑扎，以承受垫层等荷载引起的拉力，搭接长度取决于地基土的性质，一般搭接长度20cm。当采用两层荆笆时，应将搭接处错开，错开距离为搭接缝之间间距的一半，荆笆搭接如图4.1所示。

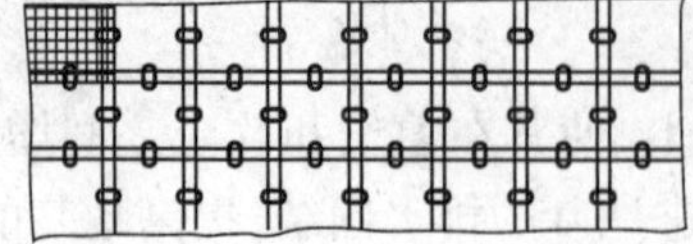

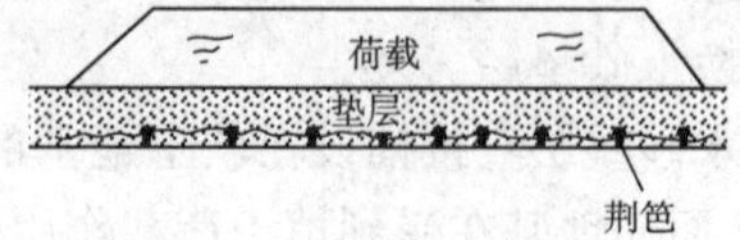

图4.1　荆笆铺设示意图

b. 表面铺设塑料编织网或尼龙编织网，编织网上再铺砂垫层，如图4.2所示。

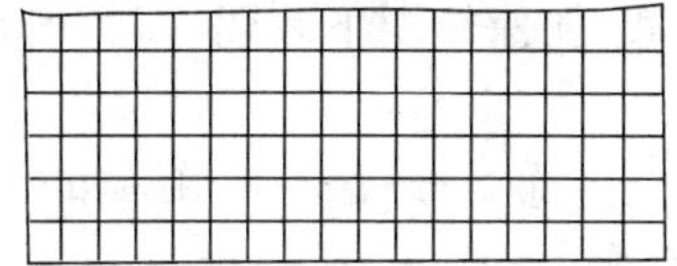

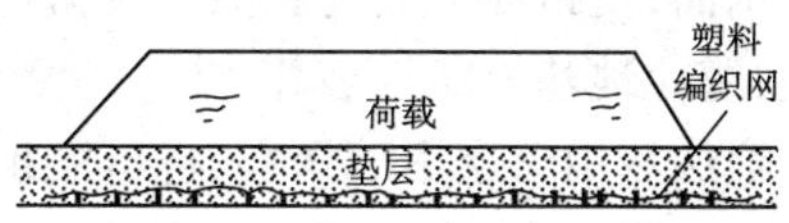

图4.2 塑料编织网

c. 表面铺设土工聚合物，土工聚合物上再铺排水砂垫层，如图4.3所示。

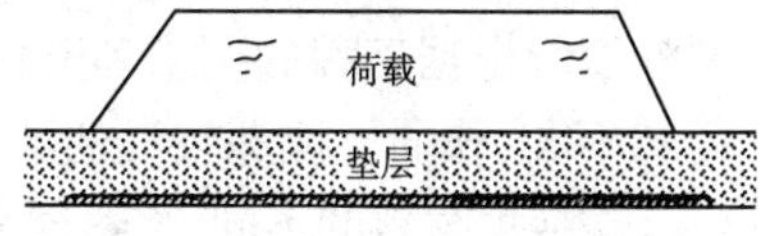

图4.3 土工聚合物铺设示意图

这些方法可单一使用，也可混合使用，还可根据当地材料来源，选择具有一定抗拉强度、断面小的材料，但饱水后的材料要有足够的抗拉强度，且若被加固地基处在边坡位置或有水平力作用，要注意由于材料腐烂而形成软弱夹层，给加固后地基的稳定性带来潜在影响。

尽管对超软地基表面采取了加强措施，但持力条件仍然很差，不能承受一般轻型机械时，通常人力推车运砂铺设，或用轻型小翻斗车铺垫。

无论采用何种施工方法，在排水垫层的施工过程中都应避免对软土表层的过大扰动，以免造成砂和淤泥混合，影响垫层的排水效果。

4.1.2 换填法

(1)原理

在高速公路工程中，换填法主要为挖除换填法，即将路堤底面下一定范围内的软弱土层(厚度一般不超过3m)利用人工、机械或其他方法清除，分层置换强度较高的砂、碎石、素土、灰土以及其他性能稳定和无侵蚀性的材料，并夯实(或振实)至要求的密实度，也称垫层法。

垫层的作用有以下几个方面：

①提高持力层的承载力。通过扩散作用使传到垫层下软弱层的应力减小。另一方面，地基承载力与抗剪强度有关，以抗剪强度较高的砂等材料代替软弱上层，无疑可提高地基承载力。

②减少沉降量。一般地基浅层部分的沉降量在总沉降量中所占的比例较大。以条形基础为例，在相当于路堤宽度深度范围内的沉降量约占总沉降量的50%，如以密实砂或其他填筑材料代替上部软弱上层，就可以减少这部分的沉降量。同时，由于砂垫层或其他垫层对应力的扩散作用，使作用在下卧土层的压力较小，这样也会相应减少下卧土层的沉降量。

③加速软弱土层的排水固结。不透水路堤直接与软弱土层相接触时，在荷载的作用下，软弱土地基中的水被迫绕路堤两侧排出，因而使路堤下的软弱土不易固结，形成较大的孔隙水压力，还可能导致由于地基强度降低而产生塑性破坏的危

险。若采用砂垫层和砂石垫层等透水性大的材料，软弱土层受压后，垫层可作为良好的排水面，使路堤下面的孔隙水压力迅速消散，加速垫层下软弱土层的固结和强度提高，避免地基土塑性破坏[25]。

换填法利用分层回填压实，也可处理较深的软弱土层，但经常由于地下水位高而需要采取降水措施，坑壁放坡占地面积大或需要基坑支护，以及施工土方量大、弃土多等，而使处理费用增高、工期拖长，因此换填法的处理深度通常宜控制在3m以内；但也不宜小于0.5m，因为垫层太薄，换土垫层的作用不显著。换土垫层的处理深度应根据工程的要求和开挖深度的可能性等因素综合确定。一般多用于上部荷载不大、软弱层埋深较浅的地基处理工程中。

按换填材料的不同，将垫层分为砂垫层、碎石垫层、素土垫层、干渣垫层和粉煤灰垫层等。虽然垫层材料不同，但试验结果和实测资料显示，垫层地基的强度和变形特性基本相似，因此可将各种材料的垫层设计都近似地按砂垫层的计算方法进行设计。

按施工方法不同，换填法又可分为：①机械换土法，包括机械碾压法、重锤夯实法、振动压实法等。它们不但可处理分层回填土，也可以加固地基表层土。②爆破排淤法，包括先爆破后填和先填后爆两种方法。先爆后填是用炸药将软土爆出一条沟槽然后填土，适用于液性指数较小、回淤较慢的软土。采用这种方法应事先准备好充足的填料，爆破后立即回填，在尽可能短时间内填满，以免回淤。③抛石挤淤法。不用抽水，不用挖淤，施工简单迅速。此法适用于湖塘、河流等积水洼地，常年积水，且水不易抽干，表层无硬壳，软土液性指数大，层厚薄，片石能沉达下卧硬层的地基。用较大的片石，一般直径不宜小于0.3m。抛石时应自中部开始，逐次向两旁展开，使淤泥向两旁挤出。在片石高出水面后用重型夯滚、碾压，或以汽车、拖拉机等碾压，然后在其上铺设反滤层再进行填土，见图4.4。下卧硬层（岩层面）具有明显横向坡度时，抛石时应从下卧层高的一侧向低的一侧扩展，并且在低一侧适当高度范围内多抛填，以增加其稳定性，如图4.5所示。

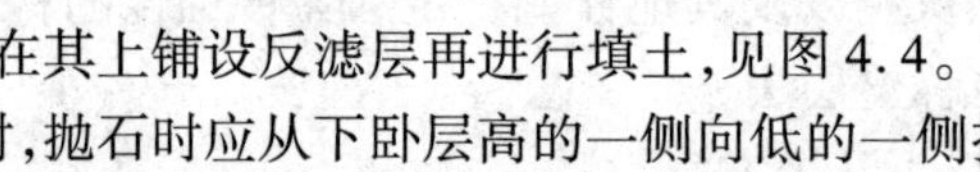

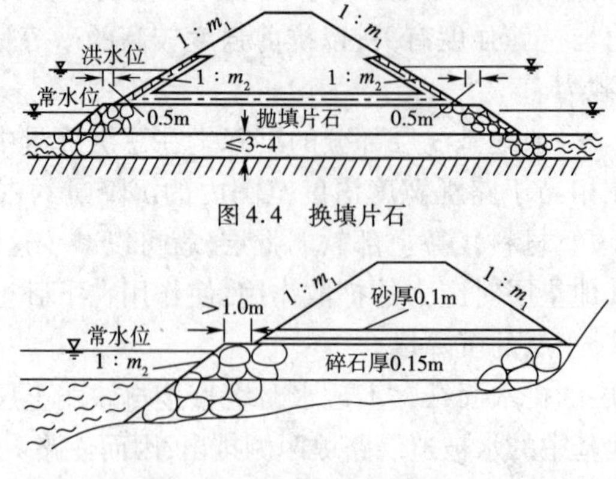

图4.4　换填片石

图4.5　抛片石挤淤

(2)垫层设计

垫层厚度应根据下卧层的承载力确定,并符合下式要求:

$$P_z + p_{cz} \leqslant f_z$$

式中:P_z——垫层底面处的附加压力(kPa);

p_{cz}——垫层底面处土的自重压力(kPa);

f_z——垫层底面处土层的地基承载力(kPa)。

垫层的宽度应满足路堤底面应力扩散的要求,可按下式计算或根据经验确定:

$$b' \geqslant b + 2z\tan\theta$$

式中:b'——垫层底面宽度(m);

b——路堤底面的宽度(m);

θ——垫层的压力扩散角,可按表4.1取;

z——路堤底面下垫层的厚度(m)。

当其侧面土质较好时,垫层宽度略大于路堤底即可;当其侧面土质较差时,如果垫层宽度不足,垫层就有可能被挤入四周软土层中,促使侧面软土变形和地基沉降增大。

垫层顶面宜超出路堤两侧底边不小于300mm,或从垫层底面两侧向上按当地开挖基坑经验放坡。

压力扩散角　　表4.1

换填材料 / z/b	中砂、粗砂、砾砂圆砾、角砾、卵石、碎石	黏性土和粉土 ($8 < I_p < 14$)	灰　土
0.25	20	6	30
≥0.5	30	23	

注:1. 当 $z/b < 0.25$ 时,除灰土仍取 $\theta = 30°$ 外,其余材料均取 $\theta = 0°$。

2. 当 $0.25 < z/b < 0.5$ 时,θ 值可内插求得。

4.1.3　反压护道

(1)原理

反压法是一种传统的软土地基处理方法,很早就被使用。海岸、河流、湖泊附近平原地区经常遇到深厚的饱水软土地基,由于地基软弱,在这些地区修建路堤常常会出现两边隆起的破坏现象,这显然是由于地基土承载力不足所致。这时,可在路堤两侧(或一侧)填土或堆石(称为反压护道),以防止地基土被挤出,同时又相当于放缓了边坡,可增加路堤的稳定,防止边坡滑动。

建在软弱地基上的路堤,当设计高度超过地基填土的极限高度时,在路堤两侧加上一定坡度和高度的反压护道,使路堤荷载导致的两侧地基有被挤出隆起的趋势得以平衡,从而提高了路堤地基的稳定性。实际上这种方法是从路坝、路堤等土方工程中放缓边坡演变而来,只是它比放缓边坡更有效。由于反压荷载的存在,加宽了荷重分布宽度,减少了地基上的单位荷载,如图4.6所示。因此,只要有填筑反荷载的足够地面和土料来源，对于路堤的防滑护坡，以及对有坍滑前兆路段的补救等均是一种行之有效的措施。

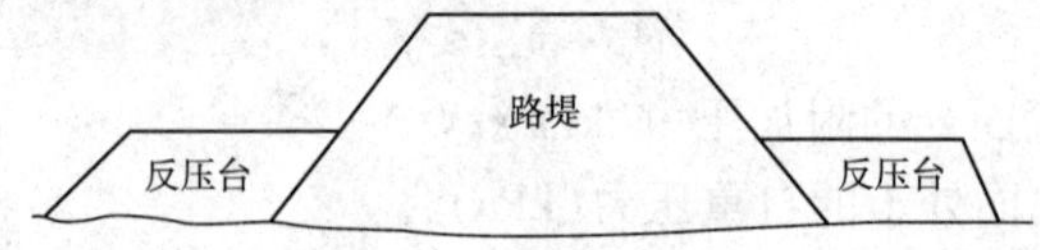

图 4.6　反压护道示意图

反压法可以就地取材，施工技术设备简易，但土方数大，占地面积多，后期沉降较大，因此，仅适用于非耕作区和取土不困难的地区。当软土层较薄且其下卧岩层面具有明显的横向坡度时，应采用两侧不同宽度的反压护道（图 4.7）；软土分布范围狭窄，路堤高度较高，且地处不毛之地时，可以用多级反压护道（图 4.8）。

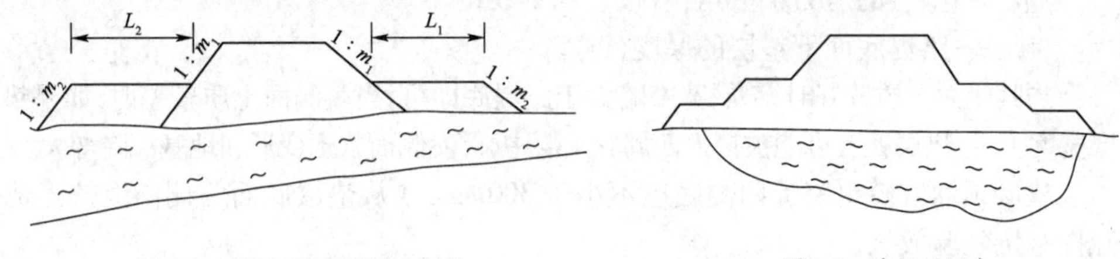

图 4.7　两侧不同宽度的反压台　　图 4.8　多级反压台

（2）反压法设计

在软土地基上填筑路堤，软土地基在起初刚受到填土（或抛石）荷载作用时，来不及固结，因此地基破坏现象多在填筑初期阶段，这是最不利的阶段。反压护道的设计就是针对这一情况来进行的，即设计时必须考虑使外加荷载在地基中产生的剪应力始终小于土的抗剪强度；对于施工速度较快，而且又没有设置透水层的工程，设计时地基土抗剪强度应采用快剪试验的结果。

反压台的设计方法目前还不完善，主要是依据控制极限平衡区发展范围的原理，由圆弧滑动法进行设计。

在采用圆弧滑动法设计时，反压护道本身必须处于稳定状态，单级反压台的高度必须低于极限高度，一般取路堤高度的 1/3 ~ 1/2 较为合适。反压护道的设计就是在采用圆弧法对整体进行稳定分析后，合理选择断面尺寸，即反压护道的高度和宽度。

4.2　排水处理方法

4.2.1　定义和分类

饱和的软弱黏性土地基，其含水率大、压缩性高、强度低，且在多种情况下埋藏较深，加之其渗透性低，固结周期长，地基承载力和稳定性往往达不到设计要求。排水固结处理法是处理软黏土地基的有效方法之一。该法先在地基中设置砂井等竖向排水体，然后利用路基本身重力分级逐渐加载，或是在修筑路堤后，继续加载预压，使土体中的孔隙水排出，逐渐固结，地基发生沉降，同时强度逐渐提高。

排水固结法通常由排水系统和加压系统两部分组成，常用的排水和加压方法如图4.9所示。设置排水系统的主要目的在于改变地基原有的排水边界条件，增加孔隙水排出的途径，缩短排水距离。排水系统由水平排水垫层和竖向排水体构成。当软土层较薄或土的渗透性较好而施工期较长时，可仅在地面铺设一定厚度的砂垫层，然后加载，土层中的水竖向流向砂垫层而排出。当遇到深厚的透水性很差的软黏土层时，可在地基中设置砂井等竖向排水体，与原地面水平排水垫相连构成排水系统。加压系统是起固结作用的荷载，其目的是使地基中的固结压力增加而产生固结。

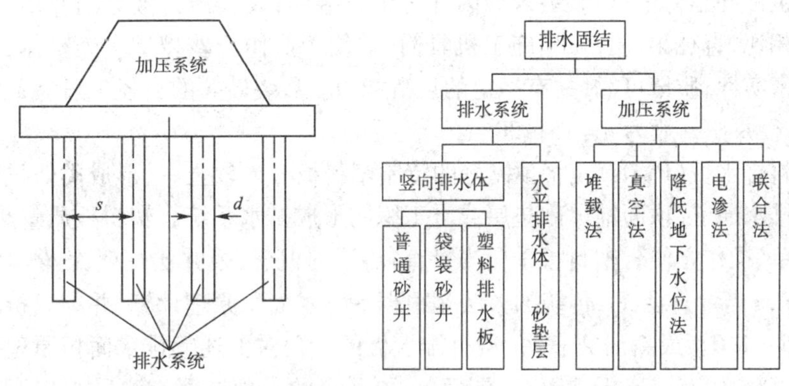

图4.9　排水固结方法体系

(1)竖向排水体

竖向排水体通常采用普通砂带、袋装砂带或塑料排水板三种井状排水结构。竖向排水井的平面布置和影响范围，见图4.10。井位的布置一般有两种形式，即等边三角形布置和矩形布置。用等面积圆表示一个砂井的处理影响范围，则竖向排水井的影响圆直径 d_e 与排水间距 s 的关系如下。

等边三角形布置：　$$d_e = \sqrt{\frac{2\sqrt{3}}{\pi}}s = 1.05s$$

矩形布置：　$$d_e = \sqrt{\frac{4}{\pi}}s = 1.13s$$

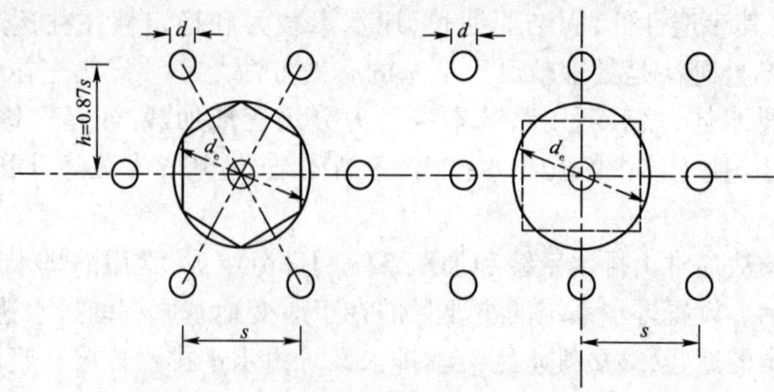

图 4.10　竖向排水井平面布置和影响范围

砂井是用钻探、沉入钢管或高压射水法在地基中形成井孔，再灌入粗、中砂。砂井系三向排水固结，在平面上以矩形或梅花形布置。普通砂井的直径一般为 $d_w = 300 \sim 500\text{mm}$，设计参数径井比 $n = \dfrac{d_e}{d_w}$，一般采用 $n = 6 \sim 8$。

袋装砂井是将中、粗砂装入聚丙烯等细长袋内，放入预先做好的井中，与普通的砂井相比，直径小、质量小、施工机具简单、便于操作。砂袋是一个整体，具有连续性和密实性，质量可靠，并有一定的抗滑能力。袋装砂井的直径一般为 $d_w = 70 \sim 100\text{mm}$，径井比一般为 $n = 15 \sim 30$。

塑料排水板（PVDs）是将预制好的特制塑料板插入软土中，形成类似袋装砂井的竖向排水通道，顶面铺以砂垫层或土工织物形成排水系统。塑料板质量小、插板机具简单、操作方便。塑料板采用当量直径 d_w 的概念，径井比一般为 $n = 15 \sim 30$。关于 PVDs 当量直径 d_w，传统的方法是根据等排水面积原理计算，并乘以折减系数 $\alpha = 0.75 \sim 1.0$。最新研究表明，塑料排水板的折角对上述等排水面积原理换算处的当量直径 d_w 有一定折减影响，更简单、更适合的一种换算方法采用如下表达式（Rixner 等，1986 年）：

$$d_e = \frac{b + \delta}{2}$$

式中：b、δ——分别为 PVDs 的宽度和厚度。

（2）水平排水体

排水砂垫层直接铺设在软土地基的地面上，使其在填土和软土之间增设一排水面，从而使地基在受到填土荷载作用下，促进地基的排水固结，提高地基的强度。另外，砂垫层亦可将砂井等竖向排水体汇积到顶端的水横向排出路基外。砂垫层的厚度薄，一般为 0.6 ~ 1.0m。为有利于排水，砂垫层应略宽于路堤基底宽度，一般在路堤坡脚外每侧伸出 1m 左右。排水砂垫层对于基底的应力分布及沉降的大小无显著影响，但因排水固结可以加速沉降，从而缩短强度增长过程。

排水固结的方法较多,在处理软土时应根据不同的地质土壤条件、软土层厚度、地下水位情况,采用几种方法同时联合加固。常用的有塑料排水板+砂垫层与堆载预压的组合,此组合适用性强,且经济效益好,目前国内使用比较广泛;再如塑料排水板+砂垫层与真空联合堆载预压的加固方法,此方法主要是排水固结效率高,时效性好,国内运用日趋广泛。

4.2.2　堆载预压

堆载预压方法是一种在高速公路施工中较广泛的软基处理方法,借助堆载使加固区形成超静孔隙水压力区,通过超静孔隙水压力的消散,有效应力的增长,达到加固地基的目的。该方法包括预压荷载和排水体两个系统,如图4.11所示。

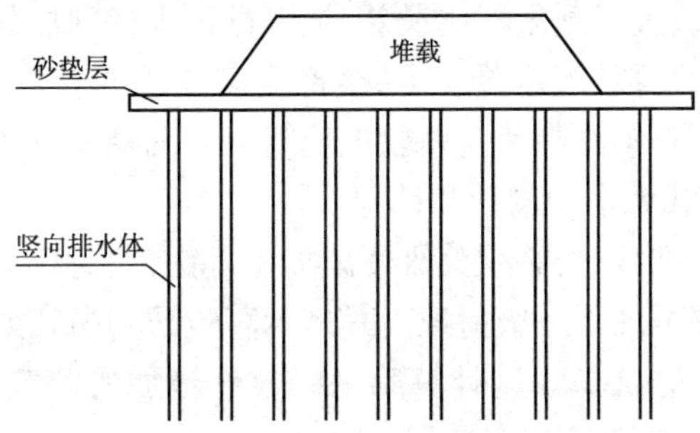

图4.11　堆载预压系统

堆载一般采用填土、砂石等散粒材料。软基堆载预压处理,以路堤本身的重量分级逐渐加载,直至设计高程。根据预压荷载的大小,预压法分为欠载预压、等载预压和超载预压。

欠载预压是指预压荷载小于路基的使用荷载,而等载预压指预压荷载与路基的使用荷载相等。在这两种堆载方式下,地基不能达到最终沉降量,必然存在工后沉降,沉降的大小与预压时间有关,预压时间越长,工后沉降就越小。所以在欠载或等载预压的设计中,要确定一个合理的允许工后沉降值,按工后沉降值来指导荷载的预压时间。

超载预压是指预压荷载大于拟建构筑物的荷载。理论上,超载预压可以完全消除工后沉降,但由于卸载后土层会产生回弹,所以适当延长预压时间是必要的。超载量越大,预压时间就越短,但这也会使预压的成本增大。

(1)基本原理

在堆载预压时,地基土由于荷载作用而产生的附加应力开始由孔隙水压力所承担,而有效应力不变。经过较长时间的预压,使软土中的超静孔隙水压力逐渐消散,土体有效应力逐渐增加,土中孔隙体积减小,密实度加大,土体强度得到提高,地基承载力也得到提高,以达到减少软土地基工后沉降的目的。土层的固结过程是超静孔隙水压力消散和有效应力增加的过程,实质上是通过增加总应力 $\Delta\sigma$ 并

使孔隙水压力 $\Delta\mu$ 消散而增加有效应力 $\Delta\sigma'$。

地基土的排水固结效果与排水边界有关。根据固结理论，达到同一固结度所需的时间与排水距离的平方成正比。软黏土层越厚，一维固结所需的时间越长，因而需要插设垂直排水体以缩短排水固结时间；为了达到加固效果，需要较大的堆载，但如一次施加会超出软基的强度，可能导致地基失稳，因而堆载速度不能太快，预压时间亦较长[26]。

超载预压可以加速主固结沉降和消除部分次固结沉降，对于减小工后沉降效果显著，能够比较彻底地解决沉降问题，满足工后沉降要求；超载预压方案适用于工期短、软土层厚度大且性质较差、路基高度不大的情况；但应注意超载过程初期的稳定安全性与等载、欠载预压相比最差，施工过程应特别加强现场监控。如采用等载预压，在预压期后再补填沉降土方，会产生第二轮的较大沉降，费工费时。在实践中采用超载预压是解决高速公路软土地基工后沉降最有效的方法之一。

(2)堆载预压荷载大小的设计和计算

在软基进行预压堆载时，必须分级逐渐加荷，待前期荷载下地基强度增加到足以加下一级荷载时方可加下一级荷载。具体计算步骤和内容如下：

①利用地基的天然抗剪强度计算第一级容许施加的荷载 P_1。对长条梯形填土，可根据 Felleniu[27] 公式计算：

$$P_1 = 5.52c_u/K \tag{4.1}$$

式中：c_u——天然地基不排水抗剪强度(kPa)，可由无侧限、三轴不排水剪试验或原位土剪切试验确定；

K——安全系数，一般可采用 1.1 ~ 1.5。

②计算第一级荷载下地基强度增长值。

在 P_1 荷载作用下，经过一段时间预压后地基强度会提高，提高后的地基抗剪强度可按如下公式计算：

$$\tau = \eta(\tau_{fo} + \Delta\tau_{fc})$$

式中：τ_{fo}——地基中某点在加荷载之前的天然抗剪强度(kPa)，用十字板或无侧限抗压强度试验，三轴不排水剪切试验测定；

$\Delta\tau_{fc}$——由于固结而增长的抗剪强度增量(kPa)；

η——考虑剪切蠕变及其他因素对强度影响的折减系数，设计中一般采用 0.75 ~ 0.90，剪切力越大，η 取较小值，反之取较高值。

③计算 P_1 作用下达到所定固结度所需要的时间。

达到某一固结度所需要的时间可根据固结度与时间关系按固结公式求得。其计算目的，在于确定第一级荷载停歇的时间，亦即第二级荷载开始施加的时间。

④根据第二步所得的地基强度，代入式(4.1)计算第二级所能施加的荷载 P_2。

同样求出在 P_2 作用下地基固结度达到某一假定值时的土的强度，以及所需的时间，然后再计算第二级所能施加的荷载。依次可计算出以后各级荷载和停歇时间，这样就可初步确定加荷计划。

⑤对按以上步骤确定的加荷计划进行每一级荷载下地基的稳定性验算，如稳定性不满足要求，则应调整加荷计划。

⑥计算预压荷载下地基的最终沉降量和预压期间的沉降量，确定预压荷载卸除的时间，这时地基在预压荷载下所完成的沉降量已达设计要求，所剩留的沉降是路基所允许的沉降。

(3)优缺点

堆载预压排水固结方法单价低，施工机器简单，操作工艺容易，效果良好，已成为公路软土地基深层处理的常用方法。但在施工工期方面存在明显不足，填筑路堤仍需要较长的时间(12～18个月)，明显制约整个工程的进度，严重影响投资者的经济效益。另外，在填筑过程中一直存在稳定性、不均匀沉降等问题。

4.2.3 真空堆载预压

(1)加固机理

真空堆载预压结合了真空预压和堆载预压两种软基排水固结处理的措施，通过真空压力(负压)和堆载(正压)使土体中的孔隙水压力产生不平衡的水压力，孔隙水在这种不平衡力的作用下通过竖向排水体逐渐排出，从而使土体产生固结变形[28]。其具体做法为：先按照真空预压的工艺要求，铺膜、埋管、挖沟，然后进行抽气；当膜下真空度稳定后，即可按堆载预压的工艺要求在薄膜上堆载。为了防止薄膜损坏，需在薄膜上采取有效的防护措施。

堆载预压和真空预压的共同之处在于均使土体内的孔隙水压力大于塑料排水板(竖向排水体)中的孔隙水压力，使塑料排水板内外形成水力梯度，促使孔隙水排出，达到加固的目的，这是真空、堆载预压能够联合形成的基础。真空是负压，堆载是正压，土体在正负压的作用下，只是初始条件和边界条件不同，应力转换过程完全相同，都是通过将土体中的孔隙水排出，使土体固结，强度增长，沉降消除，故二者的效果可以叠加。真空堆载预压处治方案如图4.12所示。

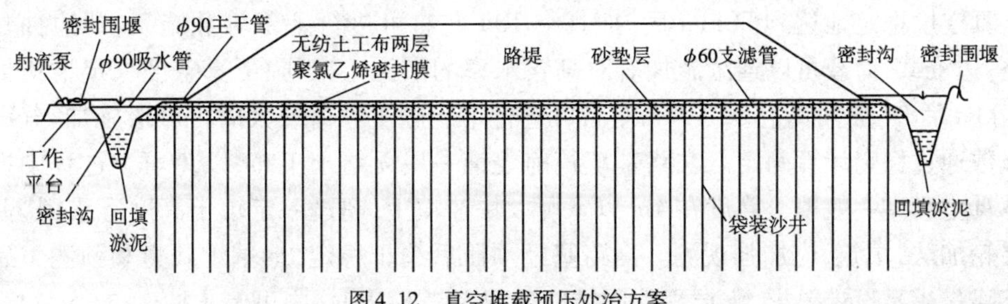

图4.12 真空堆载预压处治方案

(2)加固设计

①设计前准备工作。在设计前应收集场地的工程地质和水文地质条件,尤其查明是否存在强的透水漏气的砂层,以及场地的地表水发育条件,这些决定了真空预压法是否适用以及垂直排水通道打设深度、是否需要采取附加的密封措施。通过钻探、原位测试和室内土工试验等方法测定土的水平向和垂直向的渗透数、固结系数、孔隙比与固结压力的关系、不排水和固结不排水抗剪强度及原位十字板强度等。

②密封系统的设计,包括密封膜的选择、压膜沟、补漏措施要求。如地基浅表层存在砂夹层等强漏气层,还应进行密封墙等防漏措施的设计。密封膜采用专用聚氯乙烯薄膜,具有抗老化、抗穿刺能力强且韧性好等特点,密封薄膜热合黏结时宜用两条膜的热合黏结缝平搭接,搭接宽度应大于15cm。密封措施采用挖深沟埋膜处理,即在加固区四周开挖深2~3m的沟槽,铺上塑料薄膜,填入1m深的淤泥,再将密封膜周边埋入沟中,用黏性土回填沟槽。当加固区表层为透气性大的土层时,密封沟的深度应大于表层土的厚度而到达下部透气性小的软土层。当加固区有较厚的、有充足水源补给的透水层时,应采用封闭式截水墙(如深层搅拌桩、粉喷桩、黏土墙、塑料墙)形成防水帷幕等方法来隔断透气透水层。

③真空系统的设计,包括射流泵的类型选择、数量和开泵量计划,以及膜下真空度要求。真空预压的抽空设备宜真空度高、设备轻便、易于操作,空抽时必须达到95kPa以上的真空吸力。真空泵的数量应根据加固面积确定,其布置据国内研究成果,一台7.5kW的真空泵能处理1 000~1 500m^2面积的软基,一般按950~1 000m^2面积布置一台真空泵,每个加固场地至少应设两台射流泵。膜下真空度应稳定地维持在600mmHg(相当于80kPa以上的等效压力,即4.0m以上的填土荷载)以上,真空预压需要达到的固结度宜大于80%,具体视工程加固要求而定。当所需预压荷载大于80kPa时,应在真空顶压抽真空的同时再施加定量的堆载。

④真空预压与堆载预压的联合设计,包括填筑起始时机的确定、填筑计划、联合预压时间的确定、停抽真空的标准,以及护膜装置的设计。对一般软黏土,当膜下真空度稳定地达到80kPa后,抽真空10d左右可进行上部堆载施工,即边抽真空,边堆载,荷载可以连续施加。对高含水率的淤泥土,当膜下真空度稳定地达到80kPa后,一般抽真空20~30d左右可进行堆载施工。荷载大时可分级施加,分级级数通过稳定计算确定。在路基填筑前先铺一层无纺土工布,以免填土过程中损坏真空膜。一般填土高度在4m以下可以快速填土,超过一定填土高度宜采用"薄层轮加法"填筑,应加强观测。当路基经预压后趋于稳定,地基承载力和预测工后沉降量满足设计要求,土层平均固结度达到80%以上时,方可停止抽真空。

(3)优缺点

真空堆载预压结合了真空预压和堆载预压两种软基排水固结处理的措施,优势互补,该方法明显加速了软基排水固结的速度,是一种实用、经济、适应性广的大面积软基处理的有效方法,在高速公路软土地基加固处理中具有广阔的应用前景。但在使用过程中,真空度的稳定控制不易实现。

4.3 复合地基处理方法

4.3.1 定义和分类

复合地基是指天然地基在地基处理过程中部分土体得到增强,或被置换,或在天然地基中设置加筋材料,加固区是由基体(天然地基土体或被改良的天然地基土体)和增强体两部分组成的人工地基。在荷载作用下,基体和增强体共同承担荷载的作用。

根据复合地基荷载传递机理将复合地基分成竖向增强体复合地基和水平向增强复合地基两类,又把竖向增强体复合地基分成散体材料桩复合地基、柔性桩复合地基和刚性桩复合地基三种。

但不论何种复合地基,都具有以下一种或多种作用[29]:

(1)桩体作用

复合地基中桩体的刚度比周围土体大,在等量变形时,地基中应力按材料的模量进行分配。因此,桩体上产生应力集中现象,大部分荷载将由桩体承担,桩间土上应力相应较小。这样就使得复合地基承载力比原地基有所提高,沉降量也有所减少,随着桩体刚度的增加,桩体作用发挥得更为明显。

(2)垫层作用

桩与桩间土复合形成的复合地基,在加固深度范围内形成复合层,可起到类似垫层的换土、均匀地基应力和增大应力扩散角等作用。在桩体没有贯穿整个软弱土层的地基中,垫层的作用尤其明显。

(3)挤密作用

对砂桩、砂石桩、土桩、灰土桩、二灰桩和石灰桩等,在施工过程中由于振动、沉管挤密或振冲挤密、排土等原因,可使桩间土起到一定的密实作用。

(4)加速固结作用

除砂(砂石)桩、碎石桩等桩本身具有良好的透水特性外,水泥土类桩和混凝土类桩在某种程度上也可加速地基固结。因为地基固结不但与地基土的排水性能有关,而且还与地基土的变形特性有关。从土的固结系数 C_v 的计算式[$C_v = k(1+e_0)/\gamma_u a_v$]中反映出来,虽然水泥土类桩会降低土的渗透系数 k,但它同样会减小地基土的压缩系数 a_v，而且通常后者的减小幅度比前者大。因此，加固后水泥土的固结系数 C_v 大于加固前原地基土的固结系数，同样可起到加速固结的作用。国外 Proms 和 Boman 等人对石灰系深层搅拌桩的工程实例进行的分析研究，证明了这种现象。因此，增大桩与桩间土的模量比对加速地基固结是有利的。

(5)加筋作用

复合地基除了可提高地基的承载力外，还可用来提高土体的抗剪强度。

4.3.2 水泥搅拌桩复合地基

水泥土搅拌法是利用水泥（或水泥石灰拌和物）等材料作为固化剂，通过特制的搅拌机械，在地基深处就地将软土和固化剂（浆液或粉体）强制搅拌，固化剂与软土间产生一系列物理化学反应，使软土硬结成具有整体性、水稳定性和一定强度的水泥加固土，从而提高地基强度和增大变形模量[30]。

水泥土搅拌法分为深层搅拌法（以下简称湿法）和粉体喷射搅拌法（以下简称干法）。水泥土搅拌法适用于处理正常固结的淤泥与淤泥质土、粉土、饱和黄土、素填土、黏性土以及无流动地下水的饱和松散沙土等地基。当地基土的天然含水率小于30%（黄土的含水率小于25%）、大于70%或地下水的 pH 值小于4时不宜采用干法。冬季施工时，应注意负温对处理效果的影响。湿法的加固深度不宜大于20m；干法不宜大于15m。水泥土搅拌桩的桩径不应小于500mm。

水泥加固土的室内试验表明，有些土的加固效果较好，而有的不够理想。一般认为含有高龄石、多水高龄石、蒙脱石等黏土矿物的软土加固效果较好，而含有伊利石、氯化物和水铝英石等矿物的黏性土以及有机质含量高、酸碱度（pH 值）较低的黏性土的加固效果较差。

(1)加固机理

水泥加固土的物理化学反应过程与混凝土的硬化机理不同，混凝土的硬化主要是在粗填充料（比表面不大、活性很弱的介质）中进行，但水泥加固土的水解和水化反应完全是在具有一定活性的土的围绕下进行，所以强度增长过程比混凝土缓慢。

①水泥的水解和水化反应

普通硅酸盐水泥主要由氧化钙、二氧化硅、三氧化二铝、三氧化二铁及三氧化硫等组成，由这些不同的氧化物分别组成了不同的水泥矿物：硅酸三钙、硅酸二钙、铝酸三钙、铁铝酸四钙、硫酸钙等。用水泥加固软土时，水泥颗粒表面的矿物很快与软土中的水发生水解和水化反应，生成氢氧化钙、含水硅酸钙、含水铝酸钙及含水铁酸钙等化合物。所生成的氢氧化钙、含水硅酸钙能迅速溶于水中，使水泥颗粒表面重新暴露出来，再与水发生反应，这样周围的水溶液就逐渐达到饱和。当溶液达到饱和后,水分子虽继续深入颗粒内部,但新生成物已不能再溶解,只能以细分散状态的胶体析出,悬浮于溶液中,形成胶体。

②土颗粒与水泥水化物的作用

当水泥的各种水化物生成后,有的自身继续硬化,形成水泥石骨架;有的则与其周围具有一定活性的黏土颗粒发生反应。

a. 离子交换和团粒化作用。黏土和水结合时就表现出一种胶体特征,如土中含量最多的二氧化硅遇水后,形成硅酸胶体微粒,其表面带的阳离子 Na^+ 或 K^+ 能和水泥水化生成的氢氧化钙中的钙离子进行当量吸附交换,使较小的土颗粒形成较大的土团粒,从而使土体强度提高。

水泥水化生成的凝胶粒子的比表面积约比原水泥颗粒大1 000倍,因而产生很大的表面能,有强烈的吸附活性,能使较大的土团粒进一步结合起来,形成水泥土的团粒结构,并封闭各土团的空隙,形成坚固的连接,从宏观上看也就使水泥土的强度大大提高。

b. 硬凝反应。随着水泥水化反应的深入,溶液中析出大量的钙离子,当其数量超过离子交换的需要量后,在碱性环境中,能使组成黏土矿物的二氧化硅及三氧化二铝的一部分或大部分与钙离子进行化学反应,逐渐生成不溶于水的稳定结晶化合物,增大了水泥土的强度。

③碳酸化作用

水泥水化物中游离的氢氧化钙能吸收水中和空气中的二氧化碳,发生碳酸化反应,生成不溶于水的碳酸钙,这种反应也能使水泥土增加强度,但增长的速度较慢,幅度也较小。

从水泥土的加固机理分析,由于搅拌机械的切削搅拌作用,实际上不可避免地会留下一些未被粉碎的大小土团。在拌入水泥后将出现水泥浆包裹土团的现象,而土团间的大孔隙基本上已被水泥颗粒填满。所以,加固后的水泥土中形成一些水泥较多的微区,而在大小土团内部则没有水泥。只有经过较长的时间,土团内的土颗粒在水泥水解产物渗透作用下,才逐渐改变其性质。因此在水泥土中不可避免地会产生强度较大和水稳性较好的水泥石区和强度较低的土块区。两者在空间相互交替,从而形成一种独特的水泥土结构。可见,搅拌越充分,土块被粉碎得越小,水泥分布到土中越均匀,则水泥土结构强度的离散性越小,其宏观的总体强度也最高。

(2)设计计算

①单桩竖向承载力的设计计算

单桩竖向承载力特征值应通过现场载荷试验确定。初步设计时也可按式(4.2)估算,并应同时满足式(4.3)的要求,应使由桩身材料强度确定的单桩承载

力大于(或等于)由桩周土和桩端土的抗力所提供的单桩承载力:

$$R_a = u_p \sum_{i=1}^{n} q_{si} l_i + \alpha q_p A_p \tag{4.2}$$

$$R_a = \eta f_{cu} A_p \tag{4.3}$$

式中:f_{cu}——与搅拌桩桩身水泥土配比相同的室内加固土试块(边长为70.7mm的立方体,也可采用边长为50mm的立方体)在标准养护条件下90d龄期的立方体抗压强度平均值(kPa);

η——桩身强度折减系数,干法可取0.20~0.30,湿法可取0.25~0.33;

u_p——桩的周长(m);

n——桩长范围内所划分的土层数;

q_{si}——桩周第i层土的侧阻力特征值,对淤泥可取4~7kPa;对淤泥质土可取6~12kPa;对软塑状态的黏性土可取10~15kPa;对可塑状态的黏性土可以取12~18kPa;

l_i——桩长范围内第i层土的厚度(m);

q_p——桩端地基土未经修正的承载力特征值(kPa),可按现行国家标准《建筑地基基础设计规范》(GB 50007—2002)的有关规定确定;

α——桩端天然地基土的承载力折减系数,可取0.4~0.6,承载力高时取低值。

采用式(4.2)时,桩长超过有效桩长时,Σl_i应取有效桩长部分。对端阻力应折减或小计,否则由式(4.3)确定的承载力偏高,偏于不安全。

②复合地基承载力设计计算

加固后搅拌桩复合地基承载力特征值应通过现场复合地基载荷试验确定,也可按下式计算:

$$f_{spk} = m\frac{R_a}{A_p} + \beta(1-m)f_{sk}$$

$$f_{spk} = mf_{pk} + \beta(1-m)f_{sk}$$

式中:f_{spk}——复合地基承载力特征值(kPa);

m——面积置换率;

R_a——单桩竖向承载力特征值(kN);

A_p——桩的截面积(m^2);

f_{sk}——处理后桩间土承载力特征值(kPa),宜按地区经验取值,如无经验时可取天然地基承载力特征值;

β——桩间土承载力折减系数,宜按地区经验取值,如无经验时可取0.75~0.95,天然地基承载力较高时取大值。

竖向承载搅拌桩复合地基应在基础和桩之间设置褥垫层。褥垫层厚度可取

200～300mm。其材料可选用中砂、粗砂、级配砂石等，最大粒径不宜大于20mm。

当搅拌桩处理范围以下存在软弱下卧层时，应按现行国家标准《建筑地基基础设计规范》(GB 50007—2002)的有关规定进行下卧层承载力验算。

③沉降验算

竖向承载搅拌桩复合地基的变形包括搅拌桩复合土层(加固区)的平均压缩变形 S_1 与桩端下未加固土层的压缩变形 S_2。

搅拌桩复合土层的压缩变形 S_1 可按下面几种方法计算：

a.按复合模量计算变形。将复合地基加固区中增强体和土体视为一个统一的整体，采用复合模量来评价其压缩性，用分层总和法计算其压缩量。

复合模量表征土体抵抗变形的能力，数值上等于某一应力水平时复合地基应力与复合地基相对变形之比。通常复合模量可用桩抵抗变形能力与桩间土抵抗变形能力的叠加表示。计算公式为：

$$E_{sp} = mE_p + (1 - m)E_s \tag{4.4}$$

式中：E_p——桩体压缩模量，可取(100～120)f_{cu}，对桩较短或桩身强度较低者可取低值，反之取高值；

E_s——桩间土压缩模量；

E_{sp}——搅拌桩复合土层的压缩模量。

需要指出的是，式(4.4)是在某些特定的理想条件下导出的，其条件为：复合地基上的基础半无限大，且基础绝对刚性；桩端落在坚硬的土层上，桩没有向下的刺入变形；桩长是有限的。

则，加固区地基沉降 S_1 可由下式计算：

$$S_1 = \frac{(p_z + p_{zl})l}{2E_{sp}}$$

式中：p_z——搅拌桩复合土层顶面的附加压力值(kPa)；

p_{zl}——搅拌桩复合土层底面的附加压力值(kPa)。

总的来说，加固区压缩量不是很大，特别是深厚软土中其占复合地基总沉降的比例较少。桩端以下未加固土层的压缩变形 S_2 可按现行国家标准《建筑地基基础设计规范》(GB 50007—2002)的有关规定进行计算。下卧层上的附加应力计算方法有压力扩散法、等效实体法、改进的 Geddes 法等。

b.按桩间土应力计算变形。该方法是考虑复合地基一般置换率较低，近似地忽略桩的存在，而根据桩间土实际分担的荷载，求出附加应力，按照桩间土的压缩模量来计算复合土层压缩变形。在置换率较高的情况下该法忽略桩的存在往往使计算值大于实际压缩量。

c.按桩身压缩量计算变形。设桩刺入垫层的深度为 Δl_1，刺入下卧层的深度为

Δl_2，桩身的压缩量为 S_p，则加固区变形量 $S_1 = \Delta l_1 + \Delta l_2 + S_p$。该法 S_p 的计算需知道桩侧摩阻力的变化，然后沿桩长积分，但实际上很难确切地知道桩侧摩阻力的分布情况。Δl_1、Δl_2 也很难计算，有资料运用“压力 = 刚度系数 × 变形系数”的方法来考虑。

(3)施工工艺

水泥土搅拌法施工现场事先应予以平整，必须清除地上和地下的障碍物。遇有池塘及洼地时应抽水和清淤，回填黏性土料并予以压实，不得回填杂填土或生活垃圾。

水泥土搅拌桩施工前应根据设计进行工艺性试桩，数量不得少于 2 根。当桩周为成层时，应对相对软弱土层增加搅拌次数或增加水泥掺量。

搅拌头翼片的枚数、宽度与搅拌轴的垂直夹角、搅拌头的回转数、提升速度应相互匹配，以确保加固深度范围内土体的任何一点均经过 20 次以上的搅拌。

竖向承载搅拌桩施工时，停浆(灰)面应高于桩顶设计高程 300 ~ 500mm，在开挖基坑时，应将搅拌桩顶端施工质量较差的桩段用人工挖除。

施工中应保持搅拌桩机底盘的水平和导向架的竖直，搅拌桩的垂直偏差不得超过 1%；桩位的偏差不得大于 50mm；成桩直径和桩长不得小于设计值。

水泥土搅拌法施工步骤由于湿法和干法的施工设备不同而略有差异。其主要步骤应为：搅拌机械就位、调平→预搅下沉至设计加固深度→边喷浆(粉)、边搅拌提升直至预定的停浆(灰)面→重复搅拌下沉至设计加固深度→根据设计要求，喷浆(粉)或仅搅拌提升直至预定的停浆(灰)面；→关闭搅拌机械。在预(复)搅下沉时，也可采用喷浆(粉)的施工工艺，但必须确保全桩长上下至少再重复搅拌一次。

4.3.3 碎石桩复合地基

碎石桩是以碎石(卵石)为主要材料制成的复合地基加固桩。碎石桩和砂桩在国外统称为散体桩或粗颗粒土桩(granular pile)。所谓散体桩是指无黏结强度的桩，由碎石桩或砂桩等散体桩和桩间土组成的复合地基亦可称为散体桩复合地基。目前在国内外广泛应用的碎石桩、砂桩、渣土桩等复合地基都是散体桩复合地基。

(1)碎石桩的分类

根据施工工艺不同，碎石桩主要可分为以下几类。

①振冲碎石桩

振冲碎石桩是指利用振冲器成孔和制作的桩。振冲器构造如图 4.13 所示，它是以起重机吊起振冲器，起动潜水电动机后，带动偏心体，使振冲器产生高频振动，同时开动水泵，使高压水通过喷嘴喷射高压水流；在边振动边水冲的综合作用下，将振冲器沉到土中的设计预定深度；经过清孔后，就可从地面向孔中逐段填入碎石，每段填料均在振动作用下逐渐振挤密实，达到所要求的密实度后提升振冲器；如此重复填料和振密，直到设计预定的桩顶或至地面，从而在地基中形成一根大直径的很密实的碎石桩体。

振冲器有两个功能，一是产生几十到几百千牛的水平振动力作用于周围土体，二是从端部及侧面进行高压射水。振动力是加固地基的主要因素。射水协助振动力在土中钻进成孔，并在成孔后实现清孔和护壁。

②干振碎石桩

干振碎石桩技术是对振冲碎石桩的改进，即以无射水干振的“振孔器”取代振动加水冲的“振冲器”造孔和制桩。利用“振孔器”的水平振动力和自重成孔、挤密碎石而成干振碎石桩，从而避免泥水污染环境及非饱和土遭水浸的缺点。干振法的“振孔器”构造如图4.14所示。

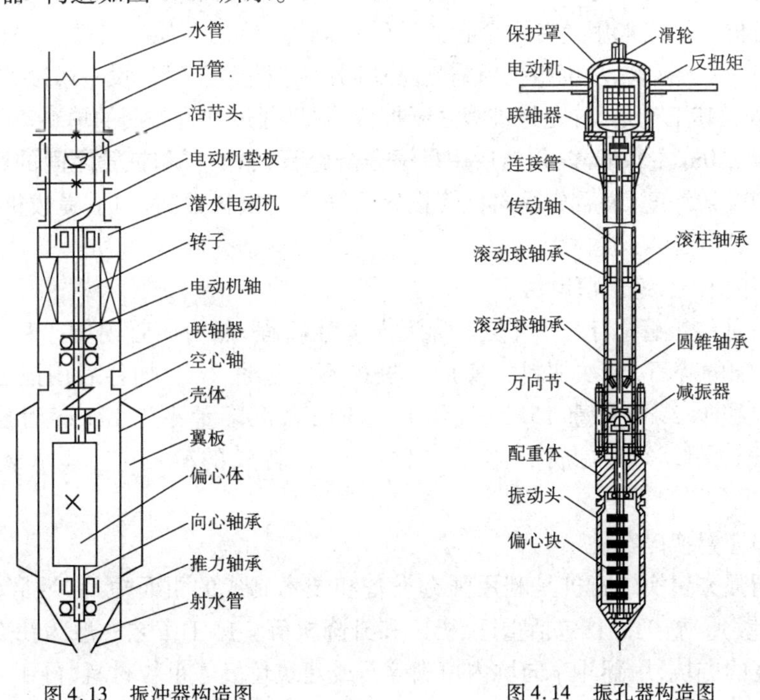

图4.13　振冲器构造图　　　图4.14　振孔器构造图

③沉管碎石桩

沉管碎石桩包括振挤碎石桩（振动沉管法）、锤击碎石桩（干冲碎石桩或内击沉管法）、心管干振碎石桩（心管密实法）和管内取土、锤击填料法等。

a. 振挤碎石桩（振动沉管法）

振挤碎石桩也称振动沉管碎石桩，以振动沉管打桩机为主要机具，是模仿挤密砂桩工艺制造的碎石桩。该法一般采用管内填料，拔管时可采用匀速拔管法，拔管速度一般不宜大于1.5m/min，在易缩孔的地层，拔管速度可适当放慢。另外，为避免缩顶、断桩，应适当扩大桩径，可采用反插法。反插是指在拔管时拔高0.5~1.0m，再将桩管沉入0.5~1.0m，再拔1.0~2.0m，再沉管0.5~1.0m。对于已经将桩管拔出地面，而填料少于设计值的可以复打。复打是指将桩管重新沉入、投料、边振边拔管。

振挤碎石桩适应于松散的黏性土和砂性土。对于黏粒含量大的饱和软黏土，采用振挤碎石桩时，其桩间土的振密和挤密效应小，桩间土对碎石桩的侧向约束作用小，所以桩在垂直荷载作用下变形大。在此情况下，采用振挤碎石桩，加固效果不理想[30]。

b. 锤击碎石桩（内击沉管法）

锤击碎石桩又称为干冲碎石桩，是采用重锤内击沉管和分层击实填料工艺制成的碎石桩。该法采用具有两个卷扬机（主、副各一）的简易打桩架。一根管径为300~400mm的钢管，长度根据所需地基加固深度来确定，管内设一吊锤，其重力为10~12kN。其工艺是，首先将桩管立于桩位，并且通过桩管侧面的填料口从地面向桩管内填1.0m左右的碎石，然后用吊锤夯击碎石，靠碎石和桩管之间的摩擦力将桩管带到设计深度，最后分段向桩管投碎石和夯实填料，同时向上提拔桩管，直至拔出地面，即成碎石桩。

c. 管内取土，锤击填料法

该法是将桩管立于桩位，使桩管沉入设计高程，然后向管内倒入粒径为2~75mm级配的碎石，每次加料夯实后的桩段不宜超过2m。加料后用锤击填料并将桩管上拔1.25m，锤重15kN，连续夯击10击，沉降量小于17mm为控制贯入度。实践证明，该法制成的碎石桩比振冲法制成的碎石桩，其承载力可提高70%。

④强夯置换碎石桩

所谓强夯置换碎石桩是利用强夯设备和技术制成的粗而短的"矮胖形"碎石桩（碎石墩）。施工机具包括重锤、机架和升降机等。施工工艺一般为在夯点夯击一定深度的夯坑，用翻斗车向坑内填满碎石或建筑垃圾等粗粒材料，再在原夯点夯击，将碎石击入坑底并挤向旁侧，形成新的夯坑，然后重复上述步骤，直到单击夯沉量达到设计要求为止，在地基中形成一碎石桩墩，该桩墩与桩间土共同工作形成复合地基。其施工工艺如图4.15所示。特殊情况下，也可采用先挖坑再填夯的工艺。该方法可以在软土中应用，这时，承载力提高的幅度较大。

⑤水泥粉煤灰碎石桩（CFG桩）

这种工艺是通过在碎石桩体中添加以水泥为主的胶结材料（添加粉煤灰是为

了增加混合料的和易性并有低强度等级水泥的作用，同时还添加适量的石膏以改善级配），使桩体获得胶结强度。所用机具和施工工艺与振挤碎石桩大体相同，但也可采用锤击碎石桩的机具和工艺制桩，近年来还有用长螺旋成桩机具和工艺的工程实例。

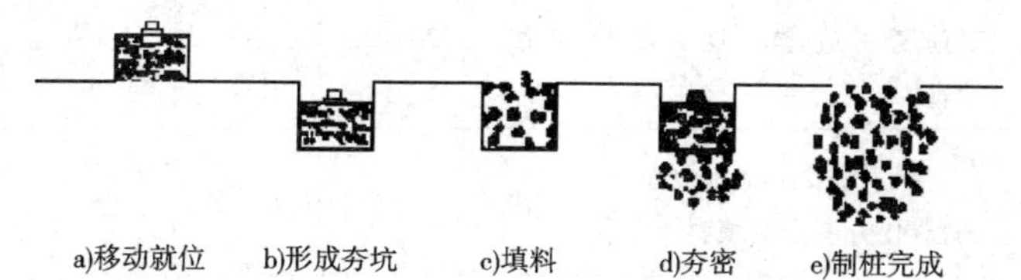

图4.15　强夯碎石桩制桩工艺

⑥射水成孔袋装碎石桩

射水成孔袋装碎石桩是指采用高压射水成孔，然后向孔中置入袋装碎石而制成的桩。该法避免了碎石桩在软土中由于侧向约束小，而在垂直荷载作用下变形大的特点，因此，袋装碎石桩复合地基比一般碎石桩复合地基承载力高。各类碎石桩（无论是干法还是湿法碎石桩）的主要特性及应用范围见表4.2；各类碎石桩主要特性对比见表4.3；按施工方法，碎石桩的分类见表4.4。

碎石桩主要特性及应用条件　　表4.2

项　　目	内　　容
工艺特点	以振动或沉管方式挤土造孔，分层添加桩料并振实或击实成桩
加固机理	(1)置换（对各种土） (2)挤密（对砂土、粉土、黄土和粗粒填土明显，对黏性土和淤泥质土等亦存在） (3)促进排水固结（对黏性土和软土，但桩料中添加了胶结剂者除外）
工程应用	(1)软弱地基加固（提高地基的承载力和变形模量），多层建筑最适用，高层建筑可在一定条件下适用 (2)堤坝边坡加固（提高其抗剪强度和抗滑稳定性） (3)消除可液化土的液化性（通过挤密） (4)消除湿陷性黄土的湿陷性
适用地层	砂土、粉土、黏性土、淤泥质土、有机质土、填土、黄土均适用；厚层淤泥中慎用（需采取特殊措施），因其围限力过低而难以成桩，且强度时效不利
主要优点	造价较低，进度较快，加固效果较好，适用范围较广，桩型较多，便于设计

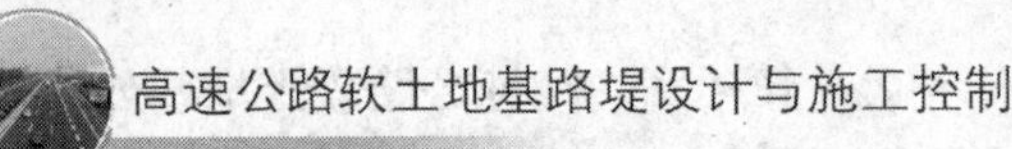

各类碎石桩主要特性对比表　　表 4.3

<table>
<tr><th colspan="2">名　称</th><th>设备工艺</th><th>制桩功效</th><th>可达桩长(m)</th><th>可达桩径(m)</th><th>侧向挤密能力</th><th>垂直加密能力</th><th>环境影响</th></tr>
<tr><td colspan="2">振冲(湿法)碎石桩</td><td>以专用振冲器水平振动加水冲造孔,分层振实填料</td><td>较快</td><td>20 ~ 25</td><td>0.6 ~ 1.2</td><td>强</td><td>较强</td><td>有泥水环境污染</td></tr>
<tr><td rowspan="4">干法碎石桩</td><td>干振碎石桩</td><td>以专用振冲器水平振动造孔分层振实填料</td><td>较快</td><td>≤6</td><td>0.4 ~ 0.7</td><td>强</td><td>中等</td><td rowspan="4">无泥水环境污染</td></tr>
<tr><td>锤击碎石桩</td><td>重锤内集沉管分层振实填料</td><td>中等</td><td>12 ~ 15</td><td>0.4 ~ 0.7</td><td>较强</td><td>强</td></tr>
<tr><td>振挤碎石桩</td><td>利用振动打桩机垂直振动造孔,分层振实填料</td><td>较快</td><td>19 ~ 28</td><td>0.4 ~ 0.6</td><td>中等</td><td>中等</td></tr>
<tr><td>水泥粉煤灰碎石桩(CF 桩)</td><td>同振挤碎石桩(亦可防锤击碎石桩)</td><td></td><td>19 ~ 28</td><td></td><td></td><td></td></tr>
</table>

碎石桩施工方法分类　　表 4.4

<table>
<tr><th>分类</th><th>施工方法</th><th>成桩工艺</th><th>适用土类</th></tr>
<tr><td rowspan="3">挤密法</td><td>振冲挤密法</td><td>采用振冲器振动水冲成孔,再振动密实填料成桩,并挤密桩间土</td><td rowspan="3">砂性土、非饱和黏性土,以炉灰、炉渣、建筑垃圾为主的杂填土,松散的素填土</td></tr>
<tr><td>沉管法</td><td>采用沉管成孔,振动或锤击密实填料成桩,并挤密桩间土</td></tr>
<tr><td>干振法</td><td>采用振孔器成孔,再用振孔器振动密实填料成桩,并挤密桩间土</td></tr>
<tr><td rowspan="2">置换法</td><td>振冲置换法</td><td>采用振冲器振动水冲成孔,锤击填料成桩</td><td rowspan="8">饱和黏性土</td></tr>
<tr><td>钻孔锤击法</td><td>采用沉管且钻孔取土方法成孔,锤击填料成桩</td></tr>
<tr><td rowspan="2">排土法</td><td>振动气冲法</td><td>采用压缩气体成孔,振动密实填料成桩</td></tr>
<tr><td>沉管法</td><td>采用沉管成孔,振动或锤击填料成桩</td></tr>
<tr><td rowspan="4">其他方法</td><td>强夯置换法</td><td>采用重锤夯击成孔和重锤夯击填料成桩</td></tr>
<tr><td>水泥碎石桩法</td><td>在碎石内加水泥和膨润土制成桩体</td></tr>
<tr><td>裙围碎石桩法</td><td>在群桩周围设置刚性的(混凝土)裙围来约束桩体的侧向膨胀</td></tr>
<tr><td>袋装碎石桩法</td><td>将碎石装入土工聚合物袋而制成桩体,土工聚合物可约束桩体的侧向鼓胀</td></tr>
</table>

(2)设计计算

①承载力设计计算

复合地基承载力标准值应按现场复合地基载荷试验确定,也可用单桩和桩间土的载荷试验按下式确定:

$$f_{spk} = mf_{pk} + (1 - m)f_{sk}$$

式中:f_{spk}——复合地基的承载力特征值;

f_{pk}——桩体承载力特征值;

f_{sk}——处理后桩间土的承载力特征值,宜按当地经验选取,如无经验时,可取天然地基承载力特征值;

m——面积置换率,$m = \frac{d^2}{d_e^2}$;

d——桩的直径;

d_e——等效影响圆的直径,对等边三角形布置,$d_e = 1.05s$,对正方形布置,$d_e = 1.13s$;对矩形布置,$d_e = 1.13\sqrt{s_1 s_2}$;

s、s_1、s_2——分别为桩间距、纵向间距和横向间距。

如无现场荷载试验资料,复合地基的承载力标准值可按下式计算:

$$f_{spk} = [1 + m(n - 1)]f_{sk}$$

式中:n——桩土应力比,无实测资料时可取2~4,原土强度低者取大值,原土强度高者取小值。

②沉降验算

按复合模量计算变形。将复合地基加固区中增强体和土体视为一个统一的整体,采用复合模量来评价其压缩性,用分层总和法计算其压缩量。

复合模量表征土体抵抗变形的能力,数值上等于某一应力水平时复合地基应力与复合地基相对变形之比。通常复合模量可用桩抵抗变形能力与桩间土抵抗变形能力的叠加表示,计算公式为:

$$E_{sp} = mE_p + (1 - m)E_s$$

式中:E_p——桩体压缩模量,可取$(100 \sim 120)f_{cu}$,对桩较短或桩身强度较低者可取低值,反之取高值;

E_s——桩间土压缩模量;

E_{sp}——搅拌桩复合土层的压缩模量。

4.3.4　管桩复合地基

现浇混凝土薄壁管桩是在沉管灌注桩的基础上加以改进发展而成的一种桩型,适用于饱和软土、一般黏土、粉土和松—中密砂。管桩属弱挤土桩,既避免了钻孔灌注桩孔底沉渣、废泥浆弃置困难的不足,又克服了沉管灌注桩挤土效应强易对邻周环境造成不良影响、桩径小和承载力低等缺点，从而具有较大的经济、社会效益和广阔的市场前景[31]。

(1)机理分析

当管桩顶部受到荷载作用后，桩身外侧摩阻力先于桩端阻力发挥作用，当桩身荷载增加到一定程度后，桩外侧摩阻力完全发挥殆尽，此时桩身荷载如继续增大，管桩要产生沉降，所增加的荷载则由桩身的端阻力和土芯顶部阻力提供平衡。对于沉管灌注桩，桩底平面处的土体压缩量是一致的，而管桩则不一样。当管桩受力产生沉降时，土芯随管桩一起向下移动，土芯顶部受到荷载作用，传递到土芯端部土体。土芯受压后一方面孔隙要压缩，另一方面会产生超孔隙水压力，通过管桩底部消散，引起固结压缩。一般管桩桩径较大、桩较长，土芯体积较大，因此土芯本身的可压缩量较大。由于土芯的压缩，使得管桩桩身端部的土体压缩量要比同一平面处土芯端部的土体压缩量大。土芯端部的土体会被压入管桩内，使土芯压密，土体与桩身之间产生相对移动，因此会产生内侧摩阻力。当桩顶荷载较小时，内侧摩阻力基本为零，当荷载较大时，内侧摩阻力迅速增大。

由于桩身面积较小，在桩身端部位置容易形成应力集中现象。随着荷载进一步增大，当桩身端部土体压缩量增大到一定程度后，土体发生破坏，向外侧和内侧(土芯)挤出，管桩桩身刺入土体中，桩身端部沉降急剧增大，达到破坏状态。此时土芯端部土体由于压缩量不大，未达到破坏状态。因此，管桩承受的荷载是由外侧摩阻力、桩身端阻力、内侧摩阻力和土芯顶部阻力共同承担的。

(2)桩身荷载传递

管桩复合地基对轴力的传递不同于桩基础，也不同于一般的不带承台的桩复合地基。桩基中桩与承台刚性相连，在正常情况下，受竖向荷载后桩顶的沉降、桩间土表面的沉降都相等。桩顶以下桩各部位的位移都大于相应部位土的位移，桩侧土体对桩产生与桩位移方向相反的侧阻力，即正摩擦力。桩的最大轴力发生在桩的顶部。

一般的桩体复合地基在任一荷载下桩顶的沉降、桩间土表面的沉降以及基础的沉降均不相同，在某一深度范围内，土的位移大于桩的位移，土对桩的摩擦力方向与桩沉降方向一致，即产生负摩阻力；在这一深度下，桩的位移大于土的位移，土对桩产生正摩阻力。

管桩复合地基作为桩复合地基的一种形式，具有一般桩体复合地基的受力特性，但又有自己的受力特点。对于带承台管桩复合地基，可将复合地基分成几个部分：桩和承台、承台间土、承台下土，如图 4.16 所示。在竖向荷载作用下，土对桩的作用可以分两步，首先承台间土压缩对承台下土产生侧摩阻力，再由承台下土传递给桩体。因此，管桩复合地基的负摩阻力区会比较大，中性点位置较深，桩身荷载传递性状与一般桩复合地基不同。

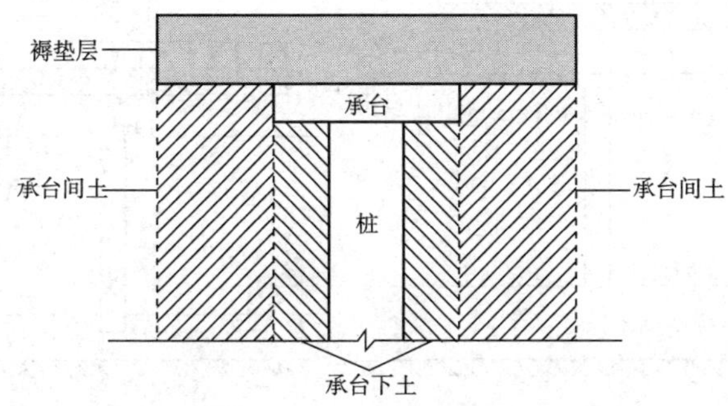

图 4.16　管桩复合地基示意图

(3)管桩复合地基桩土应力比计算

管桩复合地基的分析需要考虑基础—垫层—桩—土的共同作用,这就使得求解精确的理论解非常困难。为使问题的复杂性得以简化,做如下假定:

①地基是一个半无限弹性体,不考虑地基整体边界条件的影响,复合地基中管桩等间距布置,几何尺寸及力学特性完全一致;

②路堤荷载在复合地基顶面产生的接触应力为均布荷载,经褥垫层调整后,分别以均布荷载的形式作用于承台顶及土体表面;

③褥垫层为可压缩的均质弹性体,应力—应变关系服从虎克定律;

④管桩底端封闭;

⑤土体为分层均质弹性体,不考虑桩体对土体均质性的破坏。

桩侧摩阻力与桩土相对位移关系如图 4.17 所示,表达式为:

当 $\delta \leqslant \delta_u$ 时,$\tau = \dfrac{\tau_u}{\delta_u}\delta = k\delta$。

当 $\delta > \delta_u$ 时,$\tau = k\delta_u$。

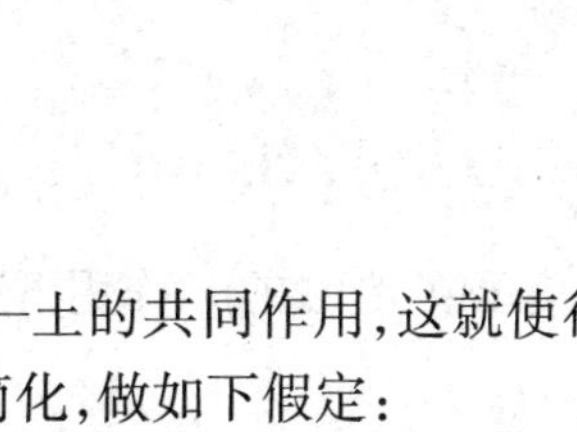

图 4.17　桩侧摩阻力与相对位移关系

研究对象为大面积管桩复合地基中的某个桩—土—垫层单元,如图 4.18 所示。由路堤传来的均布荷载为 p;褥垫层厚度为 h_c,变形模量为 E_c;管桩桩长为 p,外径为 D,桩周长为 L,承台面积为 A_1;管桩底面积为 A;加固区土体加权平均模量为 E_s。

均布荷载经褥垫层调整后,作用在承台顶的均布荷载为 p_p,作用在土顶表面的均布荷载为 p_s。假设在荷载作用下,加固区压缩量为 S_1,下卧层压缩量为 S_2,桩身压缩量为 S_3,褥垫层厚度变为 h'_c,桩底端的下刺入量为 δ_p。

复合地基面积置换率为 m,对垫层整体有:

$$p_p = mp_p + (1 - m)p_s \tag{4.5}$$

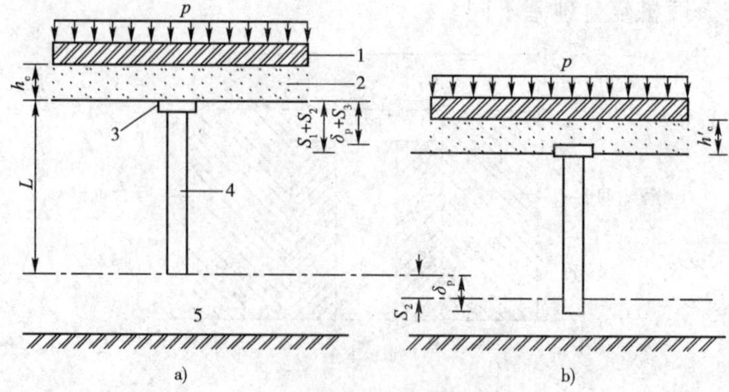

图 4.18　管桩复合地基变形协调示意图

1-柔性荷载;2-褥垫层;3-承台;4-管桩;5-下卧层

桩顶处垫层在 p_p 作用下产生的变形为 $h_c-[h'_c-(S_1+S_2-S_3-\delta_p)]$,因此有:

$$p_p = E_c \frac{h_c - [h'_c - (S_1 + S_2 - S_3 - \delta_p)]}{h_c} \tag{4.6}$$

土顶表面处褥垫层在 p_s 作用下产生的变形为 $h_c-h'_c$,因此有:

$$p_p = E_c \frac{h_c - h'_c}{h_c} \tag{4.7}$$

根据线弹性状态下的受力模式,由桩体微单元的平衡关系可得:

$$\frac{dN_z}{d_z} + \tau_z u = 0 \tag{4.8}$$

式中:N_z——深度 z 处的桩身轴力(kN);

τ_z——深度 z 处的桩侧摩阻力(kN/m^2)。

由桩侧摩阻力分布规律,将桩侧摩阻力分布形式简化为如图 4.19 所示的情况。

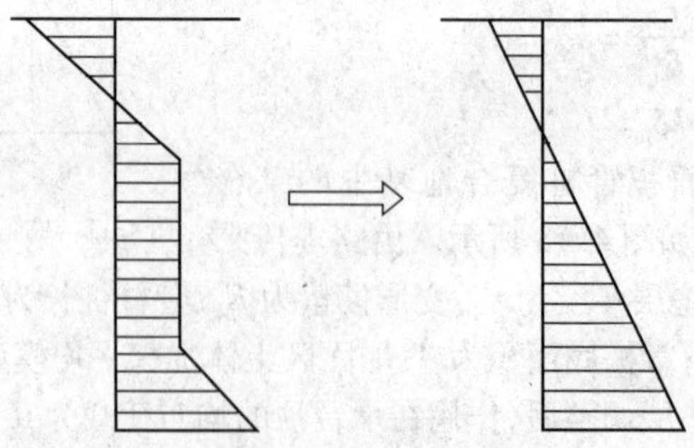

图 4.19　侧摩阻力分布形式简化示意图

管桩自身压缩量很小,假设其沿深度为线性变化,则桩体在深度 z 处的竖向位移为:

$$\Delta_p = \delta_p + S_3\left(1 - \frac{z}{L}\right) \tag{4.9}$$

深度 z 处土体的位移为：

$$\Delta_s = S_2 + S_1\left(1 - \frac{z}{L}\right) \tag{4.10}$$

则深度 z 处桩土相对位移为：

$$\delta = \delta_p - (S_1 + S_2 - S_3) + \frac{z}{L}(S_1 - S_3) \tag{4.11}$$

因此，桩侧摩阻力为：

$$\tau = k\left[\delta_p - (S_1 + S_2 - S_3) + \frac{z}{L}(S_1 - S_3)\right] \tag{4.12}$$

代入式(4.8)得：

$$\frac{dN_z}{dz} = -ku\delta_p - ku(S_1 + S_2 - S_3) + ku\frac{z}{L}(S_1 - S_3) \tag{4.13}$$

对上式积分，并考虑承台顶边界条件，$z=0$ 时，$N_z = p_pA_1$，得：

$$N_z = -\frac{1}{2}ku\frac{S_1 - S_3}{L}z^2 - ku\delta_p z + ku(S_1 + S_2 - S_3)z + p_pA_1 \tag{4.14}$$

桩端边界条件 $z=L$ 时，假定桩端土为温克勒(Winkler)地基，则桩端轴力为：

$$N_z = k_sA(\delta_p - S_2) \tag{4.15}$$

k_s 为桩端持力层的基床系数(kN/m^3)，代入式(4.14)得：

$$\frac{1}{2}kuL(S_1 - S_3) + \alpha S_1 - \alpha\delta_p + p_pA_1 = 0 \tag{4.16}$$

式中，$\alpha = ku + k_sA$，单位为 kN/m。

由前面的分析已知，管桩复合地基加固区的压缩量较小，为简化计算，忽略桩侧摩阻力所传递的应力增量的作用，加固区压缩量为：

$$S_1 = \frac{p_s}{E_s}L \tag{4.17}$$

联立式(4.6)、式(4.7)、式(4.16)、式(4.17)求解(由于管桩桩身压缩量很小，求解过程中，将 S_3 设为0)，得桩土应力比为：

$$n = \frac{p_p}{p_s} = \frac{\left(\alpha - \frac{1}{2}kuL\right)\frac{E_c}{h_c}\frac{1}{E_s} - \alpha}{\alpha - \frac{E_c}{h_c}A_1} \tag{4.18}$$

(4)管桩复合地基承载力计算

桩体复合地基的破坏形式可以分为两种情况：一种是桩间土首先破坏而后发生复合地基全面破坏，另一种是桩体首先破坏进而发生复合地基全面破坏。实际工程中，桩间土和桩体同时达到破坏是很难遇到的。由于管桩的承载力很高，在一般情况下，认为管桩复合地基是土体破坏，继而引起管桩复合地基全面破坏，即桩间土承载力达到极限值。

由式(4.5)得:

$$f_{cf} = mnf_{sf} + (1-m)f_{sf} = [1 + m(n-1)]f_{sf} \tag{4.19}$$

式中:f_{sf}——天然地基极限承载力(kPa);

n 由公式(4.18)确定。

(5)管桩复合地基沉降量计算

管桩复合地基沉降量采用分层总和法计算。加固区压缩量采用复合模量法,下卧层顶附加应力采用应力扩散法求解。

①加固区复合模量计算

考虑管桩的上、下刺入,根据桩土的位移协调,有:

$$E_c\varepsilon_c = mE_p\varepsilon_p + (1-m)E_s\varepsilon_s \tag{4.20}$$

式中:ε_c——复合地基土体竖向应变,$\varepsilon_c = \varepsilon_s = S_1/L$。

S_{p1}、S_{p2}分别为管桩的上下刺入量,根据图4.19,$S_{p1} = S_1 + S_2 - S_3 - \delta_p$,$S_{p2} = \delta_p - S_2$,代入式(4.20)得:

$$E_c = m[1-(S_{p1} + S_{p2})/S_1]E_p + (1-m)E_s = u_p mE_p + (1-m)E_s \tag{4.21}$$

式中:u_p——管桩桩体模量发挥系数,$u_p = S_3/S_1$,其具体数值可由表4.5查得,表中数据由有限元分析所得。

管桩桩体模量发挥系数 表4.5

桩长(m) 桩距(m)	20	24	28	32	36
2.4	0.001 4	0.001 9	0.002 5	0.003 2	0.003 8
2.8	0.001 2	0.001 7	0.002 3	0.002 9	0.003 5
3.2	0.000 9	0.001 5	0.002 1	0.002 7	0.003 2
3.6	0.000 8	0.001 3	0.001 9	0.002 5	0.003 0

②下卧层顶附加应力的计算

假设作用在褥垫层底面的荷载,从桩顶以 $\theta = \varphi_0/4$ 的扩散角向下扩散,则在下卧层顶面的附加应力为:

$$p_b = \frac{pB}{B + 2L\tan(\varphi_0/4)} \tag{4.22}$$

式中:φ_0——桩长范围内各土层内摩擦角的加权平均值,$\varphi_0 = \frac{\Sigma \varphi_i h_i}{\Sigma h_i}$。

③沉降量计算

管桩复合地基的总沉降量为:

$$S = S_1 + S_2 = \sum_{i=1}^{n_1} \frac{\Delta p_i}{E_{ci}} h_i + \sum_{i=n_1+1}^{n_2} \frac{\Delta p_{bi}}{E_{si}} h_i \tag{4.23}$$

式中：Δp_i——加固区复合土上的附加应力；

E_{ci}——加固区复合土体的复合模量，可由公式（4.21）求得；

h_i——第 i 层土体的厚度；

Δp_{bi}——下卧层土的附加应力增量；

E_{si}——下卧层土体的压缩模量。

4.3.5　螺纹套管桩复合地基

单壁螺纹塑料套管现浇混凝土桩（single - walled thread plastic tube cast - in - place concrete pile，简称 PTCC 桩）是在借鉴国外优秀设计理念和先进技术的基础上，消化吸收后应用到国内的新型地基加固方法[32-34]，其主要优点在于先有套管成模，后集中现浇。与各类振动沉管桩相比，其混凝土用量可控，不会因振动挤土而引起断桩，混凝土可连续浇注，采用现浇工艺后不需大型运输及打设机械。与柔性桩相比它又是刚性桩，桩周带有螺纹，具有桩侧摩阻力较大、承载力高、质量容易控制、对施工场地要求低等优点。

由于 PTCC 桩在我国的应用刚刚起步，需在实际工程中不断总结。本节结合岳阳至常德高速公路软基处理试验段和国内其他试验段工程，对 PTCC 桩组成、施工机具、施工工艺和质量检测方法等进行探讨[35]。

（1）PTCC 桩组成与施工机具

PTCC 桩由预制桩尖、单壁螺纹 PVC 套管、套管内钢筋混凝土、顶部盖板等组成，如图 4.20 所示。套管底端配有预制桩尖，利于桩的打设。单壁套管内、外均设有螺纹，浇注的混凝土可与套管内壁充分接触，紧密成形，在土体压力作用下套管不易损坏。外壁螺纹的存在加大了桩与土的摩擦力，使得 PTCC 桩兼具端承桩和摩擦桩的优点，提高桩的承载力。套管采用 PVC 廉价材料，同时桩承载力得到提高，可加大设计间距，大幅降低工程造价。套管的打设与混凝土的浇注两道工序分开进行可有效提高施工效率。

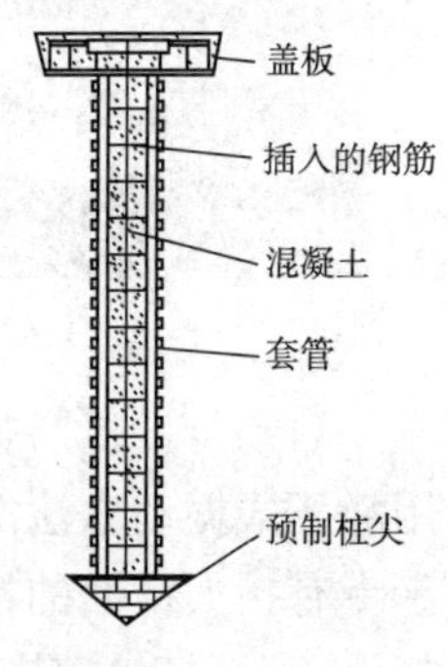

图 4.20　组成示意图

PTCC 桩组成如图 4.20 所示，打设机具如图 4.21 和图 4.22 所示。

打设机的钢管上有两个连接点（图 4.21），与机座上的固定旋转臂、伸缩旋转臂转动连接，伸缩旋转臂拉动钢管，钢管即绕固定旋转臂与钢管的连接处转动，打设机机架连同钢管倾斜，使弯曲变形性能较低的单壁螺纹 PVC 塑料套管放入钢管内[36]。打桩过程中，钢管可有效保护套管免受土体挤压破坏，顺利将套管打入设计深度。

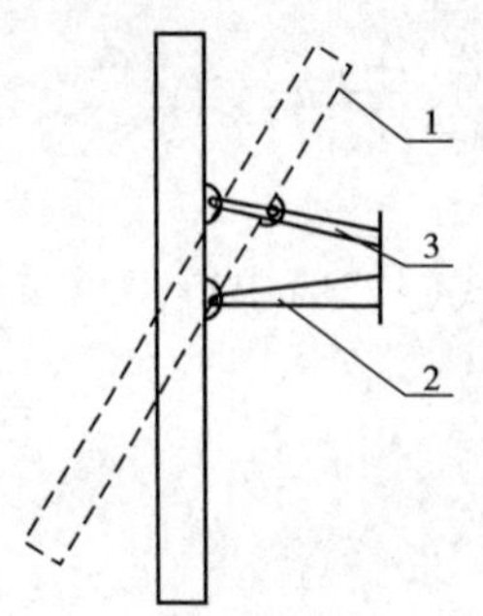

图 4.21 打设机示意图

1-钢管;2-固定旋转臂;3-伸缩旋转臂

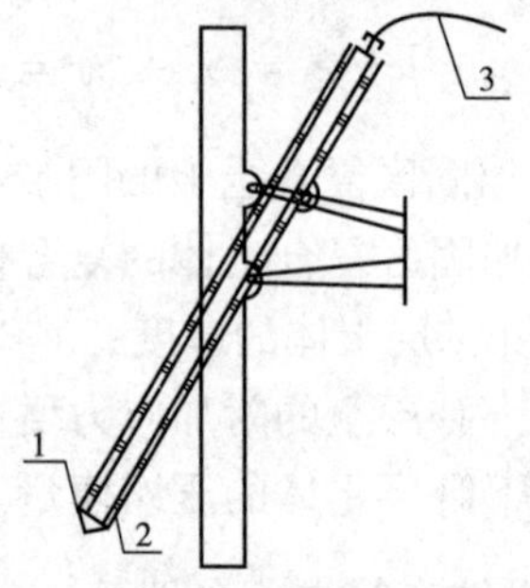

图 4.22 带桩尖套管的打设机结构示意图

1-预制桩尖;2-单壁螺纹 PVC 套管;3-高强尼龙绳

(2)PTCC 桩施工流程

施工时,按打桩要求设计配置单壁螺纹塑料套管和配套的桩尖(图 4.23),用密封圈连接并用螺丝固定,起到止水及加强作用。塑料套管长度比桩略偏长,若管长不够,可用接头(图 4.23)加密封圈,必要时再采用螺丝、胶水等方法将多根套管连接和切割,以达到需要的长度。将打设机置于打桩位置,将打设机上的钢管倾斜,再将带有桩尖的套管从钢管底部放入,套管顶部用尼龙绳拉入和固定(图 4.23);再将钢管和打设机连同里面的单壁螺纹塑料套管竖直并对准桩位。

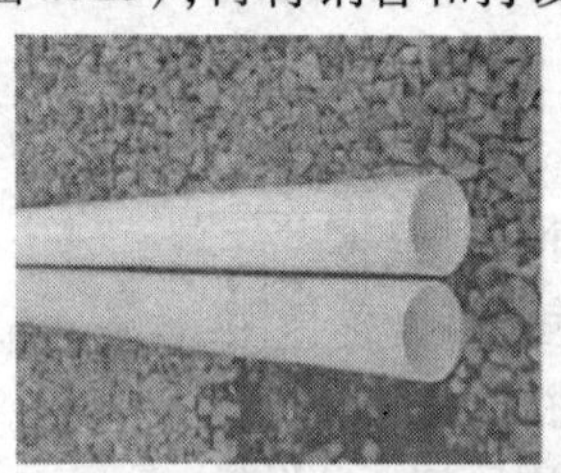

图 4.23 单壁螺纹套管(左)、桩尖(中)和接头(右)

启动打设机。打设过程中应严格控制垂直度,将钢管连同里面的套管一起采用静压或振动方法沉入设计要求的深度后,再将钢管拔出,而单壁螺纹塑料套管由于带有扩大截面的桩尖则会留在地基中。移动打设机至需要打设的点按上述方法打设,直至打设完毕。待一定数量的套管打完后,采用工厂预先生产或现场拌和而成的混凝土将塑料套管填满,并振捣密实,然后在管顶插入设计长度的钢筋,同时将盖板浇注成形,形成完整的塑料套管混凝土桩。PTCC 桩的施工流程如图 4.24 所示。

(3)PTCC 桩的质量控制和检测方法

施工前应进行试桩以确定打设深度、施工控制标准等参数;预制桩尖采用 C30 钢筋混凝土,直径约 30cm,并设有固定套管的塑料套管接头,预制桩尖以打设过程中不破碎,能保障塑料套管的顺利打设为主要控制标准;桩身和盖板采用 C25 混凝土，其集料最大粒径不超过2.5 cm，坍落度18～22 cm，不得有离析和泌水现象；试桩时应确定混凝土配合比及坍落度范围。为保证混凝土的密实性，应采用加长的振动棒将混凝土振捣密实。

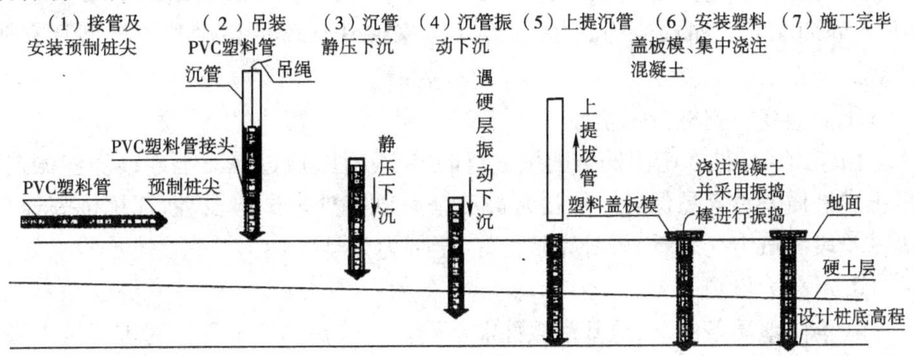

图4.24　施工流程示意图

螺纹套管最大外径不小于160mm，最小内径不小于142mm，根据不同的深度对套管的壁厚及环刚度进行控制及搭配，套管强度应保证打设过程中不被挤破，混凝土浇注前后不损坏，具体参数指标应根据地质条件及试桩情况进行相应调整。扁平试验（变形40%时）不分层、无破裂。套管接头采用标准的160mmPVC管材直通接头，内径160.1～160.7mm，承口最小深度不小于50mm，标准坠落试验应无破裂。

PTCC桩检测项目及标准见表4.6。

检测项目及标准　　表4.6

检测项目	标准值	允许偏差	频率
桩距(cm)	设计值	±10	100%
打设深度①(m)	设计值	不小于设计值	100%
竖直度(%)	0	±1.0	100%
坍落度②(cm)	设计值	±2.0	随时抽查
混凝土28d强度(MPa)	25	不小于设计值	不少于10%
静载荷试验③(kN)	设计值	不小于设计值	不少于1%
低应变检测		不出现Ⅲ类桩	100%

注：1.在全部套管成孔后，利用测绳检测打设深度。

2.混凝土坍落度一般为18～22cm，具体根据试桩确定。

3.桩体达到28d后，进行单桩承载力或复合地基承载力检测。

(4)PTCC桩的应用效果和经济性

岳常高速公路软基处理试验工程采用了搅拌桩、预应力管桩、PTCC桩三种地

基处理方式，通过对其处治效果的检测分析，结合国内其他软基试验段工程的成果，可知搅拌桩施工质量难以控制，同等条件下，PTCC 桩可作为其替代桩型；PTCC 桩承载力相对预应力管桩较低，在高路堤时采用具有一定的风险，且受其桩径限制，其处理深度不如预应力管桩[37]。总体来说，PTCC 桩相对其他桩型具有明显优势。

①低应变检测桩身完整性

由于 PTCC 桩在密闭的空间里进行混凝土浇注，通过混凝土连续浇注振捣，混凝土成桩质量很容易保证。从岳常高速公路软基处理试验段、浙江练杭高速公路等试验段测试情况来看，桩身完整性好，全部为Ⅰ类桩。

②承载力检测

在不同地质条件下，地基承载性能不同。若选择黏性土等作为桩端持力层，从浙江练杭高速公路、浦阳互通工程、江苏 243 省道等工程的极限承载力测试情况来看，混凝土浇注后 28dPTCC 桩极限承载力一般为 160 ~ 200kN 左右（桩端土 CPT1.5 ~ 1.8MPa 左右）。同时随着时间的增长，桩周土进一步固结排水，PTCC 桩极限承载力可提高 20 ~ 40 kN，约在 180 ~ 210kN 以上。

在持力层为砂砾、细砂、岩石等情况下，从岳常高速公路软基处理试验段、浙江省甬台温地区、国外检测及分析情况来看，PTCC 桩极限承载力最大可达到 300kN 左右，在此类地质条件下，更能发挥 PTCC 桩的经济和质量优势。

③经济性

PTCC 桩的经济性指标主要与各地的报价水平以及地质条件有关。通过调查分析，一般情况下，PTCC 桩与水泥搅拌桩相比，以黏性土等作为桩端持力层的，可节约造价 5% ~ 10%；以砂、砂砾及弱风化岩层作为桩端持力层的，可节约费用 10% ~ 20%；与预应力管桩相比节约造价 15% ~ 25%；与旋喷桩相比可节约造价 25% 以上，具体见表 4.7。

各工程的经济性比较 表 4.7

工程名称	原设计方案	PTCC 桩替换水泥搅拌桩节约造价比例（%）	PTCC 桩替换预应力管桩节约造价比例（%）
杭金衢高速公路浦阳互通软基处理工程	水泥搅拌桩、预应力管桩	13.3	19.1
浙江申嘉湖杭高速公路练杭试验段软基处理工程	水泥搅拌桩、预应力管桩	7.5	21.3
广东东莞虎门港西大坦港区进港中路软基处理工程	水泥搅拌桩	21.13	

从岳常高速公路软基处理试验段工程来看,PTCC桩具有桩身完整性好、成桩质量可靠、施工效率高、对周围环境影响小和经济性较好等优势。但该桩的采用应通过与各常规地基处理方法充分对比后,结合工程实际综合考虑决定。

(5)设计计算

由于螺纹套管桩是一种新型刚性桩复合地基,其承载力、沉降等的设计计算参考管桩复合地基的设计进行。

第5章　软土地基上路堤变形观测与控制

5.1　观测意义和目的

5.1.1　观测的意义

软土的主要特点是天然孔隙比大、含水率高、常呈软塑或流动状态、压缩性大、承载力低。在软土地段修建的公路,其主要的工程地质问题是沉降和稳定性。

软土地基的沉降及稳定性与施工时的加荷速率密切相关。加荷过程中,一方面地基土的强度因固结而提高,另一方面剪应力也在增大,为保证地基的稳定性,必须做好稳定控制。稳定控制一方面是合理确定加载计划,保证加载计划与地基土的强度增长相匹配;另一方面合理确定路面施工时间,确保工后沉降满足要求。但由于计算理论存在诸多假设,且存在计算参数的精度问题,理论计算结果与工程实际情况并不完全吻合。因此,除采用理论分析方法来确定加载速率与路堤填土临界高度的关系外,还要做好观测工作,通过观测数据来保证工程的稳定性,指导施工。

5.1.2　观测目的

(1)控制填土速率,达到安全、快捷填筑的目的。

(2)提供沉降土方与中心沉降量的关系,为施工土方的工程计量提供依据。

(3)掌握软基路段的地基固结和沉降情况,以便采取措施减少工后沉降。

(4)为施工期间路堤地基稳定性的控制、结构物基础的反开挖、卸载标准的制定等提供数据,进而确定预压卸载时间和结构物及路面施工时间。

(5)完善从软基施工到竣工验收整个过程的现场观测资料,为了解软基处理效果,完善软基质量控制方法,为类似工程提供可借鉴的经验和资料。

5.2　观测内容

软基施工的质量控制包括以下内容:

(1)对软基段地质条件和施工方法进行系统的调查和分析,根据具体情况确定重点的观测断面和观测项目,以及观测方法。

(2)开展软基段的稳定性分析,主要工作有重点断面、一般断面的稳定性计算,施工期的稳定性计算。

(3)系统的软基段沉降分析,主要工作有最终沉降量计算、沉降特点分析。

(4)科学合理的现场观测,主要工作有,协助建立现场观测的管理及监督系统,以保证及时处理存在的质量安全隐患问题;重点断面的观测和分析;一般断面观测工作的复核、监督及指导。

为完成以上观测内容并达到观测目的,要完成如表 5.1 所示的观测项目。

观测项目及目的　　表 5.1

观测项目		仪标名称	观测目的
沉降	地表沉降	沉降板	地表(或原地面)以下土体总沉降量,控制路堤填筑速度
	分层沉降	分层标	观测软土层在沿深度方向各层次的压缩情况
	深层沉降	深层标	确定软土层在某一层位土体的压缩情况
水平位移	地表水平位移	边桩	测定路堤侧向水平位移量,并兼顾地面沉降或隆起量
	地基深层水平位移	测斜管	设置在坡脚地表处,用于测定地基不同深度的水平位移
应力	孔隙水压力	孔压计	观测地基孔隙水压力变化,分析地基固结情况,反算固结系数
	土压力	土压力盒	测定测点位置的土应力

5.2.1　地表沉降观测

(1)观测点位的布设

①一般路段,纵向每 100 ~ 200m 布设一个观测断面;软土厚度大于 20m、路堤填土高度大于 4m 的一般路基段,加密至纵向每 50 ~ 100m 设一个观测断面。

②桥头路段,每个桥头设置两个断面,第一个断面在桥头搭板端头,距离桥头 12m 左右,第二个断面距离第一个断面 20m 左右。涵洞、通道处设置一个观测断面。

③每个断面在路堤中心及两侧路肩布设 3 个沉降观测点。

一般断面沉降板埋设位置如图 5.1 所示。

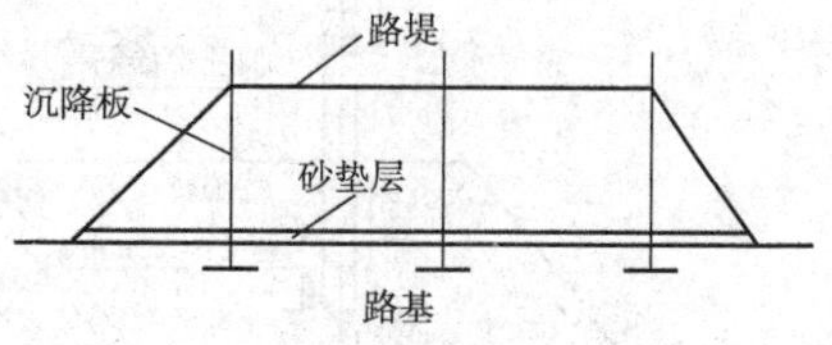

图 5.1　一般路段观测点布置示意图

(2)路堤填筑期沉降观测点的设置及埋设

①沉降观测点采用接杆式沉降标。沉降板由钢板、金属测管和闷头组成。底板尺寸不宜小于 60cm × 60cm × 9mm,测管直径以 3cm 为宜,厚度不小于 3 ~

5mm，每节长度为20cm。第一节管由3根直径为10cm的斜钢筋将其焊在沉降板上。随着填土的增高，测管亦相应接高。接高后的测管上口应加盖闷头，以便于立尺。

②沉降标的埋设时间。过水鱼塘路段沉降板的埋设应在清淤完成后立即进行，回填50cm路基填料后立即观测，非鱼塘路段应在软基处理后，填筑砂垫层之上的路基填料前埋设完成。对于CFG桩、水泥搅拌桩和袋装砂井地基处理路堤，原则上沉降板埋设在桩间土上。

③沉降标的埋设与观测。当场地砂垫层整平验收后，在砂垫层上挖坑直至人工填土层面上。将沉降标放入坑底，管顶应低于最低设计填土面5～8cm，随后测量管顶至沉降板底板的高差，填土夯实至管顶，并测量管顶高程（初读数）。当下一层施工完毕后，在管顶位置接上第二节钢管。观测时，每节管的顶面有上、下管顶高程，下节管顶面高程用于计算第一次沉降量，上节管顶高程作为下次计算沉降量的数据。随着填土的增高，循序逐节升高，重复上述工作。沉降标构造如图5.2所示。

沉降板的埋设步骤如下。

a. 放线定位

采用全站仪测放定位，埋设位置的偏差控制在20cm以内。对于设置3个沉降板的断面，沉降板埋设为路基中央一个，左右边缘各一个。

b. 基槽开挖

基槽开挖如图5.3所示。

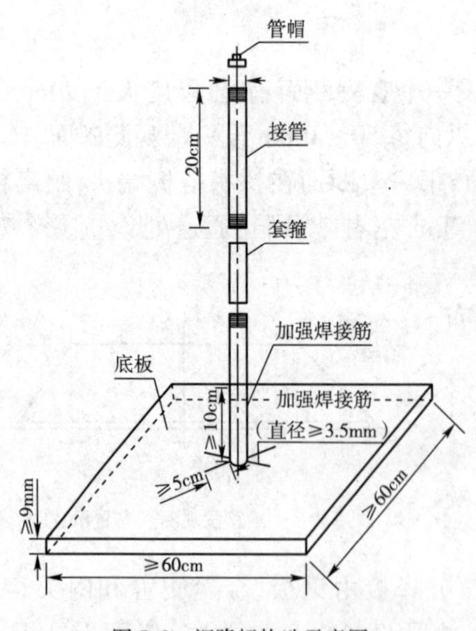

图5.2　沉降标构造示意图

图5.3　基槽开挖

c. 安放就位

用细砂找平基槽底面，安放沉降板，且应保证管节的倾斜度不大于 0.3%，管顶距地面 2 ~ 3cm，并测得管顶初始高程，用作初始读数，如图 5.4 所示。

图 5.4　安放就位

d. 回填固定

将预制的闷头旋紧于管顶，立即回填基槽，为了避免填土对沉降板移位的影响，基槽回填后，大面积填方前，应对土层顶面沉降板周围 3m 范围用人工或小型机械夯实，如图 5.5 所示。

图 5.5　回填固定

(3) 底基层和基层施工期的沉降观测点的设置

一般底基层、基层施工与通信电缆沟开挖是同时进行的，因此原埋设在中央分隔带内的沉降板的接管将被挖除，为了确保沉降观测的连续性，沉降观测点应转设在通信电缆沟内或者通信电缆沟两侧适当部位。转点位置应视中央分隔带宽度、通信电缆沟开挖形式、施工程序以及施工条件等来确定。有三种方法可供参考：

①将观测点设置在人孔井上。当通信电缆沟有足够数量的人孔井时，可将所有观测点全部转设在人孔井上。

②在中央分隔带内设置水泥墩作为观测点。当通信电缆沟人孔井的数量较少时，可以在中央分隔带内埋设水泥墩作为观测点。水泥墩尺寸一般为：底面 40cm × 30cm，顶面 30cm × 20cm，高 1m 左右。水泥墩中间埋设钢筋，钢筋头须露出水泥墩顶

面1cm左右。

③在路缘石内侧建立沉降观测点。此种方法可在通信电缆沟宽度小而且沟内埋设水泥墩的空间不够时采用。此法较为简单，只需在紧靠路缘石内侧钉钢筋桩即可，但是须在路缘石铺筑完成后方可进行。

(4)观测频率

软土地基上路基施工一般分为填筑期、预压期和路面施工期三个阶段。第一阶段，路堤填筑期，每填一层需观测一次，因故停止施工，每3天观测一次；第二阶段，预压期第一个月隔日观测一次，第一个月至第三个月每周观测一次，以后每半月观测一次；第三阶段，当底基层和基层分两次碾压时，一般每碾压半层或者一层须观测一次。如果同一层的两次碾压时间间隔很短时，可只观测一次。面层一般由上面层、中面层、下面层结构组成，故施工时一般要求每填一层观测一次，或每月观测一次。但既定周期并不是一成不变的，当有特殊要求或发现有异常情况时，适当缩短观测周期。

(5)临时水准点的设置

临时水准点应设在不受垂直向和水平向变形影响的坚固的地基上或永久建筑物上，其位置应尽量满足观测时不转点的要求，每3个月用路线测设中设置的水准点作为基准点，对设置的临时水准点校核一次。

面层施工期间，路桥均已基本贯通，桥台背墙角水准点及入孔观测点基本建立，可将水准点转到桥台部位。这样测量时就可以不用再从原水准点进行转移。

(6)技术要求

采用精密水准仪及光学测微镜和精密铟钢水准尺。水准仪各部分转动应灵活，望远镜制动、微动螺旋作用应可靠，调焦镜运用及目镜调节不能有明显的晃动现象。每次观测前除检验圆水准器十字丝位置正确性、自动安平水准仪补偿器灵敏度等项目外，必须进行竖直偏角 i 的检验。

基准水准点可采用独立高程网，但应与施工采用的高程系统相一致，按二等沉降观测技术要求，对3个水准基点的高程进行联测，以求得每个点的高程最可靠值。同时为确保观测质量，基准点的稳定性宜一个月进行一次联测。

沉降点的观测根据基准水准点所采用的高程系统，按三等沉降观测要求进行。

5.2.2 分层沉降观测和深层沉降观测

(1)分层沉降观测

通过土体内部分层沉降观测，可以了解到软土层在沿深度方向各层次的压缩情况。土体内部分层沉降观测是通过在土体内埋设分层沉降标(简称分层标)进行观测。

分层标由导管和套有感应线圈的波纹管组成。导管为硬塑料管，要求具有一定的刚度,管杆直挺,两端备有接口装置;波纹管为塑料软管,要求横向能承受土体挤压不变形,纵向能自由伸缩。波纹管套在导杆外面,管上感应圈位置即为测点位置。

分层标可以在同一根测标上,分别观测土体沿深度方向不同层次的沉降量。分层沉降一般采用磁环式沉降仪观测。分层沉降标埋置深度可贯穿整个软土层厚,各分层测点布设间距一般为1.0m,甚至更密。

(2)深层沉降观测

通过土体内部深层沉降观测,可以了解软土层在某一层位土体的压缩情况。土体内部深层沉降是通过在土体内埋设深层沉降标(简称深层标)进行观测。

深层标由主杆和保护管组成。主杆采用金属杆或硬塑料管,杆底端需有50~100cm长的可以增加阻力的标头;保护管可采用废弃的钻孔钢管。深层标可测得某一土层面顶面的沉降量,采用在被测土层中埋设标杆并用水准仪测量标杆顶端高程的方法进行观测,测量仪器和精度与沉降板要求相同。深层标是测定某一层位以下土体压缩量的,故深标的埋置位置应根据需要确定。如对于软土层较厚、排水处理又不能穿透整个层厚时,为了了解排水井下未处理软土的固结压缩情况,深标可设在未处埋软土顶面(排水井底面)。

(3)分层或深层沉降标埋设要点

①采用钻孔导孔埋设,钻孔垂直偏差率应不大于1.5%,并无塌孔、缩孔现象存在,遇到松散软土层应下设套管或泥浆护壁。钻孔深度对分层标即为埋设深度,对深层沉降标为埋设深度以上50cm。成孔后必须清孔。

②分层标埋设时先埋置波纹管,第一节波纹管底部必须封死,至一定深度后,插入导管与波纹管一并压至孔底。当埋置深度较大时,波纹管与导管均应随埋随接,接口必须牢固,但不能采用磁感材料做固定件。波纹管露出地面15~20cm,并用水泥混凝土固定;导管外露30~50cm,并随填土增高,接出导管并外加保护管。

③深层标埋设时先下保护管,再下主杆,到位后再将保护管拔离主杆标头30~50cm,随填土增高,接长主杆和保护管。

④当分层或深层沉降标至孔底定位后,用砂子填塞钻孔孔壁与波纹管或保护管之间隙。待孔侧土回淤稳定后,测定初始读数。对于分层标应先用水准仪测出导管管口高程,并用磁性测头自上向下依次逐点测读管内各感应线圈至管口的距离,换算出各点高程;连续测读数日,稳定读数即为初始读数。

⑤分层沉降标埋设难度大,且外露标管对施工影响较大,又易遭碰撞,一般埋设于路中心,一个观测断面埋设1~2根分层标。深层沉降标按需要测试的深度在路中点埋设,但不宜埋设于车道位置。

5.2.3 地表水平位移观测

在路堤的填筑过程中,由于路堤荷载的作用,路堤坡脚处可能产生水平位移和垂直位移,因此要在路堤坡脚处设置若干边桩(位移桩)。边桩的布设根据地基及路堤场地条件确定,一般从路堤坡脚起,在垂直于路中心线方向每隔 2 ~ 3m 布设 3 ~ 4个边桩,并用经纬仪定线方法使这些边桩在一条直线上,如图 5.6 所示。若路堤很高,可设置在高路堤边坡的平台处,用于测定路堤水平位移,判定路堤自身稳定性。

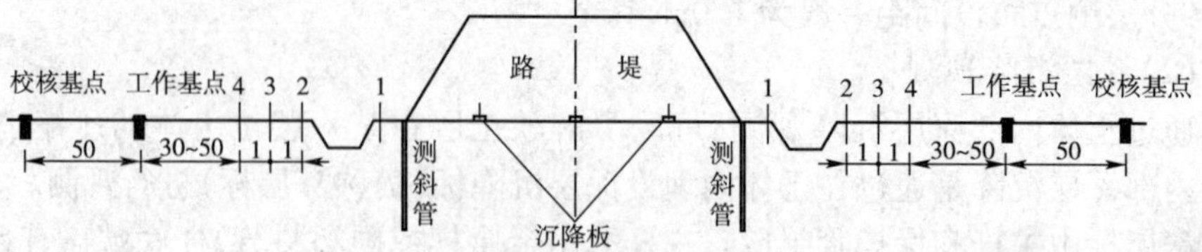

图 5.6　边桩观测示意图(尺寸单位:m)

边桩采用钢筋混凝土预制桩或木桩。采用钢筋混凝土预制桩时,混凝土强度等级不小于 C25,长度 1.5m,方形断面,边长 15cm,桩顶预埋特制测头。边桩的埋置深度以地表以下不小于 1.2m 为宜,桩顶露出地面的高度不应大于 10cm。埋置的方法可采用打入或开挖埋设,要求桩周回填密实,桩周上部 50cm 用混凝土浇筑固定,确保边桩埋置稳固,如图 5.7 所示。

图 5.7　边桩及设置

水平位移采用视准线法或单三角前方交会法观测,地表隆起采用高程观测法。

采用视准线法观测水平位移,是以平行于路堤中心轴线的两个工作基点所控制的视准线(即两个基点的连线)为基准,来测量边桩的水平位移量。观测仪器一般采用放大倍数不小于 30 倍的经纬仪。工作基点与边桩的高程相差不大而接近水平时,可采用同等放大倍数的水准仪进行观测。

采用单三角前方交会法观测时,一般采用放大倍数 40 倍、最小读数 0.2″的经纬仪。观测时,将经纬仪架在测站点上,后视其他测站点用前方交会法——观测边桩,读出水平角。至少观测4个测回,然后用平差计算各边桩坐标,与原始坐标比较,得出水平位移,也可采用高精度的全站仪用坐标法进行观测。

5.2.4　地基深层水平位移观测

(1)测点及其测斜管的布设

路堤填土高度超过4m、软基深度超过10m的断面为重点观测断面,应在坡脚增设测斜管。观测断面应与沉降观测断面相吻合,设于与路线垂直的轴线上。重点断面测斜管埋设如图5.8所示。

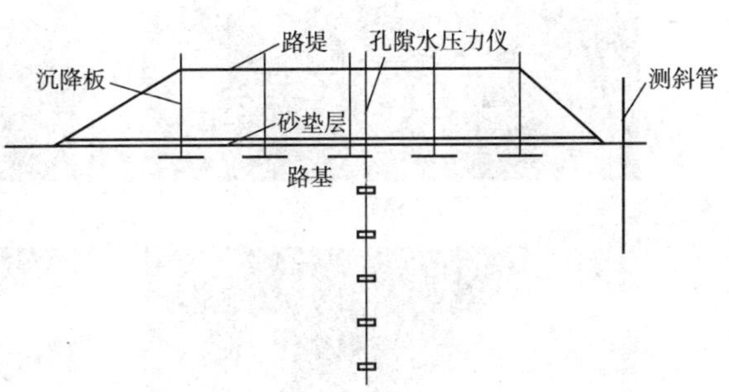

图5.8　重点断面观测点布置示意图

(2)地基侧向位移观测点的设置及埋设

目前测量土体内水平位移及其方向大多使用测斜仪。测斜仪埋设于地基土体水平位移最大的平面位置,一般埋设于路堤边坡坡趾或边沟上口外缘1.0m左右的位置。测斜管埋设时采用钻机导孔,导孔要求垂直,偏差率不大于1.5%。测斜管底部埋置于深度方向水平位移为零的硬土层中至少50cm或基岩上,管内的十字导槽必须对准路堤的纵横方向。当测斜孔较深或埋管与观测时间间隔较短时采用注浆的方法回填孔壁;而当测斜孔较浅或埋管与观测时间间隔较长时(大于两个月),可采用细砂回填和自然塌落消除孔壁空隙。回填细砂过程中,应慢速并加水回填,并间隔1~2d后按上述方法回填直至密实为止。此外,埋设好后还需要测量管顶端坐标及高程,安装保护盖,并在管周砌设混凝土墩,做好明显标志。

测斜管的埋设过程如图5.9所示。

①确定埋设位置

②钻孔

图　5.9

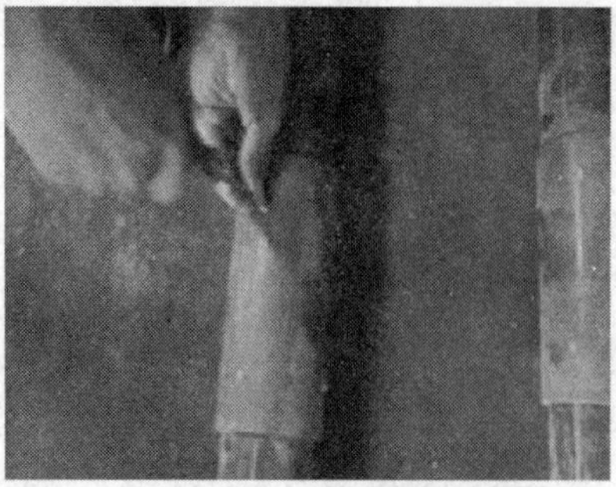

③旋人螺钉

④喷玻璃胶

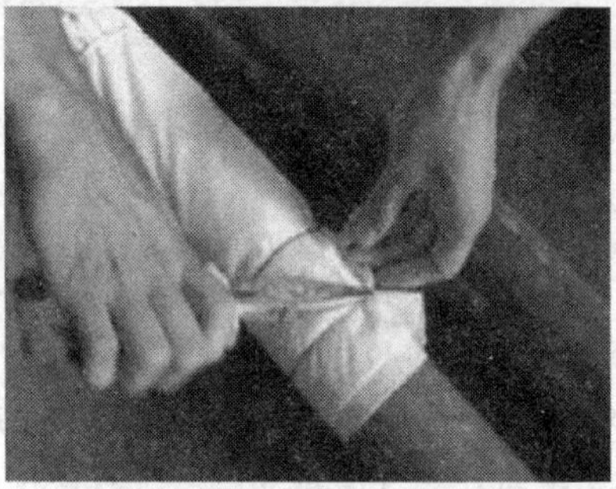

⑤土工布固定

⑥现场已接好的测斜管

⑦下管

⑧对接固定测斜管

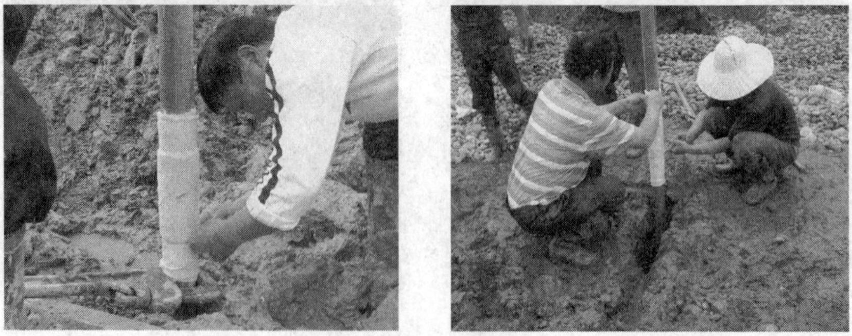

⑨现场土工布固定管节

图 5.9

⑩确定内槽方向

⑪中细砂回填管孔　　⑫封管口

⑬现场埋设好的测斜管

图5.9　测斜管的埋设过程

观测仪器测斜仪一般由探头、电缆、数据采集仪(读数仪)组成,使用最多的是伺服式测斜仪。测斜仪的精度主要由探头的精度控制,而先进性则由数据采集仪控制,体积小、内存大、配置优良的预处理软件是其先进性的体现。

其工作原理是测量测斜管轴线与铅垂线之间的夹角变化,从而计算土体在不同高程的水平位移。一般先在土体中埋设一根竖直且互成90°角的有4个导槽的PVC塑料管子。管子在土体中受力后发生变形,这时将测斜仪探头放入测斜管导槽内,每间隔一定距离 L_i(通常为0.5m)测量变形后管子的轴线与垂直线的夹角 θ_i,按下面公式计算不同高程处的水平位移增量 Δd_i:

$$\Delta d_i = L_i \sin\theta_i$$

整根管子两端的土体水平位移差 Δ_n 可表达为：

$$\Delta_n = \sum_{i=1}^{n} L_i \sin\theta_i$$

当管子的埋置深度足够时，管底可认为是不动的，Δ_n 即为管顶的水平位移。在管子两端都有水平位移的情况下，就需要实测管顶的位移量 Δ_0，并向下推求管底的水平位移量。

$$\Delta'_n = \Delta_0 - \sum_{i=1}^{n} L_i \sin\theta_i$$

测斜仪反转180°，重新测试一遍，以消除仪器的误差。测量稳定后测斜管的初始位置，所测结果视为基准值记入测试记录表；观测频率视加固方案而定，通常与表面沉降观测一致。

把量测的结果整理成水平位移变化曲线，反映各土层的水平位移情况。

水平位移桩和基桩设置好以后，采用钢尺量测位移桩与基桩之间的距离，量测钢尺的拉力为50N(或由量测人自定)，有条件时也可用红外测距仪量测。

(3)观测时间及频率

观测工作在路堤填高超过3m时开始，其频率每填一层填料需观测一次，因故停止施工，每3天观测一次，预压期第一个月隔日观测一次，第一个月至第三个月每周观测一次，以后每半月观测一次。

5.2.5 软土地基中的孔隙水压力观测

(1)孔隙水压力点及其孔压计的布设

路堤填土高度超过4m、软基深度超过10m的断面为重点观测断面，应在路基中线附近增设孔压计。重点断面孔压计埋设如图5.8所示。

(2)孔隙水压力观测点的设置及埋设

孔隙水压力测点沿深度布设，应根据试验分析需要而确定，一般每种土层均应有测点，土层较厚时一般每隔3~5m设一个测点，埋置深度应及至压缩层底。

孔隙水压力计宜采用钻孔埋设法，埋设关键是封孔，封孔目的是隔断水压计上下水源。埋设时孔隙水压计应紧密贴合测点土层，采用膨胀土或高液限黏土泥球封孔密闭，使测点土层孔隙水与土层孔隙水完全隔绝。埋设时，以采用一孔单只孔压计埋设方法为宜。

钻孔埋设时，应做好钻孔的详细记录。必要时，可采取土样进行土工试验，以补充或校核原土工试验资料或土质参数的不足，为试验研究提供更多的基础资料。

保护孔压计外引电缆完好，不受损坏，保证孔隙水应力准确传递。待同一观测断面的全部孔压计埋设后，所有孔隙水压计的外引电缆应编好测点号码，而后集中穿入硬塑管埋入电缆沟,引出路基外到观测房或观测箱内;必要时在电缆沟旁做些标记,以防施工时截断电缆线。

每只孔压计埋设后,应及时采用接收仪器检查孔压计是否正常,如发现异常应查明原因及时修正或补埋。

埋设后,待钻孔完全填实和埋设时的超孔隙水压力消散时,才可测读孔压计的初始读数,一般需要3~4d的稳定时间。初读数时需连续测读数日,直至读数稳定为止,以稳定的读数作为初始读数。

(3)观测及其频率

软土地基上路基施工一般分为填筑期、预压期和路面施工期三个阶段。第一阶段,路堤填筑期,每填一层需观测一次,因故停止施工,每3天观测一次;第二阶段,预压期第一个月隔日观测一次,第一个月至第三个月每周观测一次,以后每半月观测一次;第三阶段,路面每填筑一层观测一次,或每月观测一次。但既定周期并不是一成不变的,当有特殊要求或发现有异常情况时,适当缩短观测周期。

5.2.6　土压力观测

土压力测试系统由土压力计和量测仪器两部分组成。土压力计选型必须与被测土体应力状况相适应。基底土压力观测应与其他观测断面保持一致,一般沿观测断面不同位置布置3~6个土压力测点。

土压力计埋设应符合下列要求:

(1)采用挖坑埋设法。坑槽底面应平整密实,埋设后的土压力计必须位置正确而稳固,上下四周约20cm范围用细砂填实。

(2)埋设时每只土压力计外引电缆均应编好测点号码,集中引入观测箱,同时记录各测点编号与其对应引线长度;每埋完一只就应及时进行测试,发现问题应及时纠正或调换。

(3)外引电缆均应有可靠的保护措施,以避免受损坏。埋设后的土压力计在初读数稳定后,才可进行其上的填筑工作。

5.2.7　观测工作注意事项

作业人员必须严格按规范要求观测并进行自检,做到记录清晰、齐全,计算准确无误,并在观测工作过程中注意以下事项:

(1)采用相同的观测路线和观测方法;

(2)观测时应选择同一晴朗天气时进行观测;

(3)使用同一仪器和设备;

(4)固定观测人员,减少人为误差;

(5)每次观测前,对所使用的仪器和设备进行检验校正,并做出详细记录;

(6)应保证观测数据的真实性,并保留原始观测数据,以备查核;

(7)按国家有关测量规范进行观测。

5.3 观测标准

5.3.1 精度要求

路基沉降量的变化相当复杂,与设计总沉降量的大小、观测频率、地质条件(软基厚度)、地基处理方式、填土速率、填土高度、沉降控制方法以及沉降趋于稳定状态的程度等因素有关。因此,需要对施工全过程(路堤填筑、预压期及路面施工期)分阶段确定水准测量等级。

路堤施工全过程沉降观测水准测量等级、精度指标和对仪器的要求如表5.2所示,水准测量的主要技术指标如表5.3所示。

路堤施工全过程沉降观测水准测量等级、精度指标和对仪器的要求 表5.2

施工阶段	水准测量等级	精度指标(mm)	使用仪器	备　注
路段修筑期	四等	2~3	DS3 / DS2	红黑面木质水准尺
堆载或等、超载期	三等/二等	2~3/1~2	DS2 / DS1	红黑面木质或因瓦水准尺
路面施工期	二等	1~2	DS1	因瓦水准尺

水准测量主要技术指标 表5.3

<table>
<tr><th>等级</th><th>水准仪型号</th><th>视线长度(m)</th><th>前后视距差(m)</th><th>前后视累积差(m)</th><th>红、黑面(基、辅面)读数较差(mm)</th><th>红、黑面(基、辅面)高程较差(mm)</th><th>往返测较差,附和允许闭合差(mm)</th></tr>
<tr><td>二</td><td>DS1</td><td>50</td><td>1</td><td>3</td><td>0.5</td><td>0.7</td><td>$\pm 0.6\sqrt{N}$</td></tr>
<tr><td rowspan="2">三</td><td>DS1</td><td>100</td><td rowspan="2">3</td><td rowspan="2">6</td><td>1.0</td><td>1.5</td><td rowspan="2">$\pm 1.4\sqrt{N}$</td></tr>
<tr><td>DS3</td><td>75</td><td>2.0</td><td>3.0</td></tr>
<tr><td>四</td><td>DS3</td><td>100</td><td>5</td><td>10</td><td>3.0</td><td>5.0</td><td>$\pm 2.0\sqrt{N}$</td></tr>
</table>

注:N为测站数,路线允许闭合差取自《工程测量规范》(GB 50026—2007)。

5.3.2 不稳定状态的判断标准

在软土路基施工中,通常可通过沉降和稳定观测达到对路堤填筑的动态控制。采用动态观测法来指导路堤施工,确定合适的施工控制指标极其重要。施工指标定得过于严格,会使路堤填筑速率减慢,填筑期加长,从而造成人力物力的浪费;施工指标定得过于宽松,则会使得填筑速率过快,从而导致在路基尚未稳定时就进行下一层填土施工,危及路堤安全。长期以来,施工控制标准的确定大都是靠经验来确定的,很少从软基的变形机理进行研究。然而,要得到较为合理的施工控制指标,就必须研究软土的变形机理。

牛志勇等通过对沪宁高速公路实测资料的分析发现,软土路基变形曲线在加载过程中有两个“拐点”,第一个出现在填土达到临界高度时,第二个拐点出现在填土高度为4.3~4.8m时,此时路基土塑性区开展,沉降将明显加大,这即是软土结构大量塌陷的填土高度。由此,可以将软土路堤的填筑过程分为三个阶段,不同阶段可以采取不同的指标进行控制。

第一阶段,也就是低填土阶段。此阶段填土高度在临界高度之下,地基抗剪能力相对于荷载(填土低)较强,剪切变形小,瞬时沉降也小。荷载作用下地基土排水固结速度快,固结沉降大。这一阶段的施工控制标准可以不受规范限制而放大,也就是这一阶段的填土速率可以加快。

第二阶段,中间阶段。此阶段填土高度处于临界高度和沉降曲线出现拐点时所对应的填土高度之间。此阶段地基土排水量出现明显降低现象,固结沉降开始变小,瞬时沉降慢慢取代固结沉降,地基的沉降和侧向位移则开始增加,此时,必须控制填土速率,不能使加载速率过大。

第三阶段,高填土阶段。高应力下地基固结系数会大大减小,排水也越来越困难,地基土抗剪强度的增加跟不上加荷速率,地基土在加载瞬间产生剪切变形,瞬时沉降和侧向位移变大。这一阶段施工控制标准必须定得严格,必须在路基稳定监测的指导下进行土方量的施工。

由此可知,在低填土阶段,填土速率可以加快,而在中间阶段和高填土阶段,填土速率应由稳定监测来进行指导,当沉降量超过10mm/d或者水平位移超过5mm/d时,应当立即通知施工单位停止填土,并下发停工通知,直至连续三次测量沉降均小于10mm/d后才能通知施工单位继续加载。

5.3.3　卸载及路面铺筑时间的确定

(1)卸载标准

在预压期,连续两个月实测沉降速率小于5mm/月为路堤稳定,若同时满足工后沉降的要求标准为:桥头路堤工后沉降量小于10cm;涵洞、通道处工后沉降小于20cm;一般路段的工后沉降量控制在30cm以内;填挖交界较为明显的路段,路堤的横坡或纵坡由于沉降的改变小于0.5%,可进行卸载,并开始路面修筑。在卸载前应观测一次沉降量,观测后挖出沉降板的管杆,按卸载厚度拆除相应的杆长,卸载完成后,对保留的管顶再观测一次高程。

在底基层、基层和沥青面层施工时,连续两个月实测沉降速率小于3mm/月为路面层稳定。

(2)反开挖施工标准

在进行桥台桩基和管涵施工时,应连续3个月进行沉降速率观测,当沉降速率小于1cm/月时,桥台桩基和管涵反开挖施工;当沉降速率小于3cm/月时,进行箱涵反开挖施工。

5.4 观测程序

观测程序包括观测方案确定程序、资料报送程序、填土速率控制及报警程序等。上述程序的顺利实施很大程度取决于建立一个运作有力的观测领导小组。大量观测实践表明,组建观测领导小组、明确资料报送程序、明确施工控制程序等对充分发挥软基变形观测的作用非常重要。

5.4.1 观测领导小组

大量软基观测工程实践表明,如果业主、监理、施工与观测单位密切配合,则可以充分发挥施工观测的作用,否则,即使观测单位及时稳定报警,也可能由于施工单位不重视而造成路基滑塌事故。因此,为确保观测工作顺利开展,建议成立由业主、设计、监理、观测单位、施工单位组成的"观测领导小组",组长由业主派人担任,其他各单位分别指派 1 ~2 名工作人员。观测领导小组的主要工作有:

(1)协调工作。主要的协调工作有:施工与观测的配合工作、协调测点保护工作、协调资料报送工作、协调报警与停载工作。

(2)制定观测作业指导书,统一普通观测断面的观测仪器、观测方法、观测表格、上报时间,并根据上报数据对普通观测断面予以指导。

(3)对普通观测断面的观测人员进行不定期培训或讲座。

(4)处理重大技术问题。如果发生滑塌等重大问题,则由观测领导小组确定相应措施,采取停载、卸载、反压等措施。

5.4.2 观测及资料报送流程

为便于软基观测工作的顺利进行,观测工作应按图 5.10 所示的程序进行,资料报送应按图 5.11 所示程序进行。需要说明的是:

(1)观测单位按照观测方案和合同规定的频率、精度对重点断面进行观测。

(2)测点仪器、仪器埋设记录、观测仪器、观测资料须经驻地监理签认。

(3)当天进行资料整理分析、稳定判断。

(4)如有观测断面观测指标超过控制标准,观测单位当天向驻地监理、总监办、业主工程部提交报警报告。如时间紧迫,报警可以先电话通知,随后书面通知。

(5)观测指标均在控制标准内,观测单位每周周一向驻地监理、总监办、业主提交本周观测报告(填土期间),观测报告中对各标段上周的观测情况进行适当分析和评价。

(6)观测单位每月向驻地监理、总监办、业主提交月度观测报告,向驻地监理、总监办、业主提供阶段报告、总结报告等。

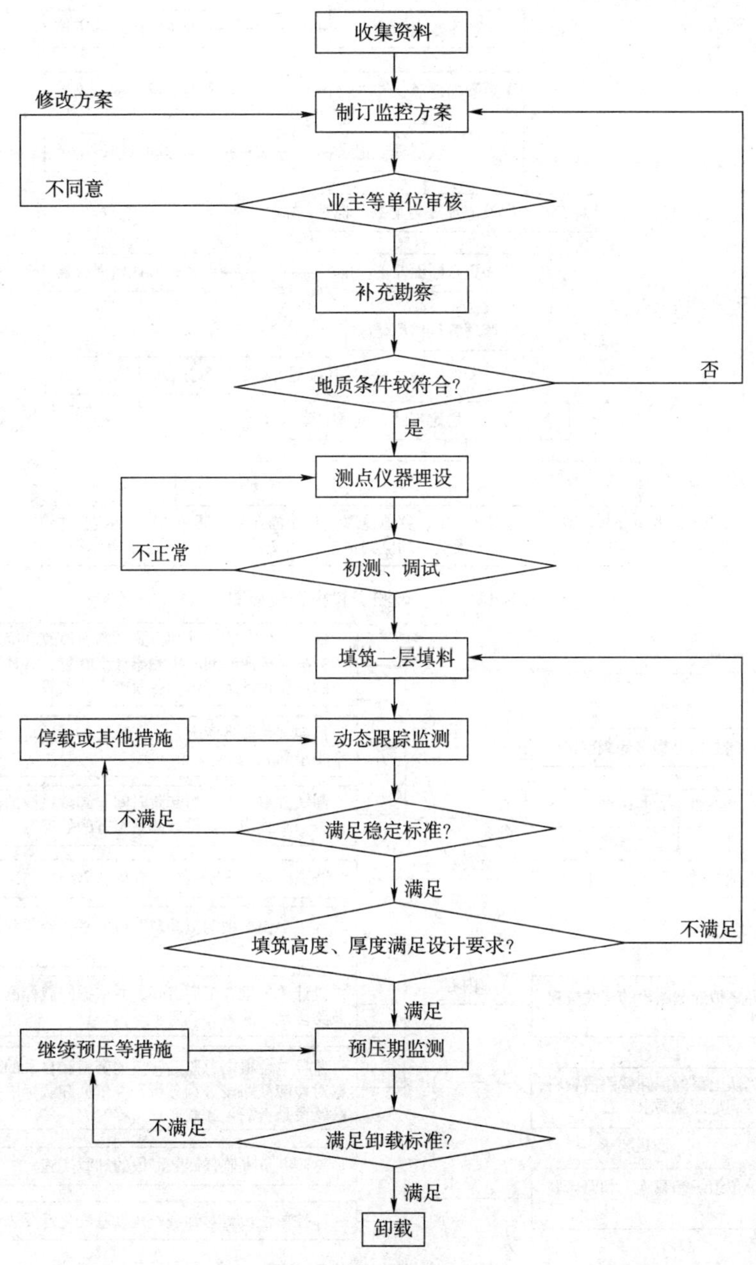

图5.10　软基观测流程图

5.4.3　卸载程序

卸载程序见图5.12。对于不满足卸载要求,但工期紧、必须卸载的段落,观测单位提出预抛高、增加超载高度等措施,以保证工程质量。

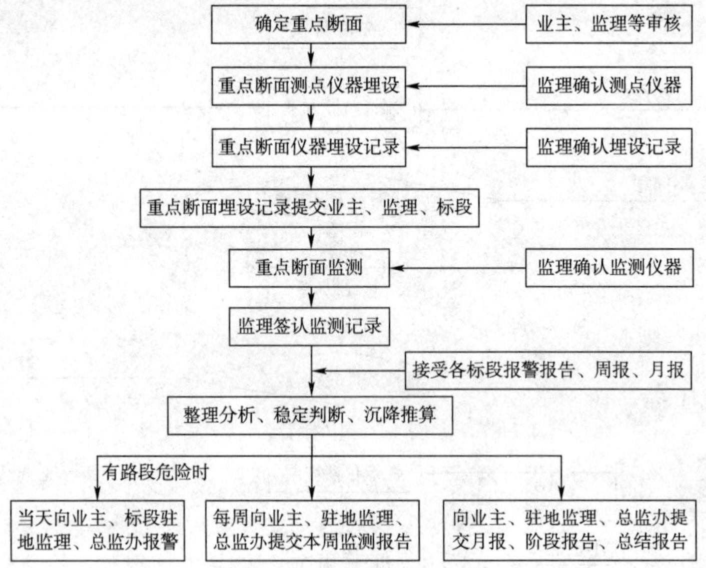

图 5.11　软基观测资料报送流程图

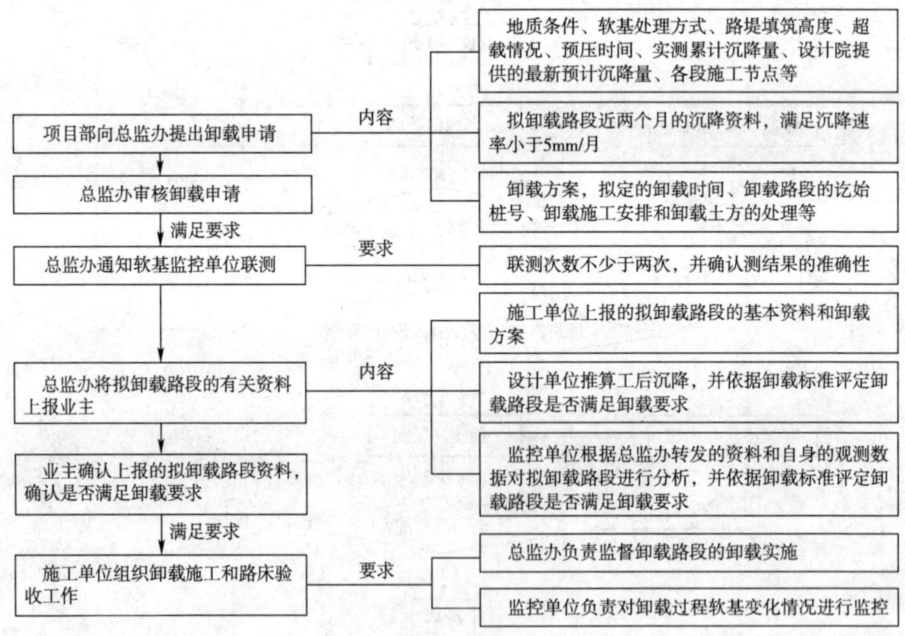

图 5.12　软基卸载程序图

5.5　观测成果及应提交资料

观测资料要求及时整理分析，形成观测报告，并将观测成果反馈给设计、业主、监理和施工单位，以便进行施工控制。一般每周汇报一次，如发现异常，应当天将结果通报施工单位并上报观测领导小组。

5.5.1　沉降观测成果

在袋装砂井或搅拌桩施工完毕之后、填土堆载前埋设仪器，其观测成果应包括：绘制沉降时程曲线，根据沉降速率提供合理的加载速率，推算最终沉降量、固结度、残余沉降及沉降差，提出合理的卸载时间。

5.5.2　地基侧向位移观测成果

在砂垫层铺设完成后布置，其观测成果应包括：绘制位移时程曲线，根据位移速率提供合理的加载速率，分析路基整体稳定性。

5.5.3　孔隙水压力观测成果

在袋装砂井或搅拌桩施工完毕之后、填土堆载前埋设仪器，其观测成果应包括：绘制孔压力/土压力—时程曲线，根据曲线提供合理的加载速率、推算固结度、提出合理的卸载时间。

5.5.4　土压力观测成果

在袋装砂井或搅拌桩施工完毕之后、填土堆载前埋设仪器，其观测成果应包括：绘制土压力—时程曲线，根据曲线确定桩土应力比等。

5.5.5　观测资料整理

所有观测资料应及时记录在表内，随时计算、校核、汇总并整理分析，发现问题应及时复查或复测并处理。观测期间应及时记录当地气象资料及地下水位的变化情况，及时计算沉降和水平位移速率。当速率骤增时，应及时进行动态跟踪观测，及时分析原因，并提出减缓填筑速率或停止填筑等有效措施，以避免地基变形过大、路基失稳而遭破坏。

5.5.6　提交资料

(1)周报；

(2)月报；

(3)报警报告(出现超标现象当天提交)；

(4)阶段观测成果报告；

(5)软基观测卸载报告；

(6)观测总结成果报告。

第6章 软土地基沉降预测方法与应用

6.1 常用沉降预测方法

在软土地基上修建高速公路,地基的沉降是一个非常引人关注的问题。高速公路要求对路基的工后沉降控制得非常严格,一般路基容许工后沉降30cm,通道、涵洞处容许工后沉降为20cm,桥台过渡区则为10cm。为了使路基的工后沉降在容许范围之内,首先必须根据实测沉降数据预测出路基的最终沉降量。对于沉降量大的地段,当总沉降减去已完成沉降大于工后沉降控制标准时,还需要根据预测出的最终沉降来设计预压土,使地基在路面结构层施工之前的沉降量达到一定值,从而使工后沉降控制在容许范围之内。

路基沉降预测方法可以分为三类:传统预测方法、数值计算法和根据实测沉降资料预测法。传统预测方法以土力学为基础,数值计算方法以本构理论为基础,根据实测沉降资料的预测方法则更多地依赖于实测沉降数据[38]。

6.1.1 传统预测方法

传统的沉降预测方法指的是建立在太沙基等人创立的经典土力学基础之上的方法,其中引入了很多简化假定,在进行沉降预测时将地基沉降分为瞬时沉降、主固结沉降和次固结沉降三个部分,并按分层总和法分别进行计算。传统预测方法包括:一维沉降计算法、司开普顿和比伦法、三维计算法和应力路径法等。这些方法都做了如下假定:

(1)地基土的压缩变形发生在有限的深度范围内;

(2)在自重应力下地基土的固结已完成,地基土的变形是由附加应力引起的;

(3)基底附加压力是作用于地表的局部柔性荷载;

(4)地基任意深度处的附加应力相等,且等于基础中心点下该深度处的附加应力值(即地基变形在侧限条件下发生)。

一维沉降计算法即为单向分层总和法,是将地基分成若干层,求出每一层的压缩量,然后将各分层的压缩量叠加起来。这种方法的计算结果与实测值存在较大的误差,引起误差的主要原因是这种计算方法假定土体为线弹性体,未考虑土体的剪切变形、土的非线性特性及土层间的相互作用。

司开普顿和比伦法考虑土体在三向应力状态下的固结过程中既有侧向压缩,也有侧向膨胀,并且将三维应力条件下固结体积变形与竖向沉降联系起来,但是计算时依然采用了一维压缩条件下的值。实际上,土体的竖向应变和体积应变之间的关系与有效应力路径的方向有关。

基于弹性理论的三维沉降计算方法可分为两种:一种是从弹性理论的应力应变关系的基本方程出发分层计算各土层的压缩量,然后总和起来得总沉降量;另一种则是利用弹性理论中的位移方程直接计算沉降量。以上基于弹性理论的沉降计算方法虽然较一维应力状态下的沉降计算方法有所改进,但是在计算过程中由于泊松比和压缩模量不是常数而是和应力存在函数关系,故其计算不能得到普遍解答。

应力路径法的原理是土体中某一点的应力状态,可用莫尔应力圆来表示,若用这一应力状态中的最大剪应力(和相应的正应力)点来代替莫尔应力圆,用最大剪应力点的变化曲线来表示土体单元从一种应力状态转变到另一种应力状态的曲线就是应力路径。其计算方法为先在地基中先选取需要计算沉降的点,再计算所选点处的初始自重应力及附加应力,然后在实验室内做三轴试验,量取附加应力下土样固结前、后的垂直应变,最后用试验中量取的应变计算沉降。这种方法的优点是考虑了土体压缩性和泊松比不是常数的因素,缺点是试验技术复杂,一般工程试验不易做到,三轴试验也不能完全模拟现场应力应变状态,且应力计算仍采用的是弹性理论,这就使得此法在实际应用中受到很大的限制。

6.1.2 数值分析方法

数值分析方法包括有限元法和有限差分法。

用有限元法计算时,将地基和路堤作为一个整体来进行分析,将其划分为网格,形成离散体结构,在荷载作用下求得任一时刻路堤和地基各点的位移和应力。有限元法能够充分考虑土体的非线性本构关系和复杂的边界条件。但是有限元法计算工作量大,且参数确定困难,这样势必造成对工程技术人员的素质要求过高,因此在工程实际中不能得到普遍应用,目前主要用于重要工程和重点地段。

有限差分法指的是用差分公式将地基沉降问题的控制方程转化成差分方程,然后结合初始条件和边界条件,求解线性代数方程组,得到所求问题的数值解。有限差分法是在常规计算方法的基础上,用差分法将土层的不均匀性、土性参数的非线性变化等因素纳入计算程序中,所以它是传统计算方法的改进,而且该方法比较直观,容易编程。

6.1.3 根据实测资料进行的沉降预测方法

传统沉降预测方法和数值计算方法都过于依赖试验,需要对土样做大量的试验来获取尽可能接近实际的参数,但由于土体性质的复杂性以及其他条件的影响,通过试验得到的土体参数往往是十分离散和不确定的。而根据实测资料的沉降预测是在取得较为充分的沉降资料的基础上进行的沉降预测,能综合考虑各种复杂因素对土体性质的影响,因此预测精度相对较高。鉴于此,运用实测沉降资料预测路基沉降受到工程界的关注,研究此类方法也更有工程实践意义。

根据实测资料进行沉降预测的方法主要有曲线拟合法(双曲线法、指数曲线法、时间对数拟合法、泊松曲线法、Asaoka 法、三点法、星野法、李国维的直线拟合法等)、灰色预测法、神经网络预测法、遗传算法、反分析法、基于遗传算法和神经网络的预测方法、皮尔—遗传神经网络法等。每种方法都有各自的优缺点。

(1)曲线拟合法

①双曲线法[39-40]。假定沉降平均速度随时间按双曲线变化,其基本方程式为:

$$S_t - S_0 = \frac{t - t_0}{a + b(t - t_0)}$$

②指数曲线法[41]。假定沉降平均速度随时间按指数曲线变化,其基本方程式为:

$$S_t - S_0 = a[1 - \mathrm{e}^{-b(t-t_0)}]$$

③时间对数拟合法[42]。假定沉降平均速度随时间按对数曲线变化,其基本方程式为:

$$S_t - S_0 = a\lg(t - t_0) + b$$

利用这些曲线方程可以计算任一时刻 $t(t \geqslant t_0)$ 的沉降量 S_t。同时,对 S_t 分别求一阶导数和二阶导数,求得沉降速率及沉降速率变化率。当 $t \to \infty$ 时,利用极限方程可以推算出最终的地基沉降量 S_∞。其中 t_0 为荷载稳定之后的某一时刻,S_0 为其对应的沉降量,a、b 为待定参数。

④泊松曲线,也就是逻辑斯蒂成长曲线[43],也称为皮尔曲线,其表达式为:

$$y_t = \frac{c}{1 + a\mathrm{e}^{-bt}}$$

式中:a、b、c——待定参数;

t——时间;

y_t——t 时刻的沉降值。

⑤Asaoka 法[44]是一种从一定时间过程所得的沉降观测资料来预测最终沉降量和沉降速率的方法,其基本表达式为:

$$S_j = \beta_0 + \beta_1 S_{j-1}$$

式中:s_j——时间 t_j 时的沉降量,$t_j = j\Delta t$,$j = 1,2,3\cdots\cdots$ 且 Δt 为常数。

根据实测沉降资料，作图确定待定参数 β_0、β_1 和最终沉降量。

⑥三点法[45]。认为在任意时刻 $t(t \geqslant t_0)$，主固结沉降量为：

$$S_1(t) = \overline{U_t} \cdot S_{1c}$$

式中：$\overline{U_t}$——t 时刻地基的平均固结度，用下式表示，

$$\overline{U_t} = 1 - A \cdot e^{-Bt}$$

A、B——待定系数。

将上两式合并可得：

$$S_1(t) = S_{1c}(1 - A \cdot e^{-Bt})$$

从实测的早期 s-t 曲线上选择荷载停止施加以后的三个时间 t_1、t_2、t_3，其中 t_3 应尽可能与曲线末端接近，时间差 $t_2 - t_1$ 和 $t_3 - t_2$ 应相等且尽量大些。由 t_1、t_2、t_3 对应的 $S_1(t_1)$、$S_1(t_2)$、$S_1(t_3)$ 可以求得参数 S_{1c}、A、B：

$$S_{1c} = \frac{S_1(t_3)[S_1(t_2) - S_1(t_1)] - S_1(t_2)[S_1(t_3) - S_1(t_2)]}{[S_1(t_2) - S_1(t_1)] - [S_1(t_3) - S_1(t_2)]}$$

$$B = \frac{1}{t_2 - t_1}\ln\frac{S_1(t_2) - S_1(t_1)}{S_1(t_3) - S_1(t_2)}$$

$$A = e^{Bt_1}\left[1 - \frac{S_1(t)}{S_{1c}}\right]$$

采用三点法推算最终沉降量，一般要求观测资料持续时间较长，荷载稳定，实测沉降曲线基本处于收敛阶段才可进行。且计算时应尽可能取较长的时间段，并多取几个不同时间段来分别计算，取其平均值作为最终的沉降值。

⑦星野法[45]。认为固结沉降是时间平方根的函数，t 时刻固结沉降量计算式为：

$$S_t = \frac{AK\sqrt{t - t_0}}{\sqrt{1 + K^2(t - t_0)}}$$

则总沉降为：

$$S = S_0 + S_t = S_0 + \frac{AK\sqrt{t - t_0}}{\sqrt{1 + K^2(t - t_0)}}$$

式中：S_0——假定的瞬时沉降；

t_0——假定的瞬时沉降时的时间；

A、K——待定参数。

将之变成直线方程的形式：

$$\frac{t-t_0}{(S-S_0)^2}=\frac{1}{A^2K^2}+\frac{1}{A^2}(t-t_0)$$

式中：$\frac{1}{A^2K^2}$——直线的截距；

$\frac{1}{A^2}$——直线的斜率。

计算时根据假定的几组 t_0、S_0 和实测值 S、t 点制成曲线图，从中选取合适的假定线，确定参数 A、K 的值，再代入计算任意时刻的沉降量 S_t。利用星野法预测路基沉降的关键是调整星野法中的假定瞬时沉降和假定瞬时沉降发生的时间，使得回归分析的数据点能较好地落在一条直线上。

⑧直线拟合法。李国维[46]等根据土力学基本理论提出的沉降预测法（称为直线拟合法），利用整个填土加载过程的实测填土厚度、沉降数据，能更准确地反映地基的沉降发展规律。在填土加载卸载波动频繁，填土过程线呈锯齿形，或者填土过程中超载欠载明显的情况下，该方法都能保证沉降预测的准确性，克服了传统曲线拟合法沉降预测时依赖恒载下沉降数据的不足。因此，适用于软基上高速公路路基预压方案的动态设计。该方法沉降发展过程关系式为：

$$S_t=\alpha\sum_{i=1}^{n}h_i-\frac{\beta\sum_{i=1}^{n}h_i}{t} \tag{6.1}$$

式中：S_t——t 时刻的累计沉降；

$\sum_{i=1}^{n}h_i$——t 时刻累计填土厚度；

i、n——分别表示填土级数和累计填土级数；

α,β——待定系数。

式(6.1)又可改写为：

$$\frac{S_t t}{\sum_{i=1}^{n}h_i}=\alpha t-\beta \tag{6.2}$$

根据实测填土厚度和沉降数据并利用上式进行线性拟合，可求得参数 α、β。由式中可以看出，当 t 足够大时，沉降 $S_t\to\alpha\sum_{i=1}^{n}h_i$。因此，最终沉降 S_∞ 表示为

$$S_\infty=\alpha\sum_{i=1}^{n}h_i$$

(2)灰色预测法[47-48]

GM(1,1)模型是灰色系统理论中最基本，同时也是最常用的模型，它是通过对已知的单位时段内的沉降量的研究分析来获得沉降的变化规律，从而预测它在未

来时间内的变化量。其基本思想是对无规则的数据序列做一系列变换使其变得有规则。

GM(1,1)常用的微分方程式为：

$$\frac{dX^{(1)}}{dt} + aX^{(1)} = u$$

对原始数列做累加生成

$$X^{(1)}(i) = \sum_{k=1}^{i} X^{(0)}(k) \qquad (i = 1,2,3,\cdots,n)$$

得到 GM(1,1)灰色微分方程的时间响应序列解为：

$$\hat{X}^{(1)}(k+1) = [X^{(1)}(1) - \frac{u}{a}]e^{-ak} + \frac{u}{a} \qquad (k = 1,2,\cdots,n)$$

还原值 $\hat{X}^{(0)}(k+1) = \hat{X}^{(1)}(k+1) - \hat{X}^{(1)}(k) \quad (k=1,2,\cdots,n)$。

根据上列各式，便可对观测数列的后序值进行预测。

(3)神经网络预测法

神经网络中目前比较成熟且应用最为广泛的是误差逆传播网络，简称 BP 网络。一般由输入层、隐含层及输出层组成，同层节点间没有任何联系，不同层节点均采用前向连接方式。BP 神经网络模型实现特定的输入与输出的映射分为学习过程和运用过程两部分。其学习过程可归纳为“信号正向传播、误差逆向传播、记忆训练、学习收敛”。具体算法可归纳如下[49-51]：

①网络初始化：随机给全部权值及神经元的阈值赋以初始值，给定输入模式 A_k 和输出模式 Y_k；

②用输入模式 A_k 计算中间层各单元的输入 B_j，然后利用 B_j 计算中间层各单元的输出 b_j；

③利用 b_j 计算输出层各单元的输入 C_t，然后利用 C_t 计算各单元的响应 c_t；

④计算各单元的一般化误差并修正连接权，通过修正各权值使误差最小；

⑤选择下一个学习模式对从第③步开始，直至全部模式对训练完毕；

⑥达到误差精度和循环次数后输出结果，否则返回第③步。

(4)遗传算法[52]

遗传算法模拟了自然选择和遗传过程中发生的繁殖、杂交和变异现象。在利用遗传算法求解问题时，每个可能的解都被编码成一个“染色体”，即个体，若干个体便构成了群体，即所有可能解。选择、交叉、变异这 3 个操作算子构成遗传算法的遗传操作。使用遗传算法时，首先要随机地产生一些初始解，同时给出一个目标函数和适应度值，然后再根据预定的目标函数对初始解进行评价，根据适应度值按“优胜劣汰”的原则选择复制下一代。在这个过程当中，因为选择复制的是好的个体,因此,选择出来的个体经过杂交和变异算子进行再组合生成的新的一代就继承了上一代的优良性状,这样一来,就可以使得遗传过程朝着更优解的方向进行。

(5)反分析法[53]

反分析法是利用施工过程中实测的地基沉降资料反演确定地基土的物理力学模型参数,再将反演得到的参数代回到正分析模型中计算地基沉降量。进行反分析的方法有很多种,其中直接反分析是比较有效、稳定且应用较多的一种方法,其具体步骤如下:

①建模。这个模型是一个描述实际岩土工程结构问题或理论数学的模型,其中含有一组待定的材料性质参数,用列阵 $\boldsymbol{P}$ 表示。

②待定参数的选取。用理论模型在外部条件下产生的响应作为待定参数的函数。

③建立目标函数 $J(\boldsymbol{P})$,并确定参数的约束条件。目标函数的通用表达式为:

$$J = J(\boldsymbol{X}^{*},\boldsymbol{X})$$

式中:J——目标函数;

$\boldsymbol{X}^{*}$——观测值向量;

$\boldsymbol{X}$——有限元计算值。

④选择优化策略,使 $J(\boldsymbol{P}^{*}) = \min J(\boldsymbol{P})$。其中,$\boldsymbol{P}^{*}$ 是最终反分析结果。

(6)基于遗传算法和神经网络的预测方法[54]

基于遗传算法和神经网络的预测方法是遗传算法和神经网络法两种方法的结合。它是指在人工神经网络的学习过程中,应用遗传算法对神经元连接权值进行编码,并随机生成初始群体,进行交叉、变异,同时计算能量函数,调整交叉、变异概率,迭代,直至神经网络训练完成。这种新算法能够改变神经网络法收敛时间长、搜索能力较差的弱点。

(7)皮尔—遗传神经网络法

皮尔—遗传神经网络法是在总结分析皮尔曲线法、遗传算法、神经网络法三种方法的基础上提出来的,它结合了此三种方法的优点。研究表明[55],皮尔曲线可以较准确地描述高路堤沉降趋势,但是趋势项的偏移量是一个复杂的非线性序列,使用皮尔曲线计算时误差较大,因而采用神经网络模型进行外推。然而人工神经网络学习过程又有收敛时间过长、易陷入局部最小以及搜索能力较差等缺点,故采用遗传神经网络法来进行研究。这种方法与上述的基于遗传算法和神经网络的预测方法的唯一不同就是先采用皮尔曲线建模,然后对趋势偏移量用神经网络法建模,其后的算法同遗传—神经网络法。

6.2 基于 MATLAB 的沉降预测方法可视化开发

由于受多种因素的影响,所以在软土地基沉降观测资料的分析中,很难找到一种适合各种情况的方法来确定沉降量，往往需要采用多种不同的方法来分析实测沉降观测资料，并根据多种方法得出的结果进行分析比较，以最终确定采用哪种方法。如果采用手算，则费时费力，容易出错，为此，本节基于现有的 MATLAB 软件开发了软土地基沉降预测的可视化操作界面，以减少工作量和实现沉降预测的可视化操作。

6.2.1　MATLAB 软件简介

MATLAB(MATrix LABoratory，即矩阵试验室)是美国 MathWorks 公司于 1984 年推出的一种为科学和工程计算而专门设计的高级交互式软件包。MATLAB 环境集成了图示与精确的数值计算，是一个可以完成各种计算和数据处理可视化的、强有力的、易于使用和理解的工具。目前，MATLAB 已经被证明是一种适应多学科、多种工作平台的功能强大、界面友好、语言自然并且开放性强的大型优秀应用软件。

随着 MATLAB 更高版本的出现，MATLAB 图形界面设计技术进入了一个新的阶段。它为用户提供了一个实用的用户图形界面开发程序，将该程序与用户的编程经验结合起来，用户可以很容易地写出高水平的用户界面程序，而且该软件完全是可视的，其方便程度类似于 Visure Basic。

6.2.2　可视化操作界面

(1)功能简介

软土地基上路堤沉降预估的可视化操作界面可以实现下述功能：

①拟合方法的选择。可提供双曲线拟合法、指数曲线拟合法、皮尔模型拟合法、GM(1,1)模型拟合法和灰色 Verhulst 模型拟合法五种拟合方法。

②分段拟合。根据选择的拟合数据起点、终点和拟合方法可以对拟合数据分段采用不同的拟合方法进行拟合。

③在同一坐标系中绘制原始数据和拟合数据曲线图以便于比较，而且可以将采用不同方法得到的拟合曲线绘制在同一坐标系下。

④显示、保存拟合参数，绘制拟合误差曲线图。

⑤预测未来时刻的沉降值。根据保存的拟合参数和给出的需要预估沉降值的时刻，即可预估未来时刻的沉降值。

(2)工作流程

①在 Matlab 中打开拟合程序的友好界面；

②打开拟合数据文件；

③选择拟合数据的起点、终点以及拟合方法；

④开始拟合；

⑤预估沉降值；

⑥退出。

(3)操作步骤

①建立拟合数据文件;

②启动可视化操作界面。

启动 Matlab,在 Matlab 命令窗口(图 6.1)中单击打开文件按钮或者单击 File 中的 Open 菜单,选择 *.m 文件,打开后会出现如图 6.2 所示的窗口。

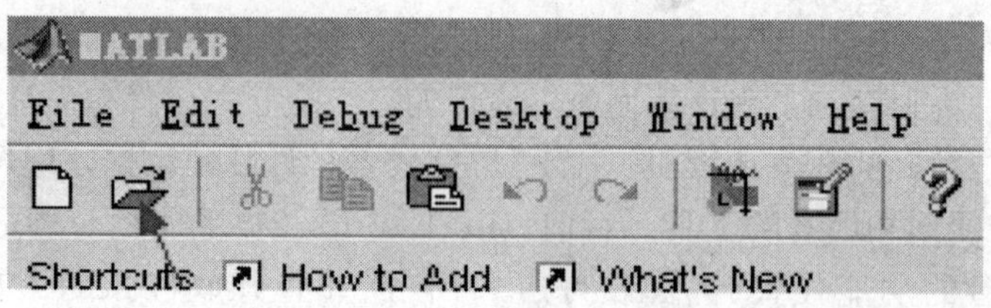

图 6.1 Matlab 命令窗口

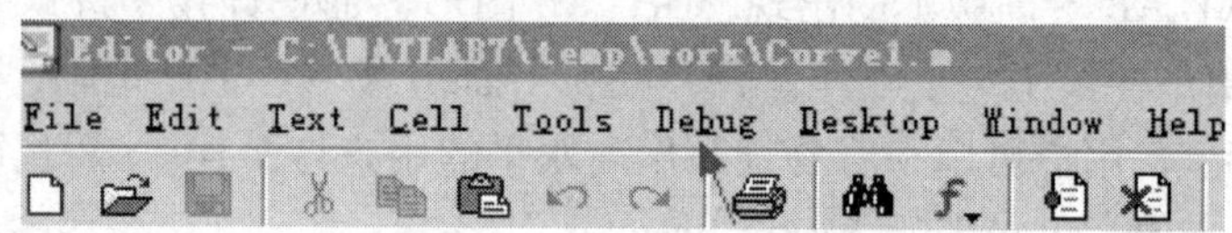

图 6.2 打开 *.m 文件后出现的窗口

单击 Debug(图 6.2 箭头所示)中的 Run,则会出现沉降预测的可视化操作界面。或者启动 Matlab,在 Matlab 命令窗口中单击打开文件按钮或者单击 File 中的 Open 菜单,选择 *.fig 文件直接打开可视化操作界面,如图 6.3 所示。

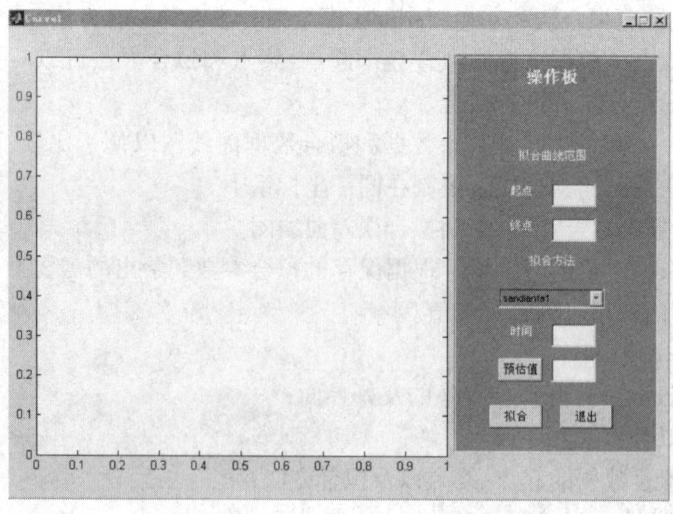

图 6.3 可视化操作界面

③选择起点、终点以及拟合方法，单击拟合，则会出现图 6.4 所示的拟合曲线。

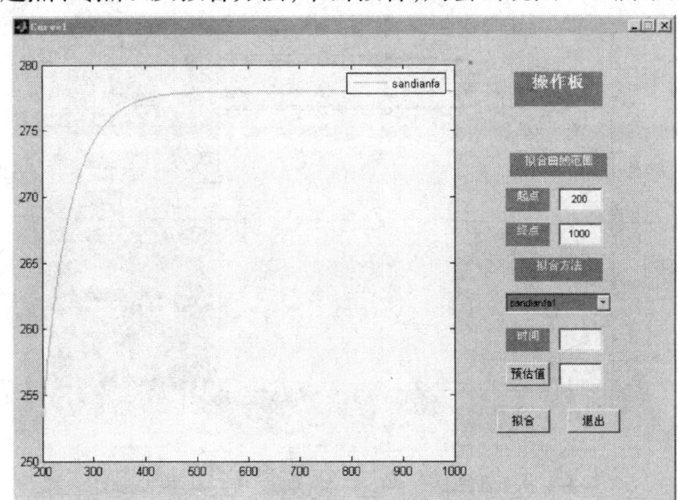

图 6.4　拟合曲线

④输入时间，单击预估值，便可得到对应时间的沉降预测值。

⑤退出。单击界面上的退出按钮即可退出该操作界面。

6.2.3　实例分析

以某高速公路 K109 +870 断面为例进行沉降预测的可视化操作。该断面填高 5m，软基深度为 13m，地基处理方式塑料排水板。该断面填高—时间—沉降图如图 6.5 所示。

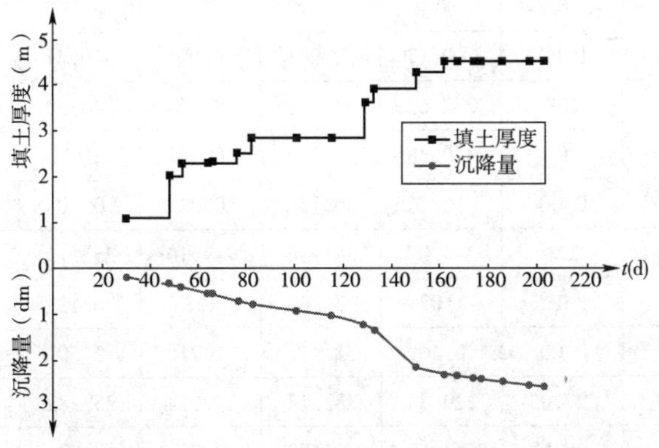

图 6.5　某高速公路 K109 +870 断面填高—时间—沉降图

分别用三点法、直线拟合法、双曲线法、皮尔曲线法、指数曲线法及 Asaoka 法来进行预测，可视化界面见图 6.6。

表 6.1 给出了各预测结果与实测值。由表可知，直线拟合法、三点法以及双曲线法的预测结果跟实测值较接近，由此可知这三种预测方法比较合适。

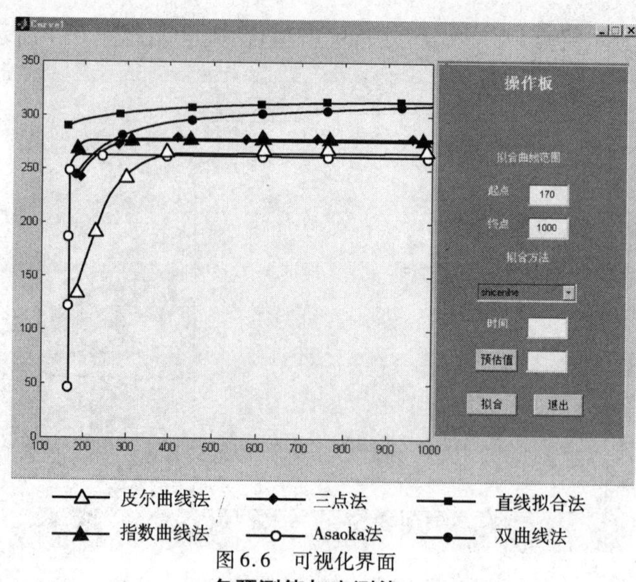

图 6.6　可视化界面

各预测值与实测值　　表 6.1

时间(d)		162	167	174	177	186	197	203
实测值(mm)		228	233	238	240	246	253	256
直线拟合法	预测值	227.96	233.95	238.22	241.54	246.24	252.31	254.34
	残差	-0.04	0.95	0.22	1.54	0.24	-0.69	-1.66
	误差(%)	-0.02	0.41	0.09	0.64	0.10	-0.27	-0.65
三点法	预测值	228	232.60	238	239.99	245	249.56	251.48
	残差	0	-0.4	0	-0.01	-1	-3.44	-4.52
	误差(%)	0.00	-0.17	0.00	0.00	-0.41	-1.36	-1.77
双曲线法	预测值	228	232.62	238.33	240.54	246.50	252.63	255.55
	残差	0	-0.38	0.33	0.54	0.5	-0.37	-0.45
	误差(%)	0.00	-0.16	0.14	0.22	0.20	-0.15	-0.18
指数曲线法	预测值	228	234.07	241.36	244.10	252.15	257.81	260.71
	残差	0	1.07	3.36	4.1	6.15	4.81	4.71
	误差(%)	0.00	0.46	1.41	1.71	2.50	1.90	1.84
皮尔曲线法	预测值	227.03	229.83	232.12	242.74	253.82	254.34	264.47
	残差	-0.97	-3.17	-5.88	2.74	7.82	1.34	8.47
	误差(%)	-0.43	-1.36	-2.47	1.14	3.18	0.53	3.31
Asaoka 法	预测值	228.4	233.23	239.56	240.73	251.31	261.33	261.33
	残差	0.4	0.23	1.56	0.73	5.31	8.33	5.33
	误差(%)	0.18	0.10	0.66	0.30	2.16	3.29	2.08

6.3　路堤预压土高度的动态设计与施工

软基上高速公路路基的工后沉降控制是影响工程质量的关键因素。为使工后沉降满足要求，势必要求地基沉降变形在路面施工前大部分或基本完成，而对路基进行预压是解决这一问题的有效措施。由于堆载预压法具有施工控制简单、应用成熟、预压效果好、成本低廉等优点，被广泛应用。

目前，对于软基上高速公路路基预压高度和预压时间的确定均建立在现场勘察时土样土工参数和太沙基一维固结理论基础之上，无法考虑路基填筑过程中加载历时随机性大、土体参数变异、勘察取样间隔过大等问题，从而使设计阶段计算出的预压方案与路基实际性态脱节，无法指导现场施工。因此，充分利用路基填筑期的实测沉降资料，选择合理的地基沉降预测和固结系数计算方法，提出路基预压方案动态设计的方法，有利于合理指导路基填筑，有效控制工后沉降，提高工程质量。

6.3.1　基于实测资料的软土地基固结系数计算

固结系数是软土地基处理设计中的重要参数。软基处理方法的选择、施工工期、预压荷载以及工程造价等都与固结系数密切相关。其确定方法可分为室内试验方法[56]和基于现场实测沉降或孔压数据的反演分析方法[57]。由于室内土工试验的环节较多，且试验结果又受取土质量、试验技术水平及计算方法等各种因素的影响，相对而言，由现场实测资料反分析得到的固结系数更加令人信服，并用以对地基加固设计参数进行再次优化，从而更科学地进行软基加固施工，这正是土体固结系数反分析的意义所在。目前，基于实测沉降或孔压数据反算固结系数的方法主要有修正 Asaoka 法[57]、实测沉降推算法[58]、实测孔压推算法[59]等，《港口工程地基规范》(JTS 147-1—2010)提出的根据分级加荷实测沉降数据求解软土地基固结系数的方法，公式简单，适合手算，便于工程应用，可用于软基上路基堆载预压的动态设计。

其基本步骤如下：

(1)通过实测沉降数据采用李国维等提出的直线拟合法预测路基等载下的最终沉降量 $S_{\infty 等}$。

(2)按式(6.3)将实测的地基沉降与时间的关系曲线转化为$\overline{U'}$-t 曲线。

$$\overline{U'} = \frac{S_t}{S_{\infty 等}} \tag{6.3}$$

式中：$\overline{U'}$——对应于累计填土荷载$\sum P$ 的固结度；

S_t——对应于任一时刻 t 的地基沉降。

(3)按式(6.4)和式(6.5)将$\overline{U'}$化为瞬时加荷条件下的固结度$\overline{U}$,并绘$\overline{U}$-t曲线。

$$当\ t<T_2^0\ 时,\overline{U}=\overline{U'}\frac{\sum S_i}{S_1} \tag{6.4}$$

$$当\ t>T_2^0时,\overline{U}=\left[\overline{U'}-\sum_{i=2}^{n}\overline{U}_{\left(t-\frac{T_i^0+T_i^f}{2}\right)}\frac{S_i}{\sum S_i}\right]\frac{\sum S_i}{S_1} \tag{6.5}$$

式中:S_i——第i级荷载作用下的最终沉降量,计算加荷期间的固结度时,S_i变改为ΔS_i;

ΔS_i——对应于t时的荷载ΔP_i作用下的最终沉降量;

S_1——第1级荷载下的最终沉降量;

T_i^0——第i级加荷的起始时间;

T_i^f——第i级加荷的终止时间,计算加荷期间的固结度时,T_i^f应改为t。

(4)由$\overline{U}$-t曲线,并根据固结度理论公式$\overline{U}=1-\frac{8}{\pi^2}e^{-\frac{\pi^2 C_v t}{4H^2}}$,可通过最小二乘法运用MATLAB编程计算固结系数C_v,式中H为排水距离。

最小二乘法计算固结系数的具体算法如下:

任意时刻固结度$U_i=1-\frac{8}{\pi^2}e^{-\frac{\pi^2 C}{4H^2}t_i}$,令$E(C)=(U_1-U_1^0)^2+(U_2-U_2^0)^2+\cdots+(U_n-U_n^0)^2$,从初始估计$C_0$开始,采用迭代方法解决问题。其每一步的增量为$dC_i$,使得$E(C_i+dC_i)$最小,其中$C_i$和$dC_i$分别表示$C$的第$i$步近似值和第$i$步增加值。当$E(C)$小到一个给定的正常数时,迭代过程终止。

通过计算,方程能够得到$E(C)$的稳定点,$C_{k+1}=C_k-(\boldsymbol{A}^T\boldsymbol{A})^{-1}\boldsymbol{A}^Tf(C_k)$,把$C_{k+1}$作为$E(C)$的极小点的第$k+1$次近似。

①给定初点t_1、C_1、U_1,允许误差$\varepsilon>0$,令$k=1$;

②将C_1代入计算式,计算U_2;

③计算函数数值$f_1(C_k)=U_1-U_1^0$,依次计算,一直到求出$f_e(C_k)$,得到向量$f(C_k)=\begin{bmatrix}f_1(C_k)\\f_2(C_k)\\\vdots\\f_e(C_k)\end{bmatrix}$,然后计算一阶偏导数$A=\frac{\partial f_i(C_k)}{\partial C}$,$i=1,2,\cdots,e$,得到$e\times1$矩阵$\boldsymbol{A}$;

④解方程组$\boldsymbol{A}^T\boldsymbol{A}(C-C_k)=-\boldsymbol{A}^Tf(C_k)$,求得$C_{(k+1)}=C_k-(\boldsymbol{A}^T\boldsymbol{A})^{-1}\boldsymbol{A}^T\boldsymbol{f}(C_k)$;

⑤若$\|C_{(k+1)}-C_k\|\leqslant\varepsilon$,则停止计算,得到解$C^*=C_{k+1}$,即获得最佳系数$C$;否

则，让 $k=k+1$，返回步骤②。

6.3.2　堆载预压的动态设计方法

高木俊介法计算地基平均固结度的公式为[60]：

$$\overline{U_t}=\sum_{i=1}^{n}\frac{q_n}{\sum\Delta p_i}\left[(T_i^{f}-T_i^{0})-\frac{\alpha}{\beta}e^{-\beta t}(e^{\beta T_i^{f}}-e^{\beta T_i^{0}})\right] \tag{6.6}$$

$$\alpha=\frac{8}{\pi^2},\beta=\frac{\pi^2 C_v}{4H^2}$$

式中：H——排水距离；

q_n——加荷速率；

$\sum\Delta p_i$——各级荷载累加值；

T_i^0——第 i 级加荷的起始时间；

T_i^{f}——第 i 级加荷的终止时间；

t——从路堤填筑开始至预压土卸载为止的整个时间段。

公式中各变量单位前后统一即可。

$\overline{U_t}$算出后，通过式(6.7)计算等载或超载预压卸载后的沉降量 S_t'：

$$S_t'=\overline{U_t}\cdot S_{\infty等} \tag{6.7}$$

取预压土高度为 Δh，并假设填高与对应的总沉降呈线性关系，则填土荷载$(\sum h_i+\Delta h)$对应的总沉降为：

$$S_\infty=S_{\infty等}\cdot(\sum h_i+\Delta h)/(\sum h_i+0.95) \tag{6.8}$$

其中 0.95m 为路面结构层等效为填土时的厚度，$(\sum h_i+0.95)$为实际路面施工完后地基上的荷载，即对应于 $S_{\infty等}$的荷载。

将 Δh 代入式(6.6)计算$\overline{U_t}$，并根据式(6.7)求 S_t'，$S_\infty-S_t'$ 即为工后沉降。反复调整预压高度 Δh，直至工后沉降 $S_\infty-S_t'$ 在控制标准范围内，并且与控制标准比较接近，则此时的预压高度满足要求。由于现场施工时的预压土压实度标准低于正常路基压实度，采用该方法计算得到的预压土高度在实际施工时还应根据现场预压土施工压实度进行高度换算。若最终计算的预压土高度超过规范允许的最大高度要求，可通过延长预压期的办法降低预压土高度。

6.3.3　实例分析

(1)软基上高速公路路基堆载预压土设计

以某高速公路的一个典型断面为例说明预压土高度计算方法。该断面软基深度 19m，塑料排水板处理，填土高度 4.771m，设计预压时间为 1 年。沉降历时如表 6.2 所示。

某高速公路 K101 +180 填高、观测时间和沉降　　表 6.2

填高(m)	0.378	0.768	0.784	0.784	1.363	1.363	1.363	1.946
天数(d)	3	9	11	14	44	79	98	117
沉降量(mm)	0	70	75	75	120	150	163	255
填高(m)	2.544	2.544	2.544	2.544	3.253	3.897	4.464	4.464
天数(d)	137	139	159	199	212	229	243	256
沉降量(mm)	308	310	326	354	435	518	592	621

①推算等载下最终沉降 $S_{\infty 等}$

根据直线拟合法,预测等载下最终沉降量为 $S_{\infty 等}=793\text{mm}$。

②反算固结系数 C_v

将表6.2 中的数据按式(6.3)将实测的地基沉降与时间的关系曲线 S_t-t 化为 $\overline{U'}$-t 曲线,如图 6.7 所示,并按式(6.4)和式(6.5)将$\overline{U'}$化为瞬时加荷条件下的固结度$\overline{U}$,绘出$\overline{U}$-t 曲线,如图 6.8 所示。然后,采用编制的 MATLAB 程序计算固结系数 C_v,得固结系数为 $C_v=0.051\ 1\text{cm}^2/\text{s}$。

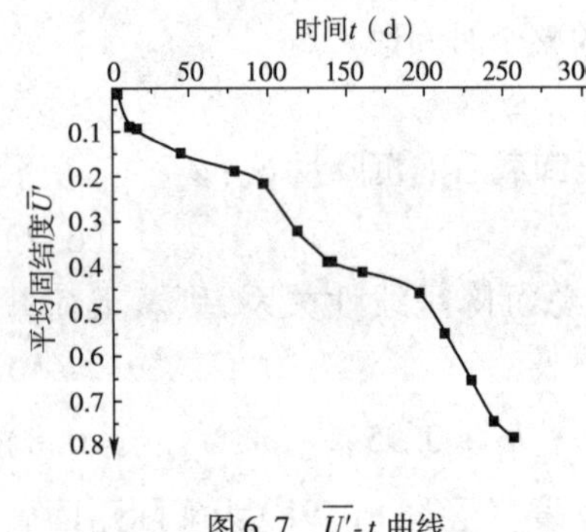

图6.7　$\overline{U'}$-t 曲线

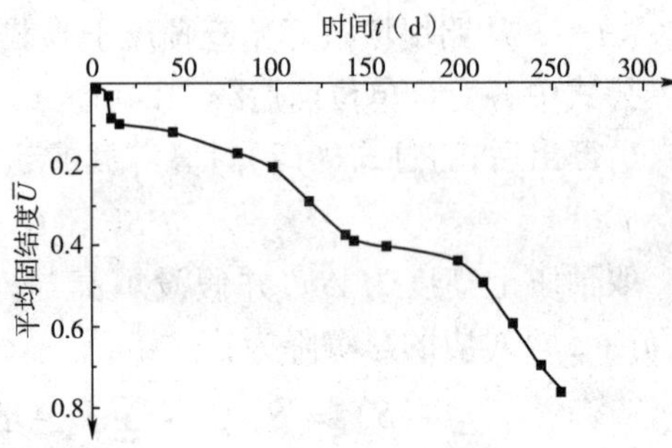

图6.8　$\overline{U}$-t 曲线

③计算堆载预压高度 Δh

将固结系数 C_v、排水深度 H、预压天数 t、每层填土高度 h_i 以及每层填土的加载时间(T_i-T_{i-1})代入公式(6.6)得:

$$\overline{U_t}\cdot\sum\Delta p_i=\sum_{i=1}^{n}q_n\left[(T_i^{\mathrm{f}}-T_i^0)-\frac{\alpha}{\beta}\mathrm{e}^{-\beta t}(\mathrm{e}^{\beta T_i^{\mathrm{f}}}-\mathrm{e}^{\beta T_i^0})\right]=101.5 \tag{6.9}$$

若选择预压高度 Δh(可初选 1m),则 $\sum\Delta p_i=\rho g(\sum h_i+\Delta h)$,将其代入式(6.9)中,可得固结度:

$$\overline{U_t}=101.5/\sum\Delta p_i \tag{6.10}$$

为避免误差因素的影响,确保后期安全施工,若选取软基上高速公路路基正常路段工后沉降标准为 8cm,则应有

$$S_\infty-S'_t=S_\infty-S_{\infty 等}\overline{U_t}\leqslant 0.08\text{m} \tag{6.11}$$

将初选的预压高度代入式(6.8)中求 S_∞,并与式(6.10)一起代入式(6.11)

中，反复试算直至满足式(6.11)，且最为接近8cm，即为所求的预压土高度Δh。采用此方法，求得K101+180预压高度值$\Delta h=1.9\mathrm{m}$。该预压土高度对应的路基压实度为93%，由于预压土施工压实度一般控制在85%，则实际施工时的预压土高度为$\Delta h\times 0.93/0.85=2.1\mathrm{m}$。

(2)堆载预压的动态设计方法

为体现预压方案的动态设计理念，对算例分别计算出不同的工后沉降控制标准(10cm、15cm、20cm、25cm、30cm)及不同预压期(6个月、8个月、10个月、12个月)下的预压土高度，结果如表6.3所示。

不同工后沉降控制标准和不同预压期下的预压土高度　　表6.3

预压时间＼控制标准	10cm	15cm	20cm	25cm	30cm
6个月	4.0 m	3.3 m	2.5 m	1.8 m	1.0 m
8个月	3.0 m	2.3 m	1.6 m	1.0 m	0.3 m
10个月	2.3 m	1.8 m	1.1 m	0.5 m	0.0 m
12个月	1.9 m	1.3 m	0.8 m	0.2 m	0.0 m

由表6.3可知，当控制标准为10cm，且预压时间6个月时，所算出的预压高度超过了《公路路基设计规范》(JTG D30—2004)对最大预压土高度的限制，若依此施工，可能会导致路堤的失稳破坏，故而建议延长预压时间，确保施工过程的安全稳定进行。当预压时间较为充分(如12个月)，控制标准较宽松时(如30cm)，计算的预压高度为0，表明路基在自然条件下静置一年即可满足工后沉降的要求。因此，实际工程中，可采用本节提出的路基堆载预压的设计方法，结合工期和工后沉降标准等，动态设计预压方案。

6.3.4　预压施工控制技术

常见的预压方法有土法和水预压法两种。对于土料来源比较方便的地方，一般采用土预压法，对于土料来源不方便，运距远，但是靠近水源的地方，从经济的角度考虑，可以采用水预压法。

(1)土预压法

①施工要求

a.预压土施工之前，应先测量该层的高程、路基横坡度、宽度及压实度。

b.预压土应在路基宽度内全幅施工，不留车道。预压土边坡按1:1.5执行，以此确定预压土顶宽度。

c.预压土顶面必须整平，非超高段落设置2%的双向横坡以利排水；超高段落的横坡取路面设计横坡值。

d.路基预压应沿纵向连续满布加载土方，加载高差过渡段设置在加载高度小的段落内，相邻两段落进行顺坡处理，其纵坡不宜大于10%。

e. 施工层厚不大于50cm，确保压实度不小于85%。如压实度达不到要求时，必须加高预压土高度，其增加高度按当量土重新换算。

f. 当预压期沉降量大于15cm时，应及时补加载至预压高程，以确保预压强度。

g. 为确保压实度和路基稳定，加载必须分层填筑，每日填筑的速率不得大于50cm，加载高度80～100cm的分2层填筑，加载高度为100～150cm的分3层填筑，加载高度为150～200cm的分4层填筑。

②施工准备

a. 预压土填料选用细粒土填料，施工之前须到取料场采取土料进行试验。

b. 按照测量要求进行测量放线，放出边线、中线及高程控制桩。

c. 在填筑之前，认真检查下承层，只有下承层各方面符合要求时才能进行预压土施工。

③施工方法

a. 预压土填筑之前，沿基床底层顶面纵向铺设一层聚丙烯编织布，每幅纵向搭接长度为0.1m，编织布铺时要整平、压紧，然后在其上填土。为防止填筑完成后，雨水直接冲刷路肩，编织布应超过路基顶宽外边缘0.3m。

b. 预压土必须分层填筑，每层填筑厚度不超过50cm，为保证边坡压实质量，填筑时两侧各加宽20～30cm。

c. 填料摊铺平整使用推土机进行初平，再用平地机进行终平。控制层面无显著的局部凹凸，路拱做成4%的横向排水坡。

d. 碾压夯实，压实顺序按先两侧后中间、先静压后振动的操作程序进行。各区段交接处互相重叠压实，纵向搭接长度5m，沿线路纵向行与行之间重叠0.4m。

e. 预压土填筑到顶面时，应做出横向排水坡，以利于排水，面要平整、防止积水，边坡按设计要求做成1∶1的坡，坡面要平整顺直。

f. 预压土卸载，实际工程中通常采用沉降速率法，以月沉降速率来控制卸载时间。

④预压土施工期间沉降观测

a. 预压土施工过程中必须坚持每层监测一次，如沉降速率大于10mm/日或水平位移大于5mm/日，则必须停止加载，且必须每天观测一次，直至连续三次观测结果都在稳定控制标准范围之内，才能进行下一层预压土的施工。

b. 预压期第一个月隔日观测1次，第一个月至第三个月每周观测1次，以后每半月观测一次。

(2)水预压法

①施工流程

a. 围堰修筑。水预压采用围堰保水，在预压之前，必须先进行围堰的修筑。围堰顶宽一般为1m,外坡度1∶1.5,内坡度为1∶1,底宽根据内外坡坡度及预压土换算高度得到(图6.9)。围堰长度不宜太长,一般控制在20～50m。在有沉降板的位置,则设置横向围堰。为保证水载质量,防止下雨等情况引起的溢水冲刷,围堰内充水高度应低于堰顶20cm左右,在围堰上须设置若干溢水口以便排放雨水保持水深,溢水口底高程应高出设计水位10cm。开始筑围堰时,应在底部埋设排水管。水预压围堰见图6.10。

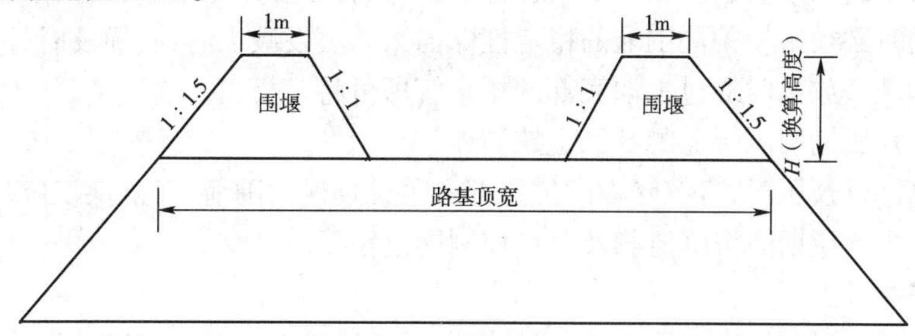

图6.9　水预压围堰横断面图

图6.10　水预压围堰图

b. 铺设薄膜。铺设薄膜时先将整条薄膜沿路线纵向拉直摆放，然后同时两侧张拉，展开薄膜直到覆盖整个水载区，包括围堰。铺设薄膜时须检查薄膜铺设范围内有无尖锐物体，如有必须去除，以免划破薄膜导致漏水。薄膜铺设时务必考虑一定的预留量，防止蓄水或者差异沉降所导致的薄膜拉破。此外要注意张拉力度，防止撕裂破坏，铺完后仔细检查薄膜的完整性，如发现刺破现象及时修补。

c. 抽水预压。抽水预压时必须进行观测，如有必要则分级进行加载，避免路基失稳。同时必须密切关注围堰的稳定性。当水因蒸发减少时，必须及时补充。

d. 卸载。放水时通过围堰底部的排水管即可将水排出。

②水预压期间沉降监测及稳定控制

用水进行预压时，有沉降板的位置都必须设置横向围堰，以确保沉降监测的顺利进行。水预压期间沉降监测及稳定控制同土预压。

③注意事项

a. 为满足围堰的稳定性要求，修筑围堰时必须严格分层填筑和碾压，要满足水载压强下围堰的抗剪强度要求以及外坡在自然条件下的抗冲刷能力。

b. 薄膜铺设时，应完全覆盖围堰顶部，防止雨水冲刷，在堰底铺设时保证不存在尖锐物，并考虑一定的预留量，避免蓄水或差异沉降所导致的薄膜拉破。

c. 抽水预压时，应对注水速率进行严格把关，发现异常立即停止施工，直到沉降速率控制在安全标准以内后方可继续注水。

d. 施工安全控制。水池式水预压施工方式由于围堰普遍较深，且薄膜的防滑标准较低，注水后存在一定的安全隐患，要求施工单位专人巡视，在监察水体防漏的同时严格控制对非施工人员的进出许可，特别要阻止儿童接近施工现场。

6.4 路堤预抛高的设计与施工

在软土地基上修建高速公路，路基的沉降是一个很受关注的问题。工后沉降不仅直接反映软基处理的质量，而且影响整个工程的经济效益。在路面结构层施工完成后，在路堤荷载、路面结构层荷载及车辆荷载的作用下，路基还会继续发生沉降，如果不在路面结构层施工之前实施预留沉降，即预测出路基在路堤填筑完成之后至竣工验收这段时间内的沉降量，从而用素土填筑上去，在竣工验收时就不得不用路面材料补上去，将使费用加大。

6.4.1 预抛高设计

路堤预抛高的计算就是一个预留沉降量的计算问题，即目标时间的计算沉降量减去预留沉降施工前完成的沉降量。已完成的沉降量通过沉降观测得到，因此，预抛高计算的关键就在于预测目标时间的沉降量。

关于目标时间，一般按照控制高程来说，主要有两种不同看法，一种认为在竣工验收(一般为试通车后一年)时，路面高程达到设计要求；另外一种观点则认为高程应当在交工验收及试通车的时候满足设计要求，在通车后通过路面分期加铺加以调整。由于第二种看法用路面材料弥补地基沉降，将导致成本增加，本书对第一种看法的预抛高进行设计。但不管采用哪种看法，根据路堤填筑期沉降数据进行沉降预测是预抛高设计的核心。

(1)如前文所述，李国维提出的直线拟合法能仅根据路堤填筑期沉降数据进行沉降预测，满足预抛高设计时对沉降预测方法的要求。李国维等提出的根据实测沉降数据进行线性拟合的预测方法，任意时刻 t 的沉降量可表示为：

$$S_t = a\sum_{i=1}^{n} h_i - \frac{b\sum_{i=1}^{n} h_i}{t}$$

式中：S_t——t 时刻的累计沉降；

$\sum_{i=1}^{n} h_i$——t 时刻累计填土厚度；

i、n——分别为填土级数和累计填土级数；

α、β——待定系数。

预抛高就是目标时间的计算沉降量减去预留沉降施工前完成的沉降量，假设预抛高为 y，则 $y = S_{tc} - S_{t0}$，其中，S_{tc} 为目标时间(通车后一年)的预测沉降，S_{t0} 为预留沉降施工前完成的沉降量。由此可得

$$y = a\sum_{i=1}^{n}(h_i + \Delta h) - \frac{b\sum_{i=1}^{n}(h_i + \Delta \mathrm{h})}{t_c} - S_{t0}$$

式中：t_c——自路堤填筑开始至通车一年所经历的时间；

t_0——路堤填筑开始至预留沉降施工前所经历的时间；

Δh——路面荷载换算成的填土等效高度。

(2)当路堤高度大于5m，须考虑路堤本身的压密下沉时，根据经验公式，路堤自身压密下沉可表示为 $S_a = \frac{h^2}{3\,000}$，因此预抛高计算公式为：

$$y = a\sum_{i=1}^{n}(h_i + \Delta h) - \frac{b\sum_{i=1}^{n}(h_i + \Delta h)}{t_c} - S_{t0} + \frac{h^2}{3\,000}$$

(3)当软土深度超过15m，并且砂井或者塑料排水板没有完全打穿软土层，存在下卧层时，可用下式计算预抛高：

$$y = k(S_\infty - S_{t0}) = ka\sum_{i=1}^{n}(h_i + \Delta h) - kS_{t0}$$

式中:k——修正系数,一般在0.3~0.6取值。

(4)当软土深度超过15m,且路堤高度大于5m时,则可用下式计算预抛高:

$$y = ka\sum_{i=1}^{n}(h_i + \Delta h) - kS_{t0} + \frac{h^2}{3\ 000}$$

现以实例说明预抛高计算方法及取不同目标时间对成本的影响。以某高速公路K111+900断面为例来进行计算。该断面软基深5m,填高6m,地基处理方式为搅拌桩。首先,根据实测沉降数据拟合出$\frac{S_t t}{h_i}$-t的关系,如图6.11和图6.12所示。

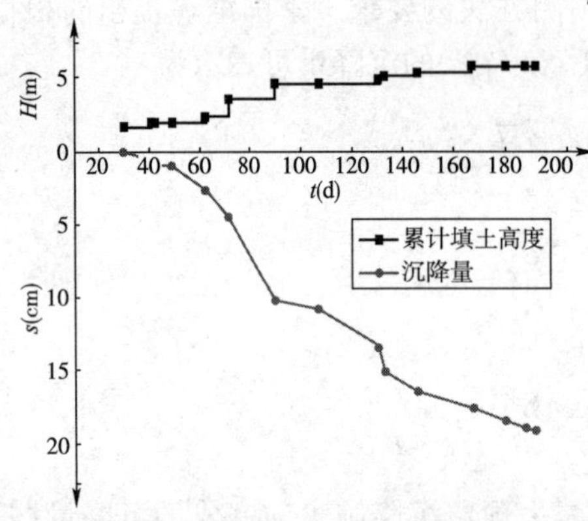

图6.11　某高速公路K111+900断面时间—填高—沉降关系曲线图

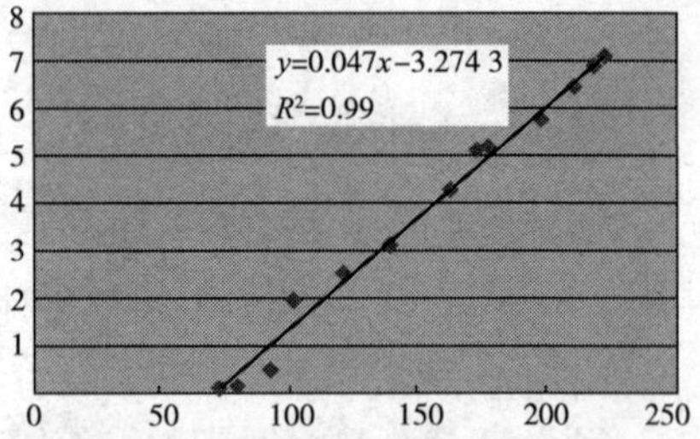

图6.12　某高速公路K111+900断面$\frac{S_t t}{h_i}$-t的拟合关系

从图6.12可以看出,$a=0.047$,$b=3.274\ 3$,累计填土厚度$\sum_{i=1}^{n}(h_i + \Delta h)=6.88$m,预测最终沉降量为0.32m。自路堤填土施工开始至通车一年所经历的时间为852d,根据公式:

$$y = a\sum_{i=1}^{n}(h_i + \Delta h) - \frac{b\sum_{i=1}^{n}(h_i + \Delta h)}{t_c} - S_{t0} + \frac{h^2}{3\ 000}$$

计算得出路堤预抛高为7.7cm。

假如将t_0视为路堤填筑开始至路面结构层完成所经历的时间,计算路堤预抛高时,S_{t0}的计算公式为:

$$S_{t0} = a\left(\sum_{i=1}^{n}h_i + \Delta h\right) - \frac{b\left(\sum_{i=1}^{n}h_i + \Delta h\right)}{t_0}$$

其中t_0的值变大,从而由预抛高计算公式:

$$y = S_{tc} - S_{t0} = \left[a\left(\sum_{i=1}^{n}h_i + \Delta h\right) - \frac{b\left(\sum_{i=1}^{n}h_i + \Delta h\right)}{t_c}\right] -$$

$$\left[a\left(\sum_{i=1}^{n}h_i+\Delta h\right)-\frac{b\left(\sum_{i=1}^{n}h_i+\Delta h\right)}{t_0}\right]+\frac{h^2}{3\ 000}$$

计算得出预抛高为3cm。由此看出，如果用此方法，有4.7cm的沉降需通过路面材料进行加铺。表6.4给出了以路基顶宽26m、双向四车道高速公路为例，将4.7cm沉降量分别用下面层、中间层、上面层材料加铺与用素土补齐的成本。从表中可知，以竣工验收为目标时间比以交工验收为目标时间进行预抛高更经济。但对沉降预测的要求更高，采用该目标时间进行预抛高设计时，要本着“宁欠勿超”的原则，以免竣工验收时路面高程大于设计高程。

预留沉降经济效益分析表　　表6.4

加铺材料	下面层	中间层	上面层	素土
费用(元/km)	41 360	91 062	183 594	11 750
节省费用(元/km)	29 610	79 312	171 844	—

6.4.2　预抛高施工控制要点

(1)为确保路堤预抛高在目标时间内能沉降到原设计高程，预留沉降设计时应当采取“宁欠勿超”的原则。

(2)路堤预抛高段落划分时，可根据地基处理方式相同及预抛高差异性较小的原则进行，同时必须满足施工方便的要求。

(3)段落与段落之间或与结构物相邻路段应设置一渐变段，渐变段长度一般来说要求大于20m，并按0.3% ~0.5%的坡率来进行控制。

(4)对涵洞、通道等结构物进行路堤预抛高时，必须保证其使用功能在路堤预抛高施工过程中不受到影响。

第7章　软土地基上路堤施工控制技术

不同的路堤填料路用性能不同,对压实功、水、压实厚度等的响应不同。为保证路堤施工质量,应在遵循一定原则的基础上,因料而异,采取不同的施工控制技术。本章主要阐述施工质量难以控制的红砂岩路堤、高液限土路堤、填石路堤和吹填砂路堤的施工控制技术。

7.1　红砂岩路基施工及质量检测

随着我国高等级公路建设的迅猛发展,用作路基填筑的材料越来越多,红砂岩就是其中的一种。红砂岩作为路基填料有强度高、稳定性好等诸多优点。

7.1.1　红砂岩路基稳定性原理分析

合格路基应具有足够的整体稳定性、强度和水稳性。简而言之,就是路基要达到"密实"、"均匀"和"稳定"的使用要求[61-65]。路基密实的过程,实际上是一个颗粒重组的过程,而对填石路基来说,则是岩石位移重组的过程。路基的稳定是相对的,也就是说,当路基在外界应力作用下,岩石间无位移或位移量能控制在某一个标准内时,就可认为路基最初是稳定的。而在设计年限内,在设计荷载的作用下,位移能控制在某一标准内,则可认为路基在使用过程中一直合格。路基的稳定是由路基的整体决定的,对石方路基的稳定性,取决于两个方面:一是岩石填筑形成岩体后的孔隙比(e_1),而非岩石本身的孔隙比(e_2);二是岩石的强度。e_2 是不可改变的,所以要提高石方路基的稳定性,最理想的状态当然是 e_1 尽可能小,而要达到这一目的,就是希望填料具有良好的级配,并容易碾压密实,而尽可能使岩石破碎是最直接的途径,破碎程度的大小取决于岩石的强度和压实设备类型。路基的密实过程实际上也是填料棱角破碎,填料挤密的过程,所以路基成形后,路基能否保持稳定,与岩石的强度密切相关,此时岩石的强度越高,路基反而越稳定,而岩石的最大强度是有限的,且强度受自然因素的影响大,主要受大气、水的影响大,所以防护、排水工作对红砂岩路基至关重要。

7.1.2 红砂岩路基施工方法

红砂岩在野外初判后，送至试验室终判。红砂岩终判的主要指标是浸水崩解性。将红砂岩在105℃温度下烘干后，冷却至室温并浸入清水中观察其结果。红砂岩的强度指标主要与施工难易及碾压时是否压碎有关，以天然状态下单轴饱水极限抗压强度 R_a 表征。

(1)若在24h内崩解成泥状、渣泥状或渣粒状者，单轴饱水抗压强度 $R_a=2\sim10$MPa，该红砂岩为Ⅰ类红砂岩。

(2)若在24h内崩解成大块状、块状或粒状，$R_a=10\sim15$MPa，该红砂岩为Ⅱ类红砂岩。

(3)若在24h内不崩解，或仅在某些尖棱尖角处有少量崩解，且崩解量不大于总量的1%，$R_a>15$MPa，该类为Ⅲ类红砂岩，可按一般填石路堤对待。但在路堤高度超过20m、构造物回填区、填挖结合段、原地面陡坡段、浸水路堤、地下水位以下及低洼易积水等地段不得采用红砂岩填筑。

路基填土是典型的扰动的颗粒、水和空气组成的三相体材料，不同种类的填土压实特性也不相同。而土石混合料的压实特性是大小颗粒在力的作用下克服颗粒间阻力产生位移的过程，即大小颗粒重新排列，相互靠近，使孔隙体积减少，单位体积内固体颗粒数量增加的过程。土石混合料的压实不仅与粗粒的风化程度有关，而且与其含量有关，当粗粒含量低于40%时，粗粒料在压实土体中仅作为不可压缩的骨料，混合料的压实细料起决定性作用。红砂岩本身的特点，使其在大吨位压路机作用下大颗粒的材料减少，不能起到骨架作用，只能作为不可压缩的包裹体，压实特性介于纯土和纯石之间，但其密度则因粗粒的存在而有不同程度的改变。

红砂岩填筑路基并不是纯粹意义上的石方填筑，而实际上是土石混填，因此在实际施工中应采用土石混填的施工规范来进行施工。

7.1.3 红砂岩路基施工质量检测方法与标准

压实质量是保证红砂岩路基强度和水稳定性的关键，也是路基工程质量的关键，因此红砂岩路基施工中仍以压实度作为主要的质量控制指标。检测的方法应能合理评价路基工程质量，并具有可操作性和经济性。

(1)密度检测法

密度检测法是目前应用最广泛的一种方法，它是对路基质量的一种综合评价手段，该法是以Proctor压实理论为基础，并以现场实测干重度与室内标准击实试验求取的最大干重度之比值即压实度，是否达到某一规定之值来实现，其压实度标准仍可按现行《公路路基设计规范》(JTG D30—2004)进行[66]。

(2)抗力检测法

①弹性模量法。目前对弹性模量的测定多采用承载比或弯沉,具体做法是选定某些测点,测定其在加卸载后的回弹弯沉,将测定的回弹弯沉值与规定的标准(Ⅰ类岩路基的回弹模量设计值不宜小于30.0MPa,Ⅱ类岩设计值不宜小于40.0MPa)进行比较,以判定压实质量是否合格。应用该法检测压实质量时,测定指标直接与变形特性相联系,且荷载量大,影响范围广,反映了一定范围内压实填方的整体情况,不破坏土体结构。但检测需要弯沉车,大面积施工中不利于推广。

②塑性变形法。此方法多采用水准仪测定塑性变形增量,即在填方土体整体开始碾压前,先在整平的土体上布置方格网,确定各测点,然后开始碾压,每碾压一次,用水准仪测量上述各测点高程变化,直到碾压前后两次测定的高程之差(塑性变形增量)在规定的范围内(2mm),即认为合格。这种方法直观、简单易行,且具备上述弹性模量法优点。但测点碾压前后的重现性较差,影响了测量精度,且检测沉降必须采用压路机振压两遍后再进行沉降观测,将耗费较多时间和机械台班,不便于在大面积施工中全面推广使用。

③沉降检验法。沉降检验法是对路基整体稳定程度进行检测与评价,其原理是:对已成形且认为合格的路基使用特大吨位的压实机具进行多次冲击,若其沉降差和沉降率能在某一标准内,则可认为路基合格。沉降差是指最后检测两遍碾压之间的高程差,沉降率是指碾压完成后,摊铺层的压缩值与摊铺厚度之间比值的百分数。评定时,若$\frac{m}{n} \geqslant 0.05 + \frac{0.3596}{\sqrt{n}}$,则认为该段平均压实不符合要求;若$\frac{m}{n} < 0.05 + \frac{0.3596}{\sqrt{n}}$,则认为该段平均压实符合要求;单个值不能大于6mm,否则需要进行局部补压。其中,n为测段抽取总检测点;m为该段不合格点数。检测时,每2 000m^2路段,至少检测20点,每段检测路段的长度不超过100m,不足200m^2时至少检测4点。限制检测路段长度的原因是因为沉降差检测采用四等水准测量,其视线长度不超过100m。结合现场检测情况,检验视距一般在50m以内效果比较好,测点离水准仪的水平距离超过50m以后,读数误差很大,天气不好时,更影响读数的准确性。

7.1.4 某高速公路填土路基试验段试验成果

该标段于2009年7月8日至20日在K15+640~K15+840路段对K15+420~K15+480段路基挖方(红砂岩)进行碾压试验,施工中严格按照填土路基试验段开工报告中施工方案进行施工。通过试验段的施工,施工人员熟悉了填土路基的施工工艺,确定了施工机械的选型,完善了各种机械的配套组合及施工人员的配备,完成了施工中各种参数的选定,为后续大规模填土路基的施工积累了经验。

经过试验段施工，取得了一套切实可行的红砂岩材料填筑路基的施工工艺，用于指导以后路基填筑施工。具体施工工艺总结如下：

(1)施工机械配置情况

根据施工需要，每个工作面配备反铲挖掘机一台、TY－220 推土机一台、YZ－22 振动压路机、LT－220 羊足碾、PY－160 平地机一台，自卸运输车 5 辆，洒水车一台。当运距较远时，自卸车的数量可适当增加。

(2)施工人员配置情况

根据工程需要与施工安排，各施工段需配备施工人员情况见表 7.1。

各施工段施工人员配备　　表 7.1

序号	工种	人数
1	管理人员	2
2	机械司机	16
3	修理工	2
4	普通工	6
5	测试人员	3
6	合计	29

(3)配置测试仪器情况

测试仪器配置见表 7.2。

测试仪器配置　　表 7.2

名称	型号	数量
水准仪	S_2	1 台
经纬仪	J_2	1 台
塔尺	5m	2 把
花杆	3m	2 套
灌砂试验设备		1 套

(4)具体施工工艺

整个填筑施工过程中，填料采取反铲挖掘机挖装，自卸汽车运输，TY220 推土机粗平，PY－160 平地机精平，YZ－22 振动压路机碾压，灌砂法检测密实度的流水作业施工方式。具体施工方法如下：

①原材料要求

在取料场取代表性土样，然后进行相关试验，土料的各项试验结果经监理工程师复核批准，作为试验段施工的依据。料场中的有机土、树根、草皮等杂物彻底清除后运至指定弃渣场。

在取料场取料时，发现料源发生变化时应及时重新取样进行相关试验。

②测量放线

根据填筑层面的高程，放出路基的填筑边线。为保证路基边角的压实，在放线时将路基填筑边线加宽30cm，同时沿线路纵向每10m设一对高程指示桩，以控制每层虚铺厚度，在两高程指示桩之间挂线，以保证边坡的圆顺。

③布料

根据运输车的装料数量及确定的填料虚铺厚度，按方格网法布料。

④整平

首先用TY－220推土机将填料就地推平，人工捡除填料中的树根杂物，PY－160平地机精平，然后人工配合机械根据高程指示桩拉线精确整平。要求表面平整，无大面积坑洼现象。路基表面设置2%的横坡，以保证排水良好。

⑤含水率的调整

填筑土方的含水率采用翻晒或洒水车补充洒水调整土料的含水率，使土料的含水率调整到最佳含水率±2%以内后方可进行推平碾压。

⑥碾压

填土路基采用YZ－22振动压路机进行碾压，先静压一遍，然后振压6～8遍。碾压时，压路机车速控制在4km/h左右，振动频率在25～30Hz(1 500～1 800次/s)，振幅一般在1.5～2.0mm范围内。碾压时应自路基两侧向中间进行，超高段的路基由内侧向外侧依次错轮碾压。

⑦填土路基的碾压标准

填筑路基表面平整、无明显轮痕，且含水率在最佳含水率±2%范围内时的最后一遍压实度不小于90%。

经试验路基的成果分析，红砂岩作为路基填料施工，只要严格按照路基土石方施工规范进行施工，密切注意其水稳定性、遇水膨胀等特点，并对相应的岩类进行必要的工前处理及处理措施，红砂岩可以作为高等级公路路基工程填料。在湖南的湘耒、耒宜、衡枣高速公路路基工程中，均取得了良好的效果。

7.2 高液限土路堤施工及质量控制

高液限土属于一种特殊黏土，普遍具有“高液限、高塑性指数、高天然含水率”

等特征，故从工程处治角度看属于一种难以对付的“问题”土。高液限土在我国南部分布范围十分广泛，如果废弃高液限土换填其他好的路基填料需要新征弃土场，显然在用地日趋紧张的状况下废弃换填的简单办法将越来越不可行，换填其他的材料是一项耗资巨大的事情，经济上难以承受。如果大面积利用石灰等稳定材料处置高液限土，既不经济又不环保，因此，如何高效利用高液限土直接填筑成为不可回避的现实问题。

《公路路基施工技术规范》(JTG F10—2006)中规定：液限大于 50%、塑性指数大于 26、含水率不适宜直接压实的细粒土不得直接作为路堤填料，如需使用应采取技术措施进行处理，但规范并未对如何直接利用高液限土作为路基填料给出详细的指导方法。如：规范中提出要采取技术措施进行处理，但是采取何种技术并未进一步阐明。

高液限土作为路堤填料存在的主要问题有：

(1)天然含水率高。高液限土的天然含水率，要降低至最佳含水率附近很困难；

(2)压实困难。由于填筑含水率一般都较高，土块成团现象普遍，路堤会很难压实。

为节约建设成本，以典型高液限土为对象进行试验研究，以解决直接用高液限土填筑路堤的技术难题，对于提高高速公路高液限土路堤修筑质量具有重要意义。高液限土掺外加剂后进行路堤填筑的施工控制本书不再赘述。

7.2.1　基本试验项目与材料要求

(1)基本试验要求

含水率、密度试验：含水率、密度为取土场原状样的含水率和密度；密度采用体积不小于 200cm^3 环刀测试，不少于 3 个样(T 0107—2007)；含水率采用烘干测试(T 0107—2007)。

液塑限试验(T 0118—2007)：取有代表性的天然含水率土样进行实验，禁用烘干或风干土样。该实验主要是针对粒径不大于 0.5mm、有机质含量不超过 5% 的土，如果土料中含有颗粒较大的砂或砾，应剔除。

颗粒分析试验(T 0116—2007)：取有代表性的天然含水率土样进行实验，禁用烘干或风干土样。对于粗粒土，用风干或烘干土样，主要采用筛分法；对于细粒土，则用天然含水率土样，采用密度计法进行试验；如果粗粒土中的细粒含量超过 10%，或细粒土中的粗粒含量超过 10%，则对粗粒部分采用筛分法，对细粒部分采用密度计法进行试验。

击实试验(T 0131—2007)(《公路路基设计规范》(JTG D30—2004)第 7.7.2(4)规定)：在确定路堤填筑的最佳含水率和最大干密度时，宜采用湿法重型击实试验)：

采用湿土法制样；土样不重复使用，禁用烘干土样，每个土样试料用量约6kg；对于高含水率土，可省略过筛步骤，用手拣除大于40mm 的粗石子即可；保持天然含水率的第一个土样，可立即用于击实试验，其余的几个试样，分别风干，使含水率按2%～3%递减，小于最佳含水率的试样不少于2个；为使土料的含水均匀，闷料时间不少于2天。

CBR 试验(T 0134—2007)：制样要求和过程与击实试验相同。为较快获取不同含水率和压实度情况下的 CBR 值，可以采用如下方法：在某一含水率的土料备好后即按98击、50击、30击三种击数制备不同密度的试件，同步测定试件的干密度和含水率，然后浸泡4昼夜后进行 CBR 试验，这样就可以不必等击实试验完成后再另行 CBR 试验。每个含水率试验土料约为60kg；CBR 试验的制件含水率宜覆盖现场材料的碾压含水率范围，从而通过 CBR 值、压实度与含水率的关系曲线确定填料的最佳碾压含水率范围，结合现场试验确定相应的压实标准。

(2)填料的技术要求

①击实试验方法的选取

鉴于高液限土的特殊土性，击实试验和 CBR 试验方法必须采用湿法制件。由于高液限土的细粒含量大，其内部胶凝物质($Fe_2O_3 \cdot nH_2O$，$SiO_2 \cdot nH_2O$ 等)中包含结合水。结合水是物质颗粒的组成部分，不同于普通土的自由水，高液限土烘干后破坏了结合水与颗粒间的结合力与分子结构，失水后具有不可逆性，即失水后其胶凝作用不可恢复。因此湿法制件与干法制件得到的试验结果有一定的差距(表7.3)。同等条件下击实试验最大干密度湿法小于干法，最佳含水率湿法大于干法。现场高液限土填料天然含水率一般较大，须晾晒降低含水率后进行分层碾压施工，因此采用湿法制件更符合实际施工过程。

某高速公路土样最大干密度、最佳含水率 表7.3

桩号	击实方法	最佳含水率(%)	最大干密度(g/m^3)
K29+150	湿法	14.3	1.905
	干法	13.2	1.932
K71+300	湿法	18.1	1.743
	干法	17.4	1.775
K89+380	湿法	21.2	1.687
	干法	20.3	1.721
K80+000	湿法	16.8	1.815
	干法	15.7	1.844
K94+100	湿法	19.4	1.734
	干法	18.2	1.765

②高液限土的压实特性

考虑到填料天然含水率较高,重点对填料在偏湿状态下的击实特性进行了研究,不同含水率情况下干密度和相应的压实度随击实功的变化如图7.1所示。

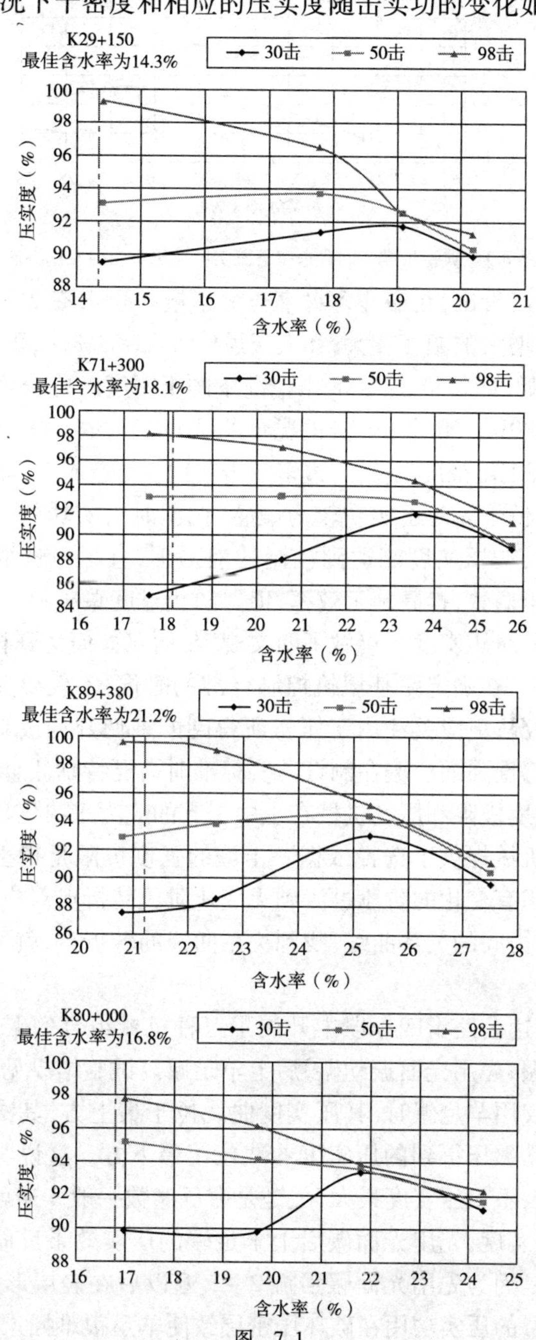

图　7.1

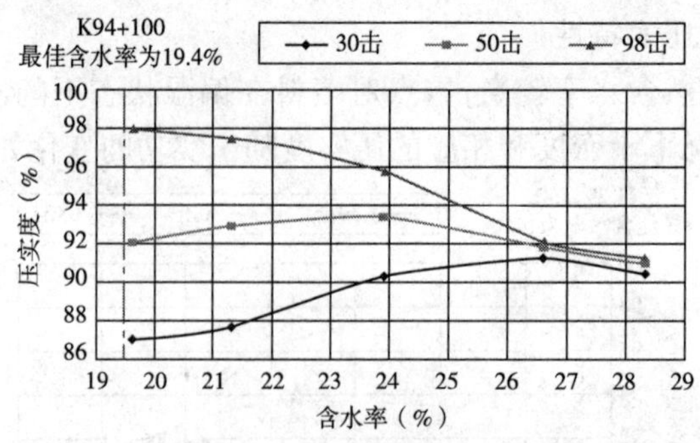

图 7.1　典型土样不同含水率下压实度随压实功的变化特征

从图 7.1 中可以看出，在最佳含水率至大于最佳含水率 2% 时，土样的干密度随击实功的增加而增大的幅度较大；在大于最佳含水率 3% 时，干密度随击实功的增加而增大的幅度开始降低，50 击与 98 击情况下的干密度已比较接近；而含水率大于最佳含水率 5% 时，30 击、50 击、98 击情况下的干密度基本一样，即在此含水率条件下，击实过程中已表现出橡皮土特征，过多的击实功容易造成土体内部剪切破坏。

可以看出土料偏干时对击实功较为敏感，偏湿时击实功的变化对干密度影响不大。实际施工时，在压实度能达到控制的前提下，宜尽量选取偏湿状态进行碾压，有利于减少碾压遍数，提高施工效率，但要防止过度碾压。

现行规范中，只对压实度要求做了明文规定，而对如何达到相应压实度的具体施工方法没有说明。在确定路基填筑控制标准的时候，不仅要关注压实时和刚压实后的土壤作用情况，更应关注由于压实所得到的一切好的效果是否在以后能保持得住，对于水敏感性强的土壤在制订压实标准时需要特别注意此问题。

根据土壤的强度极限和压实机械在土中引起的应力来决定压实机械的最大应力，即为选择压实机械提供了选择依据。土壤的强度极限是指土壤碾压变性过程中，从所压土体体积有变化的阶段过渡到无变化阶段转折点对应的应力。因此，根据恢复性变形与应力间的关系曲线，找到关系曲线的转折点，就可以确定土壤的强度极限。

在湖南省某高速公路十四标段中开展了三种机械组合的碾压试验：仅用光面振动碾；仅用羊足碾；先用光面振动碾，后上羊足碾。试验结果见图 7.2。

图 7.2 表明，仅用羊足碾时，其压实度曲线位于最上方，其次是光面和羊足联合的情况，光面振动碾压得到的压实度曲线位于最下方。这说明仅用羊足碾进行碾压压实效果最佳，不仅压实度最大，关键是碾压遍数一般 3 遍就能达到其他机械组合碾压得到的压实度；先用光面碾后上羊足碾的压实效果反而没有直接使用羊足碾的情况好，这是因为先用光面碾强振 2 ~ 3 遍以后在表层形成了一层压密层，再加羊足碾时，大量的压实功用在破坏压密层致使羊足很难插入下土层，这种情况

实际上降低了羊足碾的碾压效率。

因此，应通过修筑试验段确定合理的碾压工艺，并避免出现橡皮土。

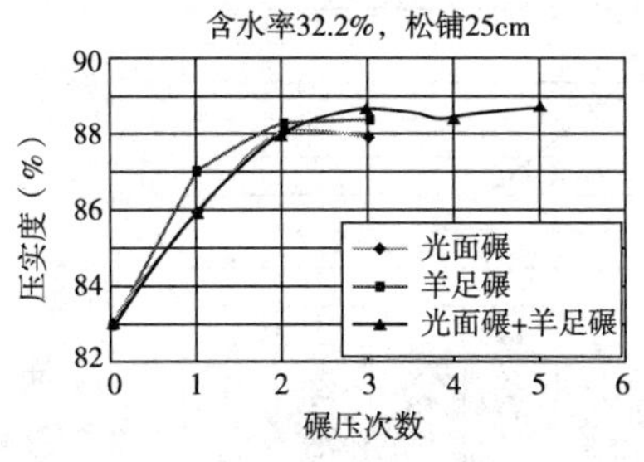

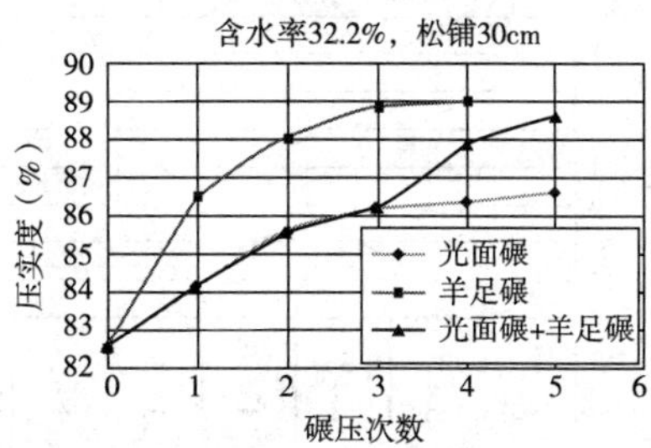

图 7.2　压实度变化规律

③高液限土的强度

按照《公路土工试验规程》（JTG E40—2007）的要求进行湿法备样，配置了 4～5 种不同含水率的试样，含水率处于最佳含水率和天然含水率之间。每种含水率的试样进行三种不同击实功（98 击、50 击、30 击）的 CBR 实验。不同击实功作用下土样的 CBR 值随制样的变化如图 7.3 所示。

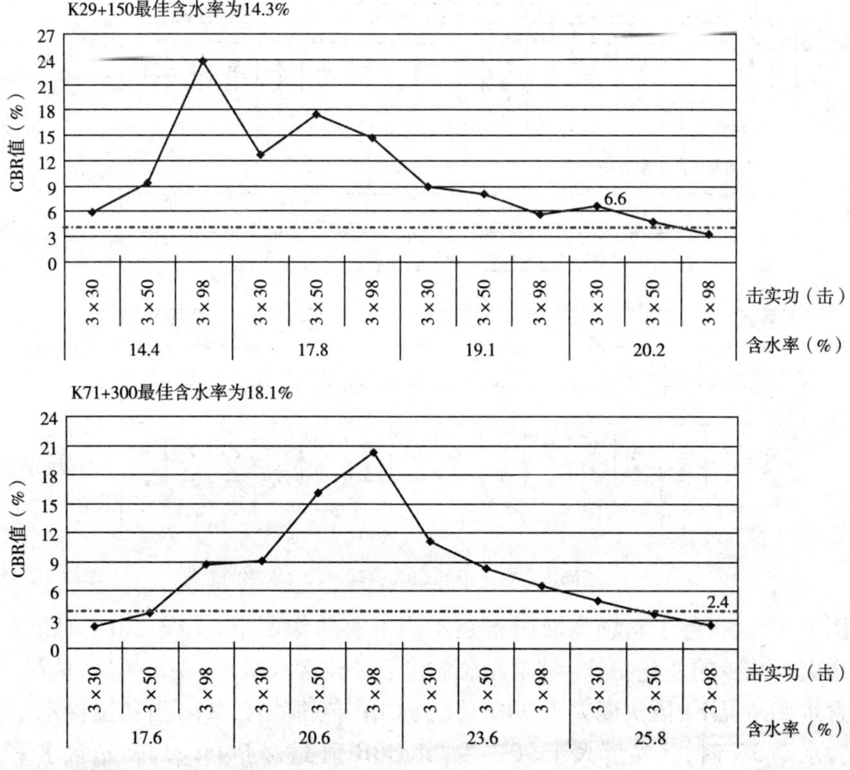

图　7.3

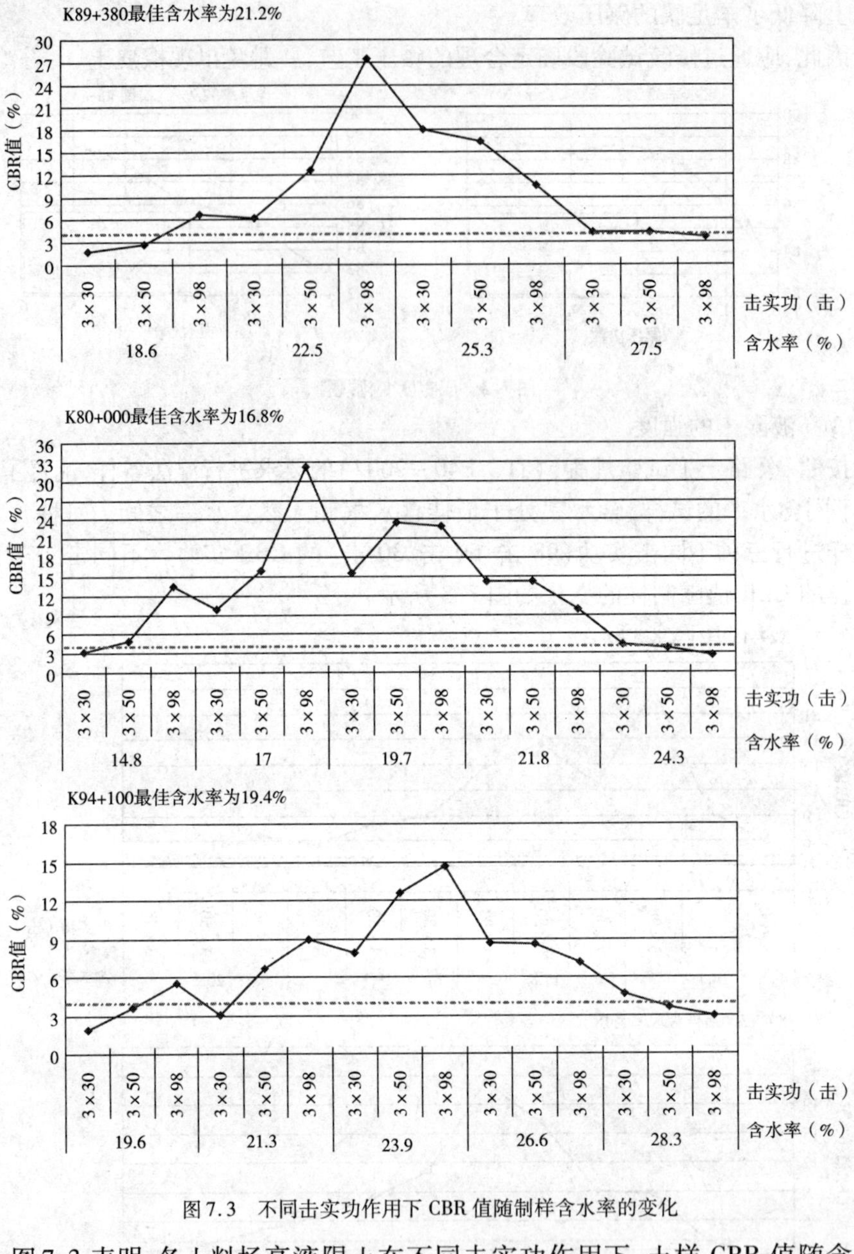

K89+380最佳含水率为21.2%

CBR值（%）

击实功（击）：3×30 3×50 3×98 3×30 3×50 3×98 3×30 3×50 3×98 3×30 3×50 3×98

含水率（%）：18.6 22.5 25.3 27.5

K80+000最佳含水率为16.8%

CBR值（%）

击实功（击）：3×30 3×50 3×98 3×30 3×50 3×98 3×30 3×50 3×98 3×30 3×50 3×98 3×30 3×50 3×98

含水率（%）：14.8 17 19.7 21.8 24.3

K94+100最佳含水率为19.4%

CBR值（%）

击实功（击）：3×30 3×50 3×98 3×30 3×50 3×98 3×30 3×50 3×98 3×30 3×50 3×98 3×30 3×50 3×98

含水率（%）：19.6 21.3 23.9 26.6 28.3

图7.3　不同击实功作用下CBR值随制样含水率的变化

图7.3表明,各土料场高液限土在不同击实功作用下,土样CBR值随含水率呈先增大后减少的变化特征,制样含水率大于最佳含水率3%时的CBR值最大;在最佳含水率情况下,压实度大于90%后,其CBR值都大于3%;当初始含水率大于最佳含水率3%时,压实度大于90%后,其CBR值都大于4%;当初始含水率大于最佳含水率7%时,不同击实功(30~98击)条件下土样的干密度已变化很小,CBR

值变化也不大，最小为 2.4%、最大为 6.6%，在此含水率的情况下，土样在击实过程中大部分都有较明显的橡皮土现象出现。

不同击实功作用下，土样的 CBR 浸水膨胀量随制样含水率也有明显的变化，图 7.4 为不同击实功能和制样含水率下 CBR 浸水膨胀率变化关系曲线。

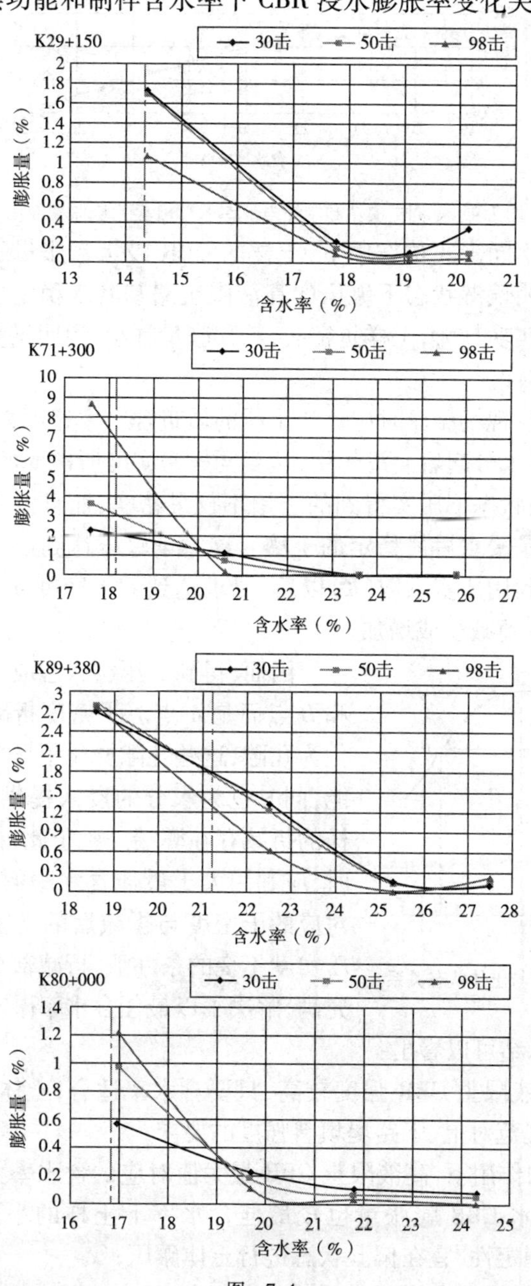

图 7.4

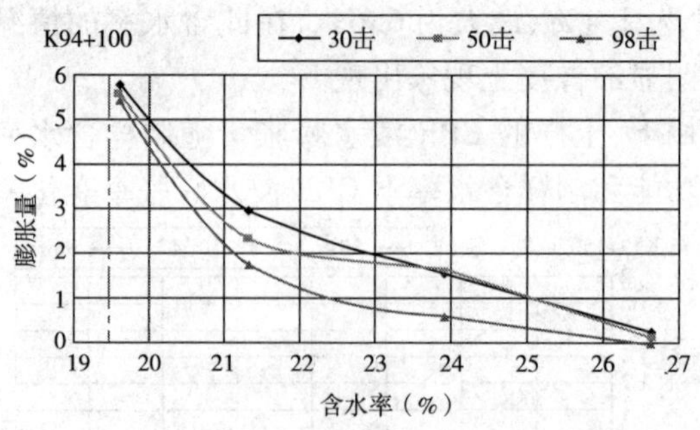

图 7.4　不同击实功和制样含水率下 CBR 浸水膨胀率变化

图 7.4 表明，不同击实功作用下，土样的 CBR 浸水膨胀量随制样含水率的增加快速递减，这说明偏湿状态下碾压的高液限土路基其水稳定性要好些。相同制样含水条件下，击实功越大，土样越密实，其膨胀量越小，说明增大土体密度有利于提高土体的水稳定性。

按照规范规定，现场碾压时应该让土料的填筑含水率达到最佳含水率，认为在最佳含水率时碾压水分起着润滑作用，达到同样密实度所需要的压实功最小，也就说最经济；另外，该状态下压实得到的土壤不仅最密实，而且浸水后密实度和强度减少的最少，并且是浸水后最稳定的土壤。这对于碾压达到最大干密度的情况是正确的，但是当前利用压实系数(K)以后，要求达到的干密度 ρ_d 是降低了，但碾压含水率 w 并未相应地减少或增加。

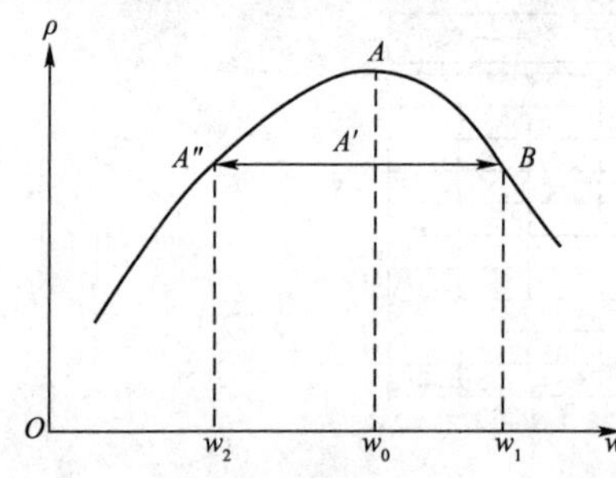

图 7.5　压实度系数与土体状态关系

因而，得到的压实状态应该不是图 7.5 中 A'' 和 B 点而是 A' 点。干密度折减部分实际上都转化为孔隙，这些孔隙弱化了压实土体的抗压缩性能，同时也为水分的浸入提供了空间。所以，这样的折减存在弊端。鉴于此，在确定碾压含水率时，应利用大于最佳含水率的湿度碾压，该湿度对应的干密度与折减后的干密度相等。这样在压实度不变的条件下，折减部分的孔隙也被水分充满，解决了以最佳含水率碾压存在的问题。

从上述分析总结可以看出：

a. 总体上，高液限土 CBR 强度较高，只要含水率适合，土体密实程度较高，其 CBR 值能够满足规范对上、下路堤填料强度的要求；

b. 重型击实功作用下，高液限土 CBR 最大值对应的含水率大于最佳击实含水率，此时对应的浸水 CBR 膨胀量也较最佳含水率下土样的小，故为获得满意的 CBR 强度和体积稳定性，宜在偏湿状态进行土体碾压；

c. 从加快施工进度和保证填筑质量的角度考虑，高液限土填筑施工时宜在偏湿

的状态下进行碾压,不但能够减少土料的晾晒时间,且压实后的土体水稳强度最高;

d. 偏湿状态下施工能在保证同等压实度的前提下,比偏干状态施工增加高液限土的抗压性能。

根据CBR随压实度、含水率的变化关系,某高速公路典型高液限土含水率在w_{opt}~w_{opt}+5%时,CBR能满足上、下路堤的要求,并且可通过适当的碾压达到规定的压实度。此外,含水率范围w_{opt}~w_{opt}+5%基本与现场路基填筑后的稳定含水率一致。图7.6为该高速公路运营10多年后沿线老路硬路肩路基土含水率实测值。因此,采用w_{opt}~w_{opt}+5%作为现场施工含水率时,不但能保证路基土CBR满足要求,且能达到规定的压实度,同时还能与自然环境相协调,保持路基工作状态的持久稳定,防止因施工含水率过低,导致路基运营过程中与自然水汽交换后的路基强度降低、变形增加等病害。福建省高速公路现场试验研究表明,在天气晴好条件下采用机械翻松晾晒,高液限土填料(松铺厚度30cm)每天含水率可下降2%~3%,因此天然含水率大于w_{opt}+5%~w_{opt}+10%含水率范围的填料进行翻拌晾晒,2天时间基本可以达到碾压含水率的要求。若含水率再高,晾晒时间将超过3天,对现场施工进度不利,因此若高液限土的含水率大于w_{opt}+10%,建议予以废弃换填。

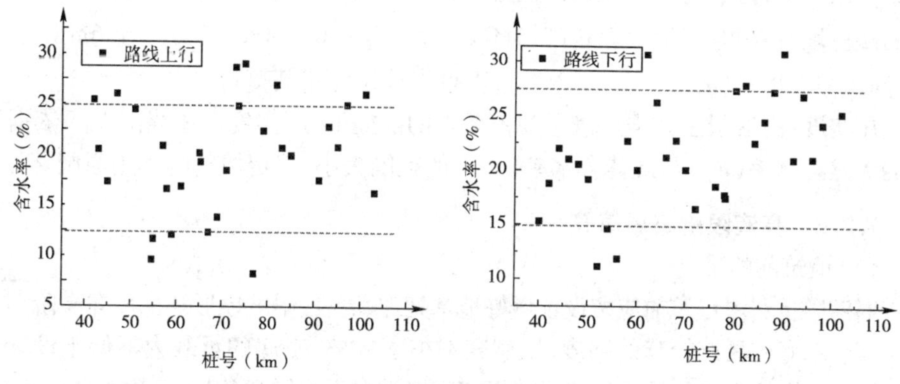

图7.6 某高速公路沿线老路硬路肩路基土含水率

④高液限土路基的工后沉降

福建泉厦高速公路采用高液限黏土(w_L=59.9%,I_p=29.0%)直接填筑路堤,压实标准采用重型击实标准K_h>90%,以25t振动碾进行最佳压实,经过一个雨季的沉降观测发现,填高4.96m高液限土路堤,沉降量10mm(即沉降率0.2%);填高6.42m正常土路堤,沉降量13mm(即沉降率0.2%)。这表明,此段高液限土路堤与一般路堤在工后沉降率上并无明显差别。福建龙长路的高液限土路基的工后沉降观测同样表明其沉降量很小,远小于我国对软土地区路基的工后沉降控制标准(30cm)。

综上所述,提出高液限土填料的技术要求如下:

天然含水率介于w_{opt}~w_{opt}+5%时可直接碾压;天然含水率介于w_{opt}+5%~

$w_{opt}+10\%$时，宜通过晾晒使其含水率达到$w_{opt}\sim w_{opt}+5\%$时进行碾压；天然含水率高于$w_{opt}+10\%$的高液限土建议废弃或采用改良处治。w_{opt}为湿法击实得到的最佳含水率。需要说明的是，可直接碾压的高液限土含水率范围$w_{opt}\sim w_{opt}+5\%$有可能因土质而已，但均可按前述思路试验得到。

使用部位：高液限土仅限于上、下路堤部位的使用，其CBR强度、压实度和填料最大粒径要求如表7.4所示。

高速公路高液限土路基填筑最小强度、压实度和最大粒径要求 表7.4

项目分类		路面底面以下深度(cm)	填料最小强度CBR(%)	压实度(%)	填料最大粒径(cm)
填方	上路堤	80~150	4	94	15
	下路堤	150以下	3	93	15

注：压实度系按《公路土工试验规程》中的重型压实试验方法求得的最大干密度的压实度。强度按《公路土工试验规程》规定的浸水96h的CBR试验方法确定，采用湿法制样进行CBR试验，以确定CBR的最佳值和对应的含水率范围。

压缩性：高液限土为特殊路基填料，可压实性差，压实土的压缩性仍然较大，需限制使用。填料强度符合要求时，低压缩性填料($a_{1-2}<0.1\text{MPa}^{-1}$)可用于15m以下的路堤填筑；中等压缩性填料($0.1\text{MPa}^{-1}\leqslant a_{1-2}<0.5\text{MPa}^{-1}$)可用于6m以下路堤；高压缩性填料($a_{1-2}>0.5\text{MPa}^{-1}$)，不得直接作为路基填料。

压实度：高液限土在强度满足规范要求的前提下，压实度可适当降低。依据填料的天然含水率(w_n)与最佳含水率(w_{opt})的范围大小，确定填料的利用原则。

7.2.2 高液限土路堤填筑

(1)填筑前的准备

高液限土路堤填筑前应按设计做好地基处理、清表、斜坡地形开挖反向台阶等基础工作。基底应具有较高的强度，压实度不小于90%，基底的承载力不低于设计要求。在低洼和地下水位较高的路段路堤基底应设置排水隔离垫层，厚度为30~50cm的沙砾或碎石等透水性材料，以防止底基层毛细水上升进入路堤。由于高液限土的天然含水率普遍较高，因此应配备能够翻拌较深的土料翻晒设备。

(2)路堤填土高度与坡率要求

边坡高度不大于10m的路堤边坡坡率宜为1:1.5~1:1.75。边坡高度大于6m时，宜设置边坡平台，其宽度不小于2m。当边坡高度为10~15m时，宜采用土工合成材料对一级平台以下的路堤边坡进行处治，加筋层间距60cm，每侧加筋长度不小于路堤高度的1/3。

(3)高液限土的填筑

对于光面碾，建议自重≥180kN，激振力为150~500kN，振动频率为20~36Hz。对于凸块碾，建议采用拖式振动碾，自重≥180kN，激振力为200~550kN，振动频率为20～36Hz。

高液限土路基的填筑按图7.7所示流程进行。

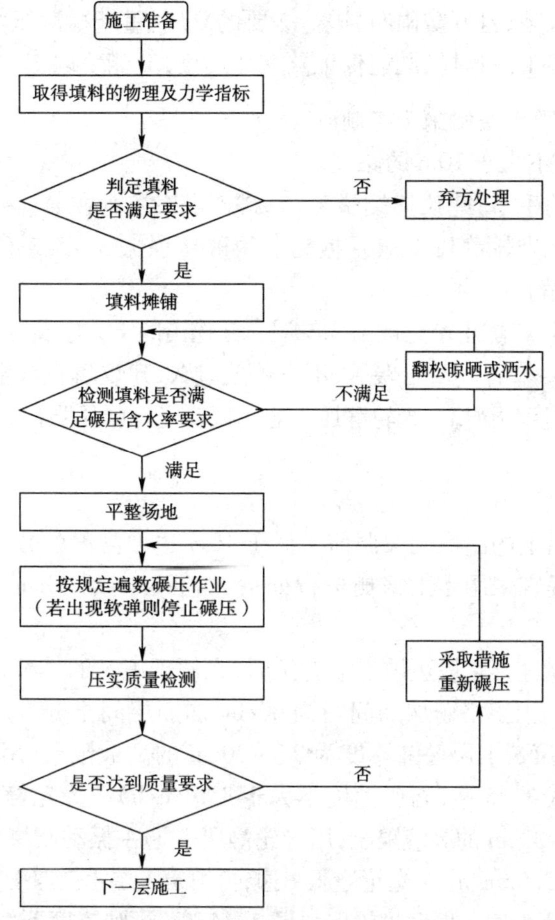

图7.7　高液限土填筑施工流程图

高液限取土场应保证水流排泄通畅,其纵坡不应小于4%,平坦地段不应小于1%。

在高液限土方开挖与运输时,采用分层横挖法或分层纵挖法,开挖过程中应加强路堑路段或取土场的排水。开挖出的土方应及时装运使用,不得受雨水淋湿。不得用推土机推松和过量碾压刚开挖的土方。

不宜使用铲运机挖运施工,以免在不合适的较低稠度下铲运机过分碾压致使路基出现软弹,影响土的分散和压实。

高液限土路堤应尽量避免雨季施工,宜选择在每年的雨水较少的几个月份进行。施工中避免松土被雨淋湿,保持作业面横坡不小于3%,路基施工期间应设置边沟以防路基被雨水浸泡。雨后作业面,应经翻晒压实合格后方可进行下一道工序的施工。同时要加强排水功能，在路基边坡使用防雨布做临时急流槽以防大雨冲毁边坡，对已成形的路段，为防雨水渗进土基，抢在下雨前用帆布或塑料薄膜整体覆盖。待雨过天晴，打开防雨布，进行必要的复压，重新检测压实度，合格后方可进行下一道工序施工。这样，既能保证路基压实度，又能争取工期。

7.2.3 高液限土路堤施工控制

(1)边坡高度不大于10m的路堤

在便于施工的季节，建议连续施工，填料含水率控制在 $w_{opt} \sim w_{opt}+5\%$。松铺厚度为25～30cm，光轮静压1遍＋振动凸块碾压强振3～5遍(行驶速度不大于3.5km/h)＋光轮静压1遍。

在雨季施工时，应防止松土被雨水淋湿。开挖出的土方应及时运走，不得长时间堆放；含水率符合要求后应及时碾压，不宜停放过久，建议填料含水率控制在 $w_{opt} \sim w_{opt}+5\%$。松铺厚度为20cm，光轮静压1遍＋振动光轮碾压强振2～4遍(行驶速度不大于3.5km/h)。

(2)边坡高度为10～15m的路堤

对一级平台以上的路堤则按照前文低于10m边坡高度的方法进行施工，对一级平台以上的路堤宜采用土工格栅进行处治，加筋层间距60cm，每侧加筋长度不小于路堤高度的1/3。

采用土工格栅进行路堤边坡加筋施工时，在便于施工的季节，填料含水率控制在 $w_{opt} \sim w_{opt}+5\%$，土工格栅加筋间距为60cm，加筋层间土分3层铺筑，按如下顺序和方法施工：先填筑1层松铺厚度为25～30cm的高液限土，用光轮静压1遍＋振动凸块碾压强振3～5遍(行驶速度不大于3.5km/h)＋光轮静压1遍；再填筑1层松铺厚度为25～30cm的高液限土，用光轮静压1遍＋振动凸块碾压强振3～5遍(行驶速度不大于3.5km/h)＋光轮静压1遍；再填筑1层松铺厚度为10～15cm的高液限土，用光轮静压1遍＋振动光轮碾强振2～4遍(行驶速度不大于3.5km/h)；平铺土工格栅一层，并用U形钉固定。

加筋路堤雨季施工时，填料含水率控制在 $w_{opt} \sim w_{opt}+5\%$，土工格栅加筋间距为60cm，松铺厚度20cm，光轮静压1遍＋振动光轮碾强振2～4遍(行驶速度不大于3.5km/h)。加筋层间土(厚度为60cm)分为4层铺筑。平铺土工格栅一层，并用U形钉固定。

(3)不能连续施工的情况

当不能连续施工时，应对碾压合格的路基顶面及时覆盖。工程实践表明，当碾压合格的高液限土路基经风吹、日晒后，会在表面形成深度最大达20～30cm的裂缝，导致最上一层路基失效。为此，采用合格填料覆盖，有利于防止高液限土路基表面开裂。覆盖层厚度以一层施工厚度的一半为宜，建议厚10～15cm。采用光轮静压1遍;下次施工时,将覆盖层耙松,并使其保持在施工含水率范围内,然后再铺10~15cm高液限土,进行碾压施工。碾压方式及遍数:光轮静压1遍+振动凸块碾压强振3~5遍(行驶速度不大于3.5km/h)+光轮静压1遍。

7.2.4 防开裂及防水措施

(1)预防开裂措施

连续施工,碾压完成后,路基工作面不宜长时间暴晒,避免压实路基表面因暴露时间较长,风干失水出现龟裂。

对已开裂的填筑层应翻松,含水率控制在 $w_{opt} \sim w_{opt}+5\%$,再重新压实,然后及时进行下一层施工。

在高液限土路基顶层采用胀缩性很小的黏土或碎石、沙砾及粉煤灰等无机颗粒材料填筑。

(2)防水措施

采用综合排水体系,使危害路基性能及稳定的地面水、地下水能顺畅排走,防止积水浸泡路基、地下水浸入路基。台阶式高边坡,应在每一级平台内侧设截水沟,以截取上部坡面水。

7.2.5 质量检测与控制

(1)压实度检测规定

用灌砂法、灌水法监测压实度时,取土样的底面位置为每一压实层底部。用环刀法试验时,环刀中部处于压实层后的1/2深度。用核子密度仪时,应根据其类型,按说明书要求办理。

施工过程中,每一压实层均应检验压实度,监测频率为1 000m² 至少2点,不足1 000m² 时检验2点,必要时可根据需要增加检测点。

(2)路堤施工质量标准

路堤填筑至设计高程并修整完成后,其施工质量应符合表7.5的规定。

高速公路土质路堤施工质量标准　　表7.5

项次	检查项目	规定值或允许偏差	检查方法和频率
1	压实度	符合规定	施工记录
2	弯沉	不大于设计值	—
3	断面高程(mm)	+10,-15	每200m测4个断面
4	中线偏差(mm)	50	每200m测4点,弯道加HY、YH两点
5	宽度	不小于设计值	每200m测4个断面
6	平整度(mm)	15	3m直尺:每200m测2处×10尺
7	横坡(%)	±4	每200m测4个断面
8	边坡坡度	不陡于设计坡度	每200m插查4处

7.3 吹填砂路堤施工质量检测方法与标准

吹填砂路堤适用于缺土而多砂，且可用吹填方式填筑路堤的地区，它具有施工不受雨季影响的优点。本节将对软土地基上的吹填砂路堤的施工工艺、质量控制及相关标准进行介绍和说明。

7.3.1 吹填砂路基施工工艺

砂的黏结性和塑性都很小，难以形成板体，干燥时松散，填砂路基易受雨水冲刷，导致边坡崩坍，因此吹填砂路堤一般宜采用中间吹砂、外设包边土及封顶层填筑。吹填砂填筑路堤的施工工艺流程见图7.8。

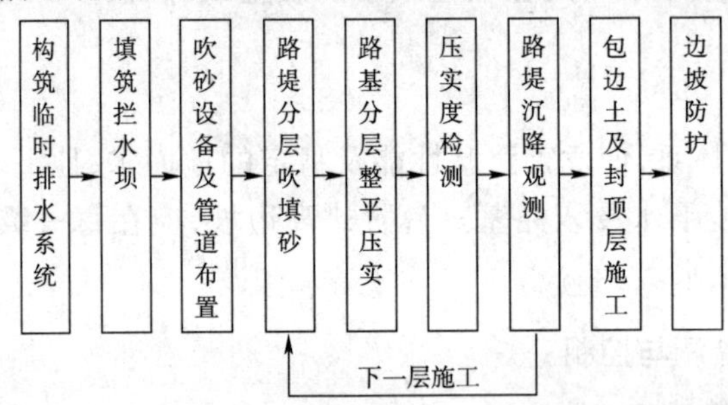

图7.8 路堤吹填砂施工工艺流程图

(1)建立排水系统

①构建拦水坝：吹填砂之前，在路基宽度以外筑好拦水坝，第一层拦水坝用砂砾或碎石加砂袋，在路基坡脚外侧填筑，以保证路基坡脚的密实度。其断面尺寸根据每层吹填厚度而定，厚度不大于1m时，坝的宽度一般为80cm，厚度不宜小于50cm，能够满足自身稳定即可[67]。包边用的砂袋将也作为拦水坝的一部分起到相应的作用。从第二层开始，拦水坝采用吹填的砂来填筑。坝的内侧铺设塑料薄膜，以避免冲刷。拦水坝压实质量达到要求时可作为路基的一部分。

②路堤内部的排水

采用袋装砂+黏土后包边的方式对路基内部进行排水，可基本解决砂土结合部位水难以排除的问题。

③盲沟的设置

在两侧排水沟、路基中部设置纵向盲沟，每50m左右间距设置横向盲沟，同时使纵、横向盲沟与外部水系相连。盲沟用小型机具开挖后，由透水土工布包裹粗砂砾(片石)筑成。

(2)分段与分层

吹砂路堤采用分段推进方式进行，即一段吹填完成后，再接长管线吹填下段，每吹填完一层经压实合格后再吹填上一层。分段距离约为200m。当吹填距离超过吹砂设备最大能力时,可采取加压或二次抽吸的方法。当排砂管口高程超过砂泵最大扬程时,可采取附加加压泵。当路堤高度小于2m时,可作一次吹填;当路堤高度大于2m时,应采用分层吹填,分层厚度一般为1~2m,吹填分层厚度不宜超过70~90cm。在试验路修筑过程中通过现场试验来确定具体数值。

(3)碾压

①压实机具的选配

路基填筑压实是控制施工质量的关键工序,压实机械的选择主要考虑以下几条原则:可能取得的设备类型;设计压实标准;填筑材料的性质;砂料含水率大小;施工强度大小;施工场面大小与压实部位等。

②碾压

对路基两侧包边黏土进行压实时,应控制合理的含水率。在碾压过程中黏土与砂土的结合部位应充分压实,避免砂土与黏土的混杂和黏土未压实的情况。

根据以上原则,考虑到砂料的特殊性,建议优先采用前后驱动、密封装置良好的自行式光轮振动碾。

③压实度检测

碾压完成后,对压实效果进行检测,路基填料要均匀、密实,填方路基分层铺筑均匀压实,符合《公路路基设计规范》(JTG D30—2004)的相关规定。

(4)包边土施工

吹填砂包边土施工分同步施工、基本同步施工、后包边施工三种。

(5)封层土

封层土的施工关键在于如何确定其填筑时间和位置。填筑时间和位置可由最终计算沉降和填土至封层土底高程时的实测沉降来确定。

一般采用黏土进行封层,黏性土要求液限小于50%,塑性指数不超过26,除此以外还要达到规范规定的路基填料最小强度和最大粒径要求。综合考虑施工和防渗透的需要,封层土厚度为50cm左右。

对于全线的封层土,在纵向上,区段与区段衔接处均不宜出现“跳跃”,造成高差,而应平顺过渡。在横向上,应做成和路面同样的路拱。

封层土采用自卸车倾倒,并水平分层填筑,其分层松铺厚度不超过30cm。先填两侧后填中央,用推土机、装卸机粗略推平,再用平地机找平,尽量保持填厚均匀。在封层土施工结束后,进行30cm厚的路基精加工施工。

(6)边坡施工

由于路基的沉降,施工边坡坡度往往大于设计边坡坡度。施工边坡坡度的极限可通过验算路堤本身的稳定性和地基的稳定性得到。对于纯砂,天然休止角应等于砂的内摩擦角，一般可达到30°。但对于吹填砂，由于存在黏聚力，其坡比往往可达1∶1，甚至1∶0.75。

7.3.2 沉降与稳定观测

在软土地基上修筑高路堤，最突出的问题是稳定和沉降。施工过程中进行沉降和稳定观测，一方面是为保证路堤在施工中的安全和稳定，另一方面能正确预测工后沉降，使工后沉降控制在设计的允许范围之内。一般每吹填一层，进行一次稳定监测，并绘制沉降曲线图等。通过试验和研究分析，确定施工过程中地基变位控制标准。

7.3.3 吹填砂施工技术难点与重点

(1)吹砂管的砂水不能直接对准某一处吹填，而是在该处铺上一定面积的塑料布，或采用其他措施减少吹砂对落点处路堤的冲刷。

(2)吹填过程中由推土机配合推平，由人工配合清除沉积下来的泥浆。每次关机停吹前均要喷一段时间的清水，防止出现积泥隔离层，避免路堤工后沉降过大或填筑时边坡因有泥浆层而易于失稳。

(3)吹填过程中，随排砂管排出的有水、砂、淤泥及杂物，为确保路基质量，该处不合格的砂应挖掉。

(4)判断路堤是否稳定的依据是沿路堤中线的竖向沉降及水平位移速率，以水平位移控制为主。

7.3.4 吹填砂路堤修筑中参考控制标准

(1)填筑时间不应小于地基抗剪强度增长需要的固结时间，填筑速度应按极限高度以下、极限高度至极限高度以上2m和极限高度2m以上三级控制。极限高度以下应加快填筑速度，争取固结时间；极限高度至极限高度以上2m，路基中心的表面沉降速率宜控制在15mm/d以内，坡脚处的侧向位移宜控制在8mm/d以内；极限高度2m以上时，路基中心的表面沉降速率宜控制在10mm/d以内，坡脚处的侧向位移宜控制在5mm/d以内。单级孔压系数(各级加载的孔隙水压力增量与荷载增量之比)小于0.6，综合孔压系数小于0.4。

(2)路面铺筑应在沉降稳定之后进行，采用双标准控制：要求推算的工后沉降小于设计容许值，同时要求连续两个月观测的沉降量每月不超过5mm，方可卸载开挖路槽，并开始路面铺筑。

(3)其他控制数据：①填筑路堤时，均设置砂垫层，既起到排水固结通道作用，又能扩散路堤基底应力，从而提高路堤的稳定性。砂砾垫层厚度为50cm，砂垫层材料宜采用含泥量不大于3%的洁净中粗砂。施工时应分层压实，每层压实厚度宜为20～30cm。②对于吹填用料，应及时现场取样并进行土工实验。取样频率为

3 000m^3/次或观察到吹填材料有变化时重新取样。按《公路土工试验规程》规定的方法进行颗粒分析试验、相对密度试验、有机质含量（小于 5%）试验、含泥量试验、承载比（CBR）试验等。③路基填筑完毕，沉降稳定后进行路基的精加工层施工。精加工层填筑 30cm 厚砂砾土，此时进行弯沉值检测，对不合格的路段和点进行整改，最终要做到中线、高程、宽度、边坡、路拱坡面符合设计要求。④吹砂船在吹砂作业时要有专人监控仪表。在正常情况下，操纵台的仪表反应是真空低、压力高，如碰到泥土，反应是真空高、压力低，此时要移动吹砂船，既可以保证吹填料的质量，又防止泥土淤塞水沟。

附录　观测用表

观测工作指令　　附表1

工程名称：　　编号：

观测单位：　　第　页共　页

观测工作指令依据（计算依据等）：
观测工作指令内容（控制参数等）： 观测单位：（名称） 现场负责人：（签名） 技术负责人：（签名） 项目负责人：（签名）（盖章） 日期：　年　月　日
附件：可附有关观测技术详细资料（如篇幅过长）
施工单位意见：（无意见可直接签名） 签名（盖章）：　　日期：　年　月　日
监理单位意见：（无意见可直接签名） 签名（盖章）：　　日期：　年　月　日
设计单位意见：（无意见可直接签名） 签名（盖章）：　　日期：　年　月　日
业主单位意见：（无意见可直接签名） 签名（盖章）：　　日期：　年　月　日
备注：

地表沉降观测表 附表2

工程名称： 编号：

观测部位：(重点断面、一般断面)

观测单位： 第 页 共 页

标段	桩号	断面类型	测点个数	观测次数		累计天数	累计沉降量(mm)					
				本周	累计		1	2	3	4	5	6

备注：

1. 同一桩号第一行数据为联测的测点累计沉降量，第二行为总的累计沉降量。累计天数类似。
2. “□”表示测点沉降板未埋设；“■”表示测点沉降板破坏或无修复资料；“☆”表示测点缺接管资料；“◎”表示未联测；“?”表示观测单位观测数据与施工单位观测数据有较大差异，需进一步核实。
3. 断面3个测点，测点“1、2、3”表示“左、中、右”。
   断面4个测点，测点“1、2、3、4”表示“左辅、左、右、右辅”。
   断面5个测点，测点“1、2、3、4、5”表示“左辅、左、中、右、右辅”。
   断面6个测点，测点“1、2、3、4、5、6”表示“左辅左、左辅中、左辅右、右、右辅左、右辅中、右辅右”

观测： 复核： 审核：

观测断面复核表 附表3

工程名称： 编号：

观测部位：（重点断面、一般断面）

观测单位： 第 页 共 页

标段	桩号	对比时间	累计沉降量			复核结论
			左	中	右	

备注：

1. * 表示沉降板已破坏。

2. 同一桩号上一栏为施工单位数据，下一栏为观测组数据

观测： 复核： 审核：

重点断面观测汇总表

附表4

工程名称：　　　　　　　　　　　　　　　　编号：

观测单位：　　　　　　　　　　　　　　　　第　页　共　页

标段	断面号	观测方式	观测次数		累计天数
			本周	累计	
		测斜			
		孔压			
		分层沉降			
		测斜			
		孔压			
		分层沉降			
		测斜			
		孔压			
		分层沉降			
		测斜			
		孔压			
		分层沉降			
		测斜			
		孔压			
		分层沉降			

观测：　　　　　　　　　　复核：　　　　　　　　　　审核：

孔隙水压表 附表5

工程名称： 编号：

观测单位： 第 页 共 页

标段									
桩号									
观测日期									
孔压		孔压（kPa）	孔压变化（kPa）	孔压（kPa）	孔压变化（kPa）	孔压（kPa）	孔压变化（kPa）	孔压（kPa）	孔压变化（kPa）
深度（m）	4								
	8								
	12								
	16								
	20								

标段									
桩号									
观测日期									
孔压		孔压（kPa）	孔压变化（kPa）	孔压（kPa）	孔压变化（kPa）	孔压（kPa）	孔压变化（kPa）	孔压（kPa）	孔压变化（kPa）
深度（m）	4								
	8								
	12								
	16								
	20								

观测： 复核： 审核：

测　斜　表　　　　附表6

工程名称：　　　　　　　　　　编号：

观测单位：　　　　　　　　　　第　页　共　页

标段												
桩号												
观测日期												
深度	本次	累计	本次	累计	本次	累计	本次	累计	本次	累计	本次	累计

观测：　　　　　　　　复核：　　　　　　　　审核：

沉降初始高程联测表 附表7

工程名称： 编号：

合同段： 沉降板编号：

观测单位： 第 页 共 页

序号	里程	编号	沉降板高程（mm）	所用基准点	序号	里程	编号	沉降板高程（mm）	所用基准点
		左					左		
		中					中		
		右					右		
		左					左		
		中					中		
		右					右		
		左					左		
		中					中		
		右					右		
		左					左		
		中					中		
		右					右		
		左					左		
		中					中		
		右					右		

本表及附件(附图)份数:原件5份,其中施工单位1份、监理单位1份、设计单位1份、观测单位1份、业主单位1份。

原件必须参会人员亲笔签名,如提交复印件则须加盖单位公章

施工单位代表签名：

日期： 年 月 日

监理单位代表签名：

日期： 年 月 日

设计单位代表签名：

日期： 年 月 日

观测单位代表签名：

日期： 年 月 日

业主单位代表签名：

日期： 年 月 日

其他单位代表签名(如有)：

日期： 年 月 日

沉降监测表　　附表8

工程名称：　　编号：

合同标段：　　沉降板编号：

观测单位：　　第　页　共　页

观测日期	累计荷载（kPa）	累计沉降（mm）	观测日期	累计荷载（kPa）	累计沉降（mm）	观测日期	累计荷载（kPa）	累计沉降（mm）	观测日期	累计荷载（kPa）	累计沉降（mm）

观测：　　复核：　　审核：

一般断面沉降情况汇总表 附表 9

工程名称： 编号：

观测单位： 第 页 共 页

标段	起止桩号	最大值（mm）	最小值（mm）	平均值（mm）	累计沉降（mm）	超载高度	备注

观测： 复核： 审核：

异常断面沉降情况汇总表 附表10

工程名称： 编号：

观测单位： 第 页 共 页

标段	起止桩号	处理方式	沉降速率(mm/月)	累计沉降(mm)	超载高度(m)

观测： 复核： 审核：

观测日记 附表11

工程名称： 编号：

观测单位： 第 页 共 页

记录人	（签名）
时间记录	____年____月____日 星期____
天气记录	上午： 下午：
目前施工观测阶段	
观测工作记录：	
附件：可附有关观测技术资料（如有）	
观测工作备忘录：	
备注：	

注：本表适用于单位或个人观测工作日记。

观测现场办公会议纪要　　附表 12

工程名称：　　　　　　　　　　　　　　　编号：

观测单位：　　　　　　　　　　　　　　　第　页　共　页

会议时间	
会议地点	
会议议题	
现场办公会议纪要：	
本纪要及附件(附图)份数:原件5份,其中施工单位1份、监理单位1份、设计单位1份、观测单位1份、业主单位1份。 原件必须参会人员亲笔签名,如提交复印件则须加盖单位公章	
施工单位代表签名： 日期：　年　月　日	
监理单位代表签名： 日期：　年　月　日	
设计单位代表签名： 日期：　年　月　日	
观测单位代表签名： 日期：　年　月　日	
业主单位代表签名： 日期：　年　月　日	
其他单位代表签名(如有)： 日期：　年　月　日	

观测工作报告联系单 附表13

工程名称： 编号：

观测单位： 第 页 共 页

<table>
<tr><td>主送单位或部门</td><td></td></tr>
<tr><td>抄送单位或部门</td><td></td></tr>
<tr><td>报告联系的主题</td><td></td></tr>
<tr><td colspan="2">报告联系的主要内容(概要)：</td></tr>
<tr><td colspan="2">附件：可附专项报告书(如篇幅过长)、说明书、计算书、检测表格、图片及其他有关观测技术资料</td></tr>
<tr><td colspan="2">观测单位：(名称)
现场负责人：(签名)
技术负责人：(签名)
项目负责人：(签名) (盖章)
年 月 日</td></tr>
<tr><td colspan="2">报告联系单位或部门的反馈意见：
(签名)(盖章)
年 月 日</td></tr>
<tr><td colspan="2">备注：</td></tr>
</table>

注：本表适用于提交观测大纲，观测方案，检测与试验等专项报告，专项说明书，专项计算书，工程质量问题事故报告，工作联系单，工作简报，工作周报与月报，工作阶段性总结报告，工作报告等。

参考文献

[1] 中华人民共和国行业标准. JTJ 017—96 公路软土地基路堤设计与施工技术规范[S]. 北京:人民交通出版社,1996.

[2] 中华人民共和国行业标准. JTJ 002—87 公路工程名词术语[S]. 北京:人民交通出版社,1987.

[3] 铁路工程设计手册[M]. 北京:中国铁道出版社,1992.

[4] 中华人民共和国行业标准. GB 50021—2009 岩土工程勘察规范[S]. 北京:中国建筑工业出版社,2009.

[5] 本书编委会工程地质手册[M].4 版. 北京:中国建筑工业出版社,1997.

[6] 中华人民共和国行业标准. GB 50007—2011 建筑地基基础设计规范[S]. 北京:中国建筑工业出版社,2011.

[7] 中华人民共和国行业标准. JTS 202—2011 水运工程混凝土施工规范[S]. 北京:人民交通出版社,2011.

[8] 唐广京. 人工神经网络在高速公路软基沉降预测中的应用研究[D]. 天津:河北工业大学, 2007.

[9] 刘观仕,孔令伟,李雄威. 高速公路软土路基拓宽粉喷桩处治方案分析与验证[J]. 岩石力学与工程学报,2008,27(2):309-315.

[10] 陈泽松,夏元友,芮瑞. 管桩加固软土路基的工作性状研究[J]. 岩石力学与工程学报,2005,24(增2):5822-5826.

[11] 王向阳,张谢东. 强夯法加固软土地基及其在高速公路中的应用[J]. 武汉交通科技大学学报,2000,24(6):667-670.

[12] 刘富伟,韩丽馥,谢翰. 抛石挤淤辅以强夯的软土地基处治技术在沈大高速公路改扩建工程中的应用[J]. 辽宁省交通高等专科学校学报,2005,7(3):23-25.

[13] 王晓华,马承祖. 京津塘高速公路塘沽港区连接线软土路基设计[J]. 华东公路, 1993(6):11-15.

[14] 刘志强. 压密注浆碎石桩技术在高速公路软土路基中的应用[D]. 北京:北京科技大学,2005.

[15] 邱会航. 真空联合堆载预压在高速公路软土路基加固工程中的应用研究[D]. 武汉:武汉理工大学,2004.

[16] 颜永华,魏健. 预应力混凝土薄壁管桩在申嘉湖高速公路深厚软土路基中的应用[J]. 公路,2010(9):106-108.

[17] 马洪友. 同三高速(珠海段)软土路基处理方法及基层优化设计[D]. 长春:吉林大学,2006.

[18] 陈国钧,费贤俊. CFG 桩在丹海高速公路软土路基处理中的应用[J]. 山西建筑,2008,34(6):296-297.

[19] 吴景华,孙瑛琳,杜兆成. 高速公路软土路基评价及处理方法[J]. 长春工程学院学报:自然科学版,2003,4(2):17-20.

[20] 史彦照. 土工格栅在高速公路软基处理中的应用[J]. 河北煤炭,2006(1):49-50.

[21] 吴承霞,姬同庚. 新乡至郑州高速公路软土路基压密注浆的试验研究[J]. 河南科学,2006,24(2):249-251.

[22] 陈尚勇,侍倩. 土工织物结合排水板处理高速公路软土路基的试验研究[J]. 铁道建筑,2003(3):17-20.

[23] 郭玮,谢康和,胡安峰. 袋装砂井法加固某高速公路软土路基的效果研究[J]. 中南公路工程,2006,31(5):24-27.

[24] 罗志强. 公路软土地基路堤工程. 广东工业大学,土木与交通工程学院,2009.

[25] 刘玉卓. 公路工程软土处理[M]. 北京:人民交通出版社,2004.

[26] 陈建荣. 真空堆载联合预压技术在高速公路软基加固中的应用[D]. 杭州:浙江大学, 2007.

[27] 李峻利. 路基设计原理与计算[M]. 北京:人民交通出版社,2001.

[28] 刘声向. 真空联合堆载预压法在软基处理工程中的应用研究[D]. 长沙:湖南大学,2009.

[29] 陈冠雄,黄国宣,洪宝宁,等. 广东省高速公路软基处理实用技术[M]. 北京:人民交通出版社,2004.

[30] 李彰明. 软土地基加固的理论、设计与施工[M]. 北京:中国电力出版社,2006.

[31] 赵维炳,唐彤芝,高长胜,等. 控制工后沉降处理软土地基[M]. 北京:人民交通出版社,2006.

[32] Cortlever N G. Design of double railway track on AuGeo piling system[J]. Geotechnique,2003,25(6):23-26.

[33] 吴伟. 单壁螺纹 PVC 塑料套管现浇混凝土桩(PTCC 桩)—新型地基加固方法[J]. 四川建材,2008(4):99-103.

[34] 陈永辉,徐立新,张正刚,等. 单壁螺纹 PVC 套管现浇混凝土桩及打设机. 2008.

[35] 郑健龙,黄向群,张军辉. 单壁螺纹塑料套管现浇混凝土桩施工技术研究[J]. 路基工程,2011(2):73-76.

[36] 李彰明. 软土地基加固的理论、设计与施工[M]. 北京:中国电力出版社,2006.

[37] 何智杰. 福温铁路 PHC 管桩施工质量的检测分析[J]. 路基工程,2008(4):117-119.

[38] 梁忠善. 洞庭湖区软土地基上路堤抛高与预压设计[D]. 长沙:长沙理工大学,2011.

[39] 潘林有,谢新宇. 用曲线拟合的方法预测软土地基沉降[J]. 岩土力学,2004,25(7):1053-1058.

[40] Liu Songyu, Jing Fei. Settlement prediction of embankments with stage construction on soft ground[J]. Journal of Geotechnical Engineering,2003,25(2).

[41] 金莉. 几种预测模型在高路堤沉降预测中的对比分析[J]. 西部探矿工程,2006,(4):234-235.

[42] 杨盛福,张之强,李家本,等. 高速公路路基设计与施工[M]. 北京:人民交通出版社,1997.

[43] 周密. 非等时距皮尔曲线在高路堤沉降预估中的应用[J]. 中外公路,2006,26(3):42-44.

[44] 段文涛. 高填路基沉降监测与预测研究[D]. 武汉:湖北工业大学,2008.

[45] 付宏渊. 高速公路路基沉降预测及施工控制[M]. 北京:人民交通出版社,2007.

[46] 李国维. 软土地基路堤预抛高确定方法[J]. 河海大学学报:自然科学版,2008, 36(1):76-81.

[47] 付宏渊. GM(1,1)灰色模型在高路堤沉降预估中的应用[J]. 中外公路,2006,26(2):11-13.

[48] 魏阳平,刘涌江. 高路堤沉降的灰色系统理论预测方法[J]. 公路交通技术,2004,(4):5-7.

[49] 於永和,李素艳. 基于 L-M 法 BP 神经网络的高填路堤地基沉降预测[J]. 交通标准化,2006,(10):167-170.

[50] Simon Haykin. Neural networks a comprehensive foundation[M]. 2nd. Beijing: Tsinghua University Press,2001.

[51] Willian C C,et al. Common misconceptions about neural networks as approxima-

tors[J]. Journal of Computing Civil Engineering,1994,8(3):345-358.

[52] 邹德强,王桂尧. 遗传算法在高路堤沉降预测中的应用[J]. 长沙交通学院学报,2004,20(1):19-24.

[53] 邹德强. 高填方路基沉降反演及预测方法的研究[D]. 长沙:长沙理工大学,2004.

[54] 徐晓宇,王桂尧,匡希龙,戴剑冰. 基于遗传算法和神经网络的高路堤沉降预测研究[J]. 中南公路工程,2006,31(3):30-33.

[55] 徐晓宇,王桂尧,匡希龙,隋耀华. 基于皮尔-遗传神经网络的高路堤沉降预测研究[J]. 公路交通科技,2006,23(1):40-43.

[56] 曾巧玲, 张惠明, 陈尊伟, 于海成. 软黏土固结系数确定方法探讨[J]. 岩土力学, 2010, 7(31): 2083-2087, 2110.

[57] 邓永锋, 刘松玉, 洪振舜. 基于沉降资料反演固结系数的方法研究[J]. 岩土力学, 2005, 26(11):1807-1809.

[58] 魏汝龙. 从实测沉降过程推算固结系数[J]. 岩土工程学报, 1993, 15(2): 12-19.

[59] 姜远文, 吉随旺. 由实测空隙水压力数据推算软黏土的固结系数和固结度[J]. 路基工程, 2001(3): 26-28.

[60] 地基处理手册[M].2版.北京:中国建筑工业出版社,2000.

[61] 中华人民共和国行业标准. JTG F10—2006 公路路基施工技术规范[S]. 北京:人民交通出版社,2006.

[62] 廖金良. 高速公路红砂岩路基的施工工艺浅析[J]. 中国科技财富,2010 (3).

[63] 孙志慧. 浅谈红砂岩路基的施工技术[J]. 中国科技财富,2010 (6).

[64] 崔海峰,周晖. 高速公路红砂岩路基施工技术与质量控制[J]. 交通世界,2008(9):108-109.

[65] 付征红. 红砂岩路基的施工工艺[J]. 中外建筑, 2006(4):165-166.

[66] 胡新民. 高速公路红砂岩路基施工技术与质量控制[J]. 筑路机械与施工机械化, 2004,21(7):46-48.

[67] 周翰斌,郑彬. 高等级公路路堤吹填砂施工中若干问题的处理[J]. 路基工程,2006(2):110-112.